Betriebswirtschaftslehre I für das Höhere Wirtschaftsdiplom HWD
Grundlagen mit Beispielen, Repetitionsfragen und Antworten

Compendio-Autorenteam

4., überarbeitete Auflage 2022

Betriebswirtschaftslehre I für das Höhere Wirtschaftsdiplom HWD
Grundlagen mit Beispielen, Repetitionsfragen und Antworten
Compendio-Autorenteam

Grafisches Konzept und Realisation, Korrektorat: Mediengestaltung, Compendio Bildungsmedien AG, Zürich
Druck: Edubook AG, Merenschwand
Illustrationen: Oliver Lüde, Winterthur
Coverbild: © Martin Barraud / gettyimages

Redaktion und didaktische Bearbeitung: Fabienne Streit und Rea Wagner

Printausgabe	E-Book-Ausgabe
ISBN: 978-3-7155-4933-0	ISBN: 978-3-7155-4995-8
Artikelnummer: 18185	Artikelnummer: E-18313
Auflage: 4., überarbeitete Auflage 2022	Auflage: 4., überarbeitete Auflage 2022
Ausgabe: U2022	Ausgabe: U2022
Sprache: DE	Sprache: DE
XHWD 003	XHWDE 003

Alle Rechte, insbesondere die Übersetzung in fremde Sprachen, vorbehalten. Der Inhalt des vorliegenden Lehrmittels ist nach dem Urheberrechtsgesetz eine geistige Schöpfung und damit geschützt.

Compendio Bildungsmedien AG unterstützt die Kampagne
«Fair kopieren und nutzen»: www.fair-kopieren.ch

Die Nutzung des Inhalts für den Unterricht ist nach Gesetz an strenge Regeln gebunden. Aus veröffentlichten Lehrmitteln dürfen bloss Ausschnitte, nicht aber ganze Kapitel oder gar das ganze Lehrmittel kopiert, digital gespeichert in internen Netzwerken der Schule für den Unterricht in der Klasse als Information und Dokumentation verwendet werden. Die Weitergabe von Ausschnitten an Dritte ausserhalb dieses Kreises ist untersagt, verletzt Rechte der Urheber und Urheberinnen sowie des Verlags und wird geahndet.

Die ganze oder teilweise Weitergabe des Werks ausserhalb des Unterrichts in kopierter, digital gespeicherter oder anderer Form ohne schriftliche Einwilligung von Compendio Bildungsmedien AG ist untersagt.

Copyright © 2014, Compendio Bildungsmedien AG, Zürich

Die Printausgabe dieses Buchs ist klimaneutral in der Schweiz gedruckt worden. Die Druckerei Edubook AG hat sich einer Klimaprüfung unterzogen, die primär die Vermeidung und Reduzierung des CO_2-Ausstosses verfolgt. Verbleibende Emissionen kompensiert das Unternehmen durch den Erwerb von CO_2-Zertifikaten eines Schweizer Klimaschutzprojekts.
Mehr zum Umweltbekenntnis von Compendio Bildungsmedien finden Sie unter: www.compendio.ch/Umwelt

Inhaltsverzeichnis

	Zur Reihe «Höheres Wirtschaftsdiplom VSK» (HWD VSK)	6
	Vorwort zur 4. Auflage	7
Teil A	**Volkswirtschaftliche Grundlagen**	**9**
1	**Wirtschaften heisst Knappheit überwinden**	**10**
1.1	Bedürfnisse, Konsumwünsche, Konsumgüter	10
1.2	Unabsehbare Konsumwünsche	11
1.3	Ressourcen (Produktionsfaktoren)	11
1.4	Was heisst knapp?	13
	Zusammenfassung	16
	Repetitionsfragen	16
2	**Märkte**	**18**
2.1	Was ist ein Markt?	18
2.2	Der Preis bringt Angebot und Nachfrage in Übereinstimmung	19
2.3	Wie stark reagieren Nachfrage und Angebot auf den Preis? – Preiselastizität	23
2.4	Wie reagiert ein Markt auf Veränderungen?	26
2.5	Preis-Mengen-Diagramm	29
2.6	Eine Volkswirtschaft als Marktsystem	30
	Zusammenfassung	36
	Repetitionsfragen	37
3	**Märkte komplexer**	**40**
3.1	Fünf Marktformen	40
3.2	Preiskontrollen	42
3.3	Steuern	43
3.4	Einsatz von Lenkungsabgaben	47
3.5	Starres Angebot und Spekulationsblasen	49
	Zusammenfassung	52
	Repetitionsfragen	53
4	**Gesamtwirtschaftliche Daten**	**56**
4.1	Arbeitslosigkeit	56
4.2	Inflation	58
4.3	Bruttoinlandprodukt und Bruttonationaleinkommen	61
4.4	Wirtschaftswachstum und Strukturwandel	66
	Zusammenfassung	70
	Repetitionsfragen	71
5	**Konjunkturschwankungen und Konjunkturpolitik**	**72**
5.1	Stetiges Potenzialwachstum, schwankendes BIP-Wachstum	72
5.2	Konjunkturschwankungen und Arbeitslosigkeit	74
5.3	Konjunkturschwankungen und Nachfrageinflation	77
5.4	Inflation erweitert: Angebotsinflation	78
5.5	Konjunkturschwankungen vertieft: die konjunkturelle Dynamik	79
5.6	Expansive und restriktive Konjunkturpolitik	83
5.7	Konjunkturpolitik der Regierung	83
5.8	Konjunkturpolitik der Notenbank	85
	Zusammenfassung	89
	Repetitionsfragen	90
6	**Wechselkurse und Konjunkturpolitik**	**93**
6.1	Was ist ein Wechselkurs?	93
6.2	Warum kostet der Dollar etwa einen Franken?	94
6.3	Warum schwankt der Dollarkurs?	95
6.4	Wechselkurspolitik	96
6.5	Wechselkurse und Konjunkturpolitik	98
	Zusammenfassung	99
	Repetitionsfragen	100

Teil B	**Haftpflichtrecht und Vertragsrecht**		**103**
7	**Entstehung von Obligationen**		**104**
7.1	Definition Obligation		104
7.2	Die drei Entstehungsgründe für Obligationen		104
	Zusammenfassung		106
	Repetitionsfragen		107
8	**Haftpflichtrecht**		**108**
8.1	Haftpflicht bedeutet: Für einen Schaden haften müssen		108
8.2	Ohne Vertrag haften: die ausservertragliche Haftung		109
8.3	Zur Vertiefung: die vertragliche Haftung		113
	Zusammenfassung		114
	Repetitionsfragen		114
9	**Vertragsentstehung**		**116**
9.1	Die Einigung über den Vertragsinhalt		116
9.2	Die Handlungsfähigkeit der Parteien		119
9.3	Die Form eines Vertrags		122
9.4	Der Inhalt eines Vertrags		124
	Zusammenfassung		125
	Repetitionsfragen		125
10	**Erfüllung des Vertrags**		**126**
10.1	Richtige Erfüllung		126
10.2	Fehler bei der Vertragserfüllung – Überblick		130
10.3	Der Schuldnerverzug		131
10.4	Der Gläubigerverzug (Annahmeverzug)		135
10.5	Erlöschen der Obligation		135
	Zusammenfassung		138
	Repetitionsfragen		139
11	**Vertragsauflösung**		**141**
11.1	Grundsatz: Verträge müssen erfüllt werden		141
11.2	Vier Ausnahmen zum Grundsatz der Erfüllungspflicht		141
11.3	Die Anfechtung eines Vertrags		143
	Zusammenfassung		146
	Repetitionsfragen		146
Teil C	**Gesellschaftsrecht**		**149**
12	**Gesellschaftsrecht**		**150**
12.1	Einzelunternehmen und Gesellschaft		150
12.2	Die acht Gesellschaftsformen und ihre Einteilung		151
12.3	Das Einzelunternehmen		152
12.4	Die Kollektivgesellschaft		153
12.5	Die Aktiengesellschaft (AG)		156
12.6	Die Gesellschaft mit beschränkter Haftung (GmbH)		162
	Zusammenfassung		164
	Repetitionsfragen		166
13	**Rechtliche Stellvertretung des Unternehmens**		**167**
13.1	Die gewöhnliche Stellvertretung		167
13.2	Voraussetzungen einer gültigen Stellvertretung		168
13.3	Umfang der Vollmacht		169
13.4	Die kaufmännische Stellvertretung		170
	Zusammenfassung		172
	Repetitionsfragen		173

Teil D	**Kommunikationsrecht**	**175**

14	**Datenschutzrecht**	**176**
14.1	Begriffe und Grundsätze des Datenschutzrechts	176
14.2	Datenschutz im Arbeitsverhältnis	177
	Zusammenfassung	180
	Repetitionsfragen	181
15	**Lauterkeitsrecht**	**182**
15.1	Wann ist ein Verhalten im Wettbewerb unlauter?	182
15.2	Was tun bei unlauterem Wettbewerb?	185
	Zusammenfassung	186
	Repetitionsfragen	186

Teil E	**Anhang**	**189**
	Antworten zu den Repetitionsfragen	190
	Stichwortverzeichnis	209

Zur Reihe «Höheres Wirtschaftsdiplom VSK» (HWD VSK)

Höchstes Ziel des Verbands Schweizerischer Kaderschulen (VSK) ist es, zeitgemässe Ausbildungen für die immer anspruchsvolleren Aufgaben in Führungs- und spezialisierten Sachbearbeitungsfunktionen zu erarbeiten. Die vom VSK angebotenen oder anerkannten Abschlüsse umfassen verschiedenste betriebswirtschaftliche Bereiche. Sie sind nicht nur geeignetes Sprungbrett für den Erwerb von eidgenössischen Diplomen der Höheren Berufsbildung, sondern verbessern auch die individuellen Karrierechancen der Absolventinnen und Absolventen nachhaltig. Mitglieder des VSK sind ausschliesslich führende private Kaderschulen mit einem ausgewiesenen Qualitätssicherungssystem. Die Schulen sind verpflichtet, die Lehrgänge entsprechend den Vorschriften des Verbands und den gesetzlichen Vorgaben durchzuführen.

Das «Höhere Wirtschaftsdiplom VSK» (HWD VSK) ist eine betriebswirtschaftliche Generalisten-Ausbildung. Sie richtet sich an Personen mit einer kaufmännischen Vorbildung. Als fundierte betriebswirtschaftliche Grund- und Führungsausbildung bereitet sie Berufsleute auf eine Kaderfunktion in Unternehmen aller Grössen und Branchen vor. Die Ausbildung ist auf dem Markt breit etabliert und wird von verschiedenen Organisationen anerkannt (Näheres unter www.vsk-fsec.ch).

Das vorliegende Lehrmittel ist in Zusammenarbeit mit Compendio Bildungsmedien entstanden. Es soll Absolventinnen und Absolventen während des Lehrgangs unterstützen und ihnen helfen, sich optimal auf die Modulprüfungen zum Erwerb des «Höheren Wirtschaftsdiploms VSK» (HWD VSK) vorzubereiten. Wir sind überzeugt, Ihnen mit dem vorliegenden Werk ein wertvolles Hilfsmittel für einen erfolgreichen Abschluss an die Hand zu geben.

Wir wünschen Ihnen die unerlässliche Beharrlichkeit beim Studium und vor allem das Erreichen Ihrer beruflichen Ziele!

Verband Schweizerischer Kaderschulen (VSK)

Der Vorstand

Vorwort zur 4. Auflage

Die Lehrmittel Betriebswirtschaftslehre I und Betriebswirtschaftslehre II für das «Höhere Wirtschaftsdiplom VSK» behandeln grundlegende Fragen und Zusammenhänge des Managements. Sie ermöglichen Ihnen, Ihre praktischen Erfahrungen mit theoretischem Wissen zu verbinden und nützliche Erkenntnisse für Ihre berufliche Tätigkeit zu gewinnen. Die beiden Lehrmittel enthalten folgende Inhalte:

Lehrmittel	Inhalte
Betriebswirtschaftslehre I	Volkswirtschaftliche Grundlagen, Haftpflicht und Vertragsrecht, Gesellschaftsrecht und Kommunikationsrecht
Betriebswirtschaftslehre II	Betriebswirtschaftliche Grundlagen, Ordnungsmomente, Prozesse, Entwicklungsmodi

Dieses Buch wurde gemäss den Lernzielen und Inhalten von Reglement und Wegleitung «Höheres Wirtschaftsdiplom VSK» (Version 14 / Januar 2022) zusammengestellt.

Inhalt und Aufbau des Lehrmittels Betriebswirtschaftslehre I

- Im Teil A geht es um die grundlegenden Zusammenhänge einer Wirtschaft: Märkte, Wirtschaftskreislauf, Volkswirtschaftliche Gesamtrechnung, Wachstum, konjunkturelle Schwankungen und Wechselkurse.
- Die Teile B, C und D erläutern grundlegende Rechtsfragen des betrieblichen Alltags: Haftpflichtrecht, allgemeine Vertragslehre, Grundlagen des Gesellschaftsrechts, Stellvertretung sowie Grundlagen des Kommunikationsrechts am Beispiel des Datenschutzrechts und des Lauterkeitsrechts.
- Teil E enthält den Anhang mit den kommentierten Antworten zu den Repetitionsfragen und einem Stichwortverzeichnis.

Zur aktuellen Auflage

Dieses Lehrmittel wurde gemäss den Inputs der Dozierenden und Studierenden, die wir in der letzten Zeit erhalten haben, korrigiert. Wir haben das Lehrmittel auch im Hinblick auf die Änderungen der Gesetze, Ansätze und Tarife und auf sonstige Veränderungen aktualisiert.

In eigener Sache

Haben Sie Fragen oder Anregungen zu diesem Lehrmittel? Sind Ihnen Tipp- oder Druckfehler aufgefallen? Über unsere E-Mail-Adresse postfach@compendio.ch können Sie uns diese gerne mitteilen.

Wir wünschen Ihnen viel Spass und Erfolg beim Studium dieses Lehrmittels!

Zürich, im Februar 2022

Rea Wagner, Redaktorin

Fabienne Streit, Redaktorin

Teil A
Volkswirtschaftliche Grundlagen

1 Wirtschaften heisst Knappheit überwinden

Lernziele

Nach der Bearbeitung dieses Kapitels können Sie …

- den Unterschied zwischen Bedürfnissen und Wünschen verstehen und aufzeigen, wie unsere Bedürfnisse zu unabsehbaren Wünschen nach Konsumgütern führen.
- erklären, dass wir für die Produktion der gewünschten Güter Ressourcen (Produktionsfaktoren) einsetzen müssen, die im Vergleich zu unseren Konsumwünschen knapp sind.
- beschreiben, womit sich die Volkswirtschaftslehre befasst.

Schlüsselbegriffe

Arbeit, Bedürfnisse, Boden, freie Güter, Kapital, Kapitalgüter (Investitionsgüter), Knappheit, Konsumgüter, Opportunitätskosten (Alternativkosten), Produktionsfaktoren (Ressourcen), Umweltgüter, Unternehmertätigkeit, Volkswirtschaft, Volkswirtschaftslehre

1.1 Bedürfnisse, Konsumwünsche, Konsumgüter

Starten wir mit der Frage, warum wir wirtschaften. Die Antwort ist vorerst einfach: Wir wirtschaften, um unseren Lebensunterhalt zu bestreiten, um unsere Bedürfnisse zu befriedigen. Was sind nun aber unsere Bedürfnisse? Weil sie nicht offen daliegen, weil sie uns nicht immer bewusst sind, gibt es darüber verschiedene Theorien. Berühmt geworden ist die Vorstellung des amerikanischen Psychologen Abraham H. Maslow. Er hat die menschlichen Bedürfnisse in einer Pyramide angeordnet mit den körperlichen Bedürfnissen an der Basis und dem Bedürfnis nach Selbstverwirklichung an der Spitze.

Unseren Bedürfnissen entspringen nun mehr oder weniger konkrete Konsumwünsche, die wir mit Konsumgütern stillen möchten. Dabei verstehen wir unter Konsumgütern alles, was wir hervorbringen und leisten, um unsere Konsumwünsche zu erfüllen, also z. B. Lebensmittel, Kleider, Wohnungen, Strom, ärztliche Dienstleistungen, Versicherungen und Polizeischutz, Smartphones, Kunstausstellungen, Kletterwände, Ferienreisen oder Wetter-Apps.

Abb. [1-1] Bedürfnisse, Konsumwünsche, Konsumgüter

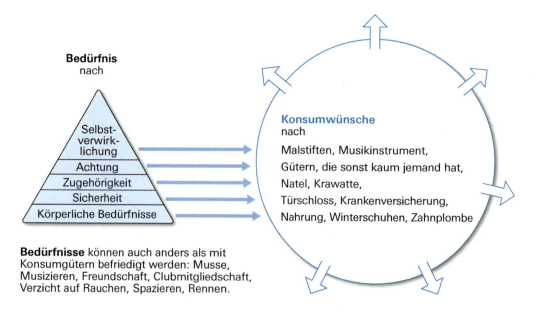

Konsumgüter können Waren oder Dienstleistungen sein. Eine Ware, z. B. eine Pille, kann uns wieder gesund machen – aber auch eine Dienstleistung, z. B. ein guter ärztlicher Rat oder eine Massage, kann den gleichen Effekt haben. **Konsumgüter** sind, wie das Wort sagt, alle Waren und Dienstleistungen, die gut sind für die Befriedigung unserer **Konsumwünsche.**

Vergessen wir aber nicht, dass unsere Bedürfnisse **nicht nur mit Gütern** befriedigt werden können. Sicherheit, Zugehörigkeit und Achtung erreichen wir auch durch Familie, Freundschaften, Vereine oder durch die Integration in die Arbeitswelt. Und Selbstverwirklichung ist beim Musizieren, auf einem Spaziergang oder bei der Arbeit möglich.

1.2 Unabsehbare Konsumwünsche

In armen Gesellschaften werden mit Konsumgütern vorwiegend körperliche Bedürfnisse befriedigt. Mit zunehmendem Einkommen hingegen vergrössert sich der Anteil der Konsumgüter, die Bedürfnisse der oberen Stufen der Maslow'schen Pyramide befriedigen. So stagniert bei uns beispielsweise der Konsum von Brot oder Milch seit Langem, die Ausgaben für Auslandsreisen hingegen nehmen immer noch steil zu. Mit steigendem Wohlstand wachsen die Ansprüche. **Wir müssen davon ausgehen, dass unsere Wünsche nach Konsumgütern unabsehbar sind.**

Auf eindrückliche Art unersättlich sind unsere Konsumwünsche, die den Bedürfnissen nach Zugehörigkeit und Achtung entspringen. Nicht nur in unserer Gesellschaft werden diese Bedürfnisse in hohem Masse mit Gütern gedeckt. Wer sich z. B. überlegen fühlen will, trumpft mit «**demonstrativem Konsum**» auf und wertet seine Person vielleicht mit einem besonders schnittigen Auto auf. Dadurch fühlen sich viele Menschen mit einem gewöhnlichen Auto vergleichsweise arm; in ihnen wird der Wunsch nach einem teuren Auto geweckt. Mit steigendem **Wohlstand** erfüllen sich mehr Leute diesen Wunsch und fühlen sich wieder besser. Wer sich jetzt überlegen fühlen will, muss sich ein noch teureres Konsumgut anschaffen ...

Je höher das **allgemeine Konsumniveau,** desto grösser ist der Konsum, der das Verlangen nach Zugehörigkeit und Achtung stillt. Im Gleichschritt mit dem allgemeinen Konsumniveau steigen auch die Ansprüche der Ärmeren, die sich arm fühlen, wenn ihnen der Zugang zu den Gütern versperrt bleibt, die für eine Mehrheit selbstverständlich geworden sind.

1.3 Ressourcen (Produktionsfaktoren)

Um Konsumgüter zu produzieren, setzen wir vielfältige Mittel ein. Die zur Produktion von Gütern eingesetzten Mittel nennt man **Produktionsfaktoren.** Viele sind uns von der Natur gegeben – andere haben wir selbst geschaffen. Alle Produktionsfaktoren lassen sich jedoch einer der vier folgenden Gruppen zuordnen: Arbeitskraft, Kapitalgüter, Boden, Umweltgüter.

1. Produktionsfaktor Arbeitskraft

Zur Arbeitskraft zählen wir jede Form von körperlicher und geistiger Arbeit. Dazu gehört das sog. Know-how: das organisatorische, das technische und das erfinderische Talent sowie das vielfältige **Wissen,** das sich die Arbeitskräfte angeeignet haben und einsetzen. Auch **unternehmerische Tätigkeit** können wir hier hinzuzählen.

2. Produktionsfaktor Kapitalgüter

Kapitalgüter sind alle Güter, die wir herstellen, um damit weitere Güter (Konsum- oder wieder Kapitalgüter) zu produzieren. Diesen Aufbau von neuen Kapitalgütern nennt man Investitionen und Kapitalgüter heissen entsprechend auch **Investitionsgüter.** Dazu gehören Gebäude, Maschinen, Lastwagen, Leitungen und Strassen. Zu den Kapitalgütern gehören auch das **Wissen,** das in Büchern und Datenbanken gespeichert ist, sowie die **Patente,** die oft geheim gehaltenen Produktionsverfahren und die Organisationssysteme der Unternehmen. Solch firmeneigenes Know-how kann für ein Unternehmen wertvoller sein als seine Maschinen.

Hinweis	Der Begriff «Kapital» wird für verschiedene Dinge verwendet: neben Kapitalgütern = **Realkapital** (wie Maschinen, Gebäude, Strassen, Leitungen) auch für **Humankapital,** das zur Arbeitskraft gehört (Wissen, Fähigkeiten, engl. Know-how), und für **Finanzkapital** (Geld, Wertpapiere).

3. Produktionsfaktor Boden

Eine von der Natur gegebene Ressource ist der Boden. Auf ihm wird angepflanzt und auf ihn stellen wir unsere Gebäude und legen Strassen, Wege und Spielplätze an. Zum Boden zählen wir auch die **Bodenschätze,** die sich noch im Boden befinden.

4. Produktionsfaktor Umweltgüter

Neben den drei Produktionsfaktoren Arbeitskraft, Boden und Kapitalgüter tritt eine vierte Kategorie immer stärker in unser Bewusstsein – die Umweltgüter: sauberes Wasser, frische Luft, Sonnenschein, eine schützende Atmosphäre, schöne Landschaften mit einer Vielfalt von Pflanzen und Tieren, ein klarer Sternenhimmel, Nachtruhe.

- Umweltgüter **konsumieren** wir ganz direkt: Wir atmen gerne frische Luft und brauchen sie für den Motor unseres Autos.
- Umweltgüter setzen wir aber auch für die **Produktion** ein: So ist z. B. die wichtigste Ressource für den Tourismus die Schönheit der Landschaft.

Für die Produktion von fast allen Gütern, seien es nun Waren oder Dienstleistungen, braucht es jeweils den Einsatz von **allen vier Produktionsfaktoren.** Es braucht Arbeit. Diese wird mithilfe von Maschinen verrichtet und auch Boden und Umweltgüter werden beansprucht. Dabei schaffen wir auf dem Weg von den Produktionsfaktoren bis hin zu den Konsumgütern unzählige **Zwischenprodukte:** z. B. Dünger, Insektizide, Kunststoffe, Kupfer, Schrauben, Holzspanplatten, Zeitungspapierrollen, Baumwollgarne oder Seidenstoffe.

Natürlich **schwankt der Anteil** der vier Produktionsfaktoren von Gut zu Gut. Zur Betreuung von Kindern oder für Rechtsstreitigkeiten müssen vor allem Arbeitsstunden eingesetzt werden. Dienstleistungen sind also in der Regel arbeitsintensiv. Hingegen werden Waren eher mit grossem Einsatz von Maschinen hergestellt; besonders kapitalintensiv werden etwa Stoffe gewoben oder Zigaretten gedreht. Weizen wird mit grossem Einsatz von Boden und Maschinen produziert. Und die Aluminiumproduktion oder der Strassen- und der Lufttransport beansprucht in überdurchschnittlichem Masse Umweltgüter.

Abb. [1-2] Das ökonomische Problem – knappe Ressourcen für unabsehbare Konsumwünsche

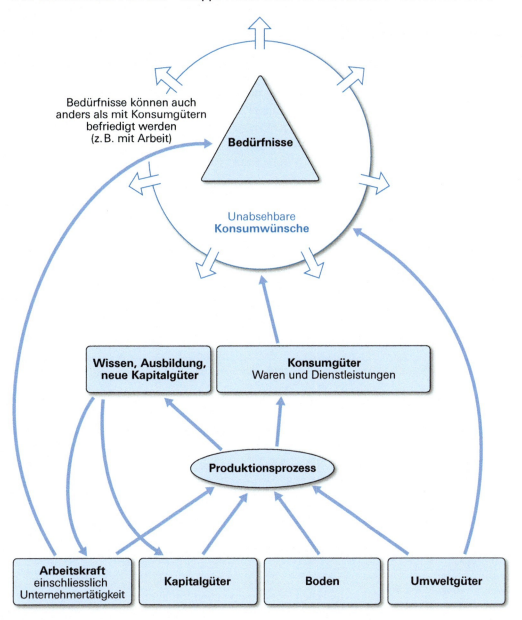

1.4 Was heisst knapp?

Im Vergleich zu den Konsumansprüchen sind die Ressourcen knapp:

- Knapp ist die **Arbeitskraft,** die wir einsetzen können und wollen. Auch für Arbeitswütige hat der Tag nur 24 Stunden.
- Knapp sind aber auch der **Boden** und die **Kapitalgüter.** Wer hätte nicht gerne eine grössere Wohnung und mehr Platz in seinem Wohnquartier und zugleich bequemere Verbindungen in alle Welt?
- Knapp sind heute auch die **Umweltgüter.** Luft, Wasser, Sand, Ruhe, schöne Landschaften usw. waren früher im Überfluss vorhanden. Sie konnten als «**freie Güter**» problemlos unbeschränkt genutzt werden. Freie Güter sind in so **grossen Mengen** vorhanden, dass sie eine Gesellschaft frei und gratis zur Verfügung stellen kann. Durch die Bevölkerungsvermehrung und durch unsere Fähigkeit, immer mehr Ressourcen zu verwerten, wurden aber immer mehr freie Güter zu knappen Gütern. Heute müssen wir erkennen, dass die meisten Umweltgüter knapp und daher nicht mehr frei sind.

Die Ressourcen reichen nicht für alle Ziele. Der Wunsch nach Ressourcen oder Gütern ist grösser als ihre Verfügbarkeit. Das heisst, verglichen mit unseren Wünschen, sind die Ressourcen knapp.

Das grundlegende wirtschaftliche Problem ist die **Knappheit der Ressourcen.** Darum sind wir gezwungen, uns zu entscheiden, welche Wünsche in höherem und welche Wünsche in geringerem Masse gestillt werden sollen. So können wir z. B. auf dem gleichen Boden nicht gleichzeitig alte Baudenkmäler erhalten, neue Wohnungen bauen und einen Park errichten. Auch können wir nicht gleichzeitig Wohnruhe und das nahe Leben einer Quartierbeiz geniessen. Entscheiden wir uns für das eine, kostet es uns die Alternativen.

Opportunitätskosten (Alternativkosten)

Wollen wir bewusst wählen, müssen wir die Höhe des Opfers kennen, das mit dem Verzicht auf die nächstbeste nicht gewählte Alternative entsteht. Dieses Opfer nennt man **Opportunitätskosten.**

Die Opportunitätskosten sind also die kostbarsten Güter und Ressourcen, die wir **aufgeben müssen, um ein Ziel zu erreichen.** Es sind die Kosten, auf die es ankommt, wenn wir unsere Entscheidungen beurteilen wollen. Sie zeigen uns an, welche Kosten uns aus unseren Entscheidungen entstehen.

Beispiel

Denken auch Sie in Opportunitätskosten? Welche Vor- und Nachteile, Nutzen und Kosten wägen Sie ab, bevor Sie ins Kino gehen?

- Der Nutzen besteht im Vergnügen und vielleicht sogar in intellektueller Bereicherung.
- Und die Kosten? Sie rechnen nicht nur mit den CHF 18 für das Eintrittsbillett, sondern berücksichtigen auch, was Sie verpassen, wenn Sie ins Kino gehen. Regnet es und langweilen Sie sich? Oder scheint die Sonne und Sie könnten in einem See baden gehen?

Bei schönem Wetter sind die Alternativkosten für einen Filmbesuch höher. Weil wir nicht nur mit den Eintrittskosten, sondern mit den gesamten Opportunitätskosten rechnen, sind die Kinos bei Regenwetter besser besucht.

Was heisst wirtschaften?

Wir wirtschaften, um unseren Lebensunterhalt zu bestreiten. Eine **Volkswirtschaft** besteht darum aus allen Einrichtungen und Verfahren, mit denen eine Gesellschaft Güter zur Bedürfnisbefriedigung produziert und verteilt. Und **Volkswirtschaftslehre** ist die Lehre darüber, wie eine Gesellschaft ihre knappen Ressourcen bestmöglich verwenden kann.

Mikroökonomie und Makroökonomie

Die Volkswirtschaftslehre wird oft in die beiden Zweige Mikroökonomie und Makroökonomie unterteilt:

- **«Mikro»** stammt aus dem Griechischen und bedeutet **«klein».** Die Mikroökonomie untersucht also das Wirtschaftsgeschehen vom «Kleinen» her. Sie befasst sich mit den **individuellen Entscheidungen** der Wirtschaftsteilnehmer und dem Geschehen auf **Märkten.** Mikroökonomische Fragen stehen in Teil B, S. 103 im Vordergrund.
- **«Makro»** stammt ebenfalls aus dem Griechischen und bedeutet **«gross».** Die Makroökonomie betrachtet die gesamte Wirtschaft. Es geht um Gesamtgrössen wie z. B. die Unternehmen, die Haushalte, der Staat usw., die zu einem Wirtschaftskreislauf zusammengefasst werden. Wichtige Themen der Makroökonomie sind die **Konjunkturschwankungen** mit ihren unerwünschten Folgen Inflation / Deflation und konjunkturelle Arbeitslosigkeit.

Ökonomisches Prinzip, Produktivität und Wirtschaftlichkeit

Verwenden wir unsere knappen Ressourcen nach dem ökonomischen Prinzip, werden die Produktionsfaktoren (die Inputs) so eingesetzt, dass ein bestmögliches Produkt (Output) entsteht.

Dabei kann ein bestmögliches Verhältnis von Output zu Input auf drei verschiedenen Wegen entstehen:

1. Nach dem **Maximumprinzip** wollen wir mit den gegebenen Mitteln einen maximalen Erfolg erzielen. Aus zwei Kilo Mehl und drei Eiern backen wir möglichst viele gute Kekse.
2. Nach dem **Minimumprinzip** wollen wir mit minimalem Mitteleinsatz ein vorgegebenes Ziel erreichen. Wir backen 50 Kekse einer bestimmten Qualität unter Verwendung von möglichst wenig Material.
3. Beim **Optimumprinzip** sind Input wie Output variabel. Das Verhältnis von Ergebnis zu Einsatz soll möglichst gut sein. Mit möglichst wenig Material backen wir möglichst gute Kekse.

Das Verhältnis von Output und Input bezeichnet man als **Produktivität.** Es gilt also:

$$\text{Produktivität} = \frac{\text{Output}}{\text{Input}}$$

Beispiel
- Arbeitsproduktivität: Jahresproduktion / geleistete Arbeitsstunden eines Jahres
- Maschinenproduktivität: produzierte Stückzahl / Maschinenstunden

Das Verhältnis von Wert des Outputs und Aufwand bezeichnet man als **Wirtschaftlichkeit:**

$$\text{Wirtschaftlichkeit} = \frac{\text{Wert des Outputs (in Geldeinheiten)}}{\text{Aufwand}}$$

Wirtschaftlichkeitsrechnungen werden vor allem von Unternehmen erstellt. Schliesslich noch ein Begriff: **«Effizienz».** Man versteht darunter allgemein die Vermeidung von Verschwendung. Ein Mass für Effizienz ist die Wirtschaftlichkeit.

Zum Homo oeconomicus

Wenn Sie bei Ihren Entscheiden die **Opportunitätskosten berücksichtigen,** verhalten Sie sich gleich, wie sich ein Homo oeconomicus verhalten würde. Der Homo oeconomicus ist ein Modellmensch der Volkswirtschaftslehre.

In der Regel treffen wir den Homo oeconomicus auf einem einfachen Markt an. Dort will der typische Teilnehmer seinen **Nutzen maximieren;** er möchte seine Wünsche bestmöglich befriedigen. Dabei entscheidet er im Rahmen seines Wissens **rational.** Das heisst: Er macht zwar Fehler, aber nicht immer die gleichen, weil er aus seinen Fehlern lernt.

Shareholder-Value vs. Stakeholder-Value

Die Aktionäre einer Aktiengesellschaft sind auf Englisch die «Shareholder». Sie geben einem Unternehmen (sofern es als Aktiengesellschaft organisiert ist) Kapital und erwarten dafür Dividenden und dass das Unternehmen seinen Wert an der Börse (sofern die Aktien gehandelt werden) steigert. Der Begriff **«Shareholder-Value»** bedeutet, dass ein Unternehmen sich vor allem an den Bedürfnissen der Shareholder orientiert und darum versucht, einen möglichst grossen Gewinn mit möglichst kleinem Ressourceneinsatz zu erzielen. Unternehmen verfolgen also das **Optimumprinzip.** Das bedeutet oft, dass Unternehmen die Bedürfnisse ihrer Stakeholder – alle anderen Anspruchsgruppen eines Unternehmens wie zum Beispiel die Kunden, die eigenen Mitarbeitenden oder auch die Lieferanten – zugunsten der Shareholder zurückstellen.

Darum steht beim **Shareholder-Value-Ansatz** die Gewinnmaximierung im Vordergrund, auf die sich die Unternehmenstätigkeit auszurichten hat. Begründet wird diese Forderung mit der Überzeugung, dass rentable Unternehmen letztlich automatisch zur Erhöhung der gesellschaftlichen Wohlfahrt beitragen würden. Im Gegensatz dazu steht der **Stakeholder-Value-Ansatz**. So bezeichnet man die Grundhaltung, dass eine langfristig ausgewogene Berücksichtigung aller Anspruchsgruppen den Interessen des Unternehmens am besten dient. Es geht folglich bei der Lösung von Zielkonflikten vor allem um die Verständigung und den Ausgleich zwischen allen Anspruchsgruppen.

Zusammenfassung

Die **Volkswirtschaftslehre** ist die Lehre darüber, wie eine Gesellschaft ihre knappen Ressourcen bestmöglich verwenden kann.

Unsere körperlichen Bedürfnisse und unsere Bedürfnisse nach Sicherheit, Zugehörigkeit, Achtung und Selbstverwirklichung führen zu **Konsumwünschen**. Diese Wünsche nach Konsumgütern sind **unabsehbar**.

Um die gewünschten Güter zu produzieren, müssen wir Ressourcen einsetzen. Ressourcen sind die vier Produktionsfaktoren **Arbeitskraft, Kapitalgüter, Boden** und **Umweltgüter**. Diese sind – verglichen mit unseren unabsehbaren Konsumwünschen – **knapp**.

Die Knappheit zwingt alle Wirtschaftssubjekte, Entscheidungen mithilfe der **Opportunitätskosten** zu treffen. Das ökonomische Prinzip mit den drei Ausprägungen **Maximum-, Minimum- und Optimumprinzip** hilft, den eigenen Nutzen zu maximieren.

Repetitionsfragen

1 Wenn wir wirtschaften, produzieren wir Güter. Welche der folgenden Aussagen sind korrekt? Beachten Sie, dass zwei oder mehr Aussagen korrekt sein können.

☐	Dienstleistungen sind Konsumgüter oder Kapitalgüter.
☐	Eine Motorsäge ist ein Kapitalgut.
☐	Wenn der Restaurantbesitzer einen Sonntagszopf für das Frühstück mit seiner Familie kauft, handelt es sich um ein Konsumgut.
☐	Kapitalgüter heissen auch Investitionsgüter.

2 Maslow hat die menschlichen Bedürfnisse in fünf Kategorien eingeteilt und diese in einer Pyramide angeordnet. Bringen Sie die Bedürfnisse in der folgenden Pyramide in die korrekte Reihenfolge:

Bedürfnisse alphabetisch: a) Achtung, b) körperliche Bedürfnisse, c) Selbstverwirklichung, d) Sicherheit, e) Zugehörigkeit

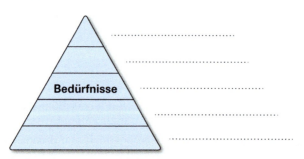

3   A] Handelt es sich bei den folgenden Gütern um ein Kapitalgut oder um ein Konsumgut?

Konsumgüter	Kapitalgüter	
☐	☐	Werkzeugmaschinen
☐	☐	Lastautos
☐	☐	Brot
☐	☐	Traktor
☐	☐	Zahnbehandlung
☐	☐	Modelleisenbahn

B] Wenn Sie bei einem Gut Kapitalgut und Konsumgut angekreuzt haben, begründen Sie Ihre Lösung.

4   Das ökonomische Prinzip hat verschiedene Erscheinungsformen. Kreuzen Sie die jeweils zutreffende an:

Maximumprinzip	Minimumprinzip	Optimumprinzip	
☐	☐	☐	Sie kaufen Schokoladen dort, wo sie am günstigsten sind.
☐	☐	☐	Im Interdiscount kaufen Sie für CHF 500 den besten Fotoapparat.
☐	☐	☐	Auf dem Wochenmarkt wählen Sie möglichst schöne, gesunde und billige Äpfel.
☐	☐	☐	Inputs und Outputs variabel
☐	☐	☐	Inputs vorgegeben, Output variabel
☐	☐	☐	Inputs variabel, Output vorgegeben

5   Alle Menschen müssen wirtschaften. Doch was bedeutet das genau? Erklären Sie mit eigenen Worten.

Hinweis: In Ihrer Antwort sollten die Begriffe **Lebensunterhalt, Ressourcen, Konsumwünsche, knapp, unabsehbar** und **Bedürfnisse** vorkommen.

6   Damit Güter entstehen, braucht es einen Produktionsprozess. Dieser wird bei uns zu einem grossen Teil von Unternehmen gesteuert. Dabei interessiert sich die Volkswirtschaftslehre nicht für ein einzelnes Unternehmen, sondern für das gesamte Geschehen.

Erstellen Sie eine Zeichnung, die den Produktionsprozess aus volkswirtschaftlicher Sicht zeigt. Aus Ihrer Zeichnung soll man den Input (Produktionsfaktoren) und den Output (Güter) des Prozesses erkennen sowie die dabei entstehenden Verflechtungen. Achten Sie auch auf eine korrekte Beschriftung.

7   Sie beschaffen für Ihre Abteilung neue Computer. Zeigen Sie je an einem Beispiel, wie im ganzen Lebenszyklus von der Produktion über den Vertrieb bis zur Entsorgung eines Computers die vier Produktionsfaktoren Arbeitskraft, Kapitalgüter, Boden und Umweltgüter verwendet werden.

2 Märkte

Lernziele

Nach der Bearbeitung dieses Kapitels können Sie …

- erklären, was die Ökonomen unter einem Markt verstehen.
- im Preis-Mengen-Diagramm zeigen, wie der Preis Angebot und Nachfrage in Übereinstimmung bringt.
- zeigen, weshalb Nachfrager und Anbieter je nach Art des Guts unterschiedlich stark auf Preisänderungen reagieren und wie dies im Preis-Mengen-Diagramm dargestellt wird.
- eine Volkswirtschaft als Wirtschaftskreislauf mit den Akteuren Unternehmen und Haushalte darstellen, die sich als Anbieter und Nachfrager auf den Güter- und Faktormärkten treffen.
- die Rolle des Auslands als weiteren Akteur im Wirtschaftskreislauf aufzeigen.

Schlüsselbegriffe

Aktie, Angebot, Angebotsüberschuss, Banken, Bodenrente, Eigentumsrechte, Export, Faktormärkte, Gewinn / Profit, Gütermärkte, Haushalte, Import, Kapitalmärkte, Konsumentenrente, Lohn, Markt, Marktgleichgewicht, Marktwirtschaft, Nachfrage, Nachfrageüberschuss, Obligation, Preis, Preiselastizität, Produzentenrente, Sparen, Umweltgüter, Wirtschaftskreislauf, Zins

2.1 Was ist ein Markt?

Der Urtyp eines Markts ist der Wochenmarkt:

- Dorthin kommen Bäuerinnen und Händler, um ihre Ware zu verkaufen. Sie sind die Anbieterinnen und Anbieter und ihr Gemüse ist das Angebot. **Das Angebot ist die Menge an Gütern, die Verkäufer auf Märkten absetzen wollen.**
- Die möglichen Käuferinnen und Käufer nennt man Nachfragerinnen und Nachfrager und ihre Fähigkeit und ihren Willen zu kaufen nennt man Nachfrage. **Die Nachfrage ist die Menge an Gütern, die Käufer auf Märkten erwerben wollen.**

Unterschied zwischen Konsumwünschen und Nachfrage

Wer erhält auf dem Markt Spinat, Gurken oder Kartoffeln? Nicht, wer die stärksten Bedürfnisse hat, auch nicht, wer die Dringlichkeit seiner Konsumwünsche am eindrucksvollsten darstellen kann. Gemüse erhält nur, **wer fähig und auch bereit ist, dafür einen Preis zu zahlen.** Auf dem Markt wirkt direkt nur diese Nachfrage, nicht das Bedürfnis oder der Konsumwunsch.

Abb. [2-1]   Auf einem Markt treffen sich Anbieter und Nachfrager

Markt: jedes Zusammentreffen von Angebot und Nachfrage

Angebot und Nachfrage treffen sich im Laden um die Ecke, in Einkaufszentren oder bei Theaterfestivals. Es gibt Treffpunkte, wie etwa die Aktienbörsen, die ausgefeilte Regeln kennen. Andere Märkte, etwa für alte Autos, sind nur locker organisiert. Es kann laut zu- und hergehen wie am Fischmarkt. Man telefoniert miteinander wie beim Erdölmarkt oder es werden Tage in Ausstellungen und Sitzungszimmern verbracht wie beim Kauf von Maschinen.

Oft sind die Kanäle, auf denen Angebot und Nachfrage zusammentreffen, kompliziert. So finden sich auf dem Arbeitsmarkt die Nachfrager und die Anbieter über Stellenbörsen im Internet, Stelleninserate, über Bekannte, Stellenvermittlungsbüros oder die regionale Arbeitsvermittlung (RAV). Zudem decken Märkte unterschiedlich grosse Gebiete ab. Es gibt einen zürcherischen Baumarkt, einen westschweizerischen Arbeitsmarkt, einen europäischen Agrarmarkt, einen Weltmarkt für Kupfer oder Textilmaschinen.

2.2 Der Preis bringt Angebot und Nachfrage in Übereinstimmung

Auf einem Markt wissen die Anbieter nicht zum Voraus, welche Produkte die Nachfrager kaufen wollen und wie viel davon. Die Anbieter können nur Vermutungen anstellen und sich auf Erfahrungen von früher abstützen. So kommt es immer wieder dazu, dass Nachfrage und Angebot auseinanderklaffen. Manchmal ist das Angebot kleiner als die Nachfrage, manchmal ist es grösser.

Was geschieht z. B., wenn ein sommerliches Festwochenende heisser und der Durst grösser als erwartet ist? Wie wird nun das Angebot unter die Nachfragerinnen und Nachfrager verteilt? Gibt es nun riesige Warteschlangen bei den vielen Getränkeverkäufern? Wenn die Getränkeversorgung marktmässig organisiert ist, gibt es kaum Warteschlangen, denn der Preis wird dafür sorgen, dass etwa gleich viele Getränke nachgefragt werden wie angeboten. Die Getränkeverkäufer werden die Preise erhöhen.

Höhere Preise schrecken die Durstigen davon ab, zu viel Mineralwasser und Bier zu kaufen. Auch Sie kaufen vermutlich weniger Wasser, wenn der Preis höher ist. Warum aber beachten Sie die Preise auch dann, wenn Sie Durst haben? Weil Ihr Budget beschränkt ist. Die Knappheit Ihrer Mittel haben Sie vermutlich schon allzu oft erfahren. Und weil Sie mit einem beschränkten Budget in der grossen Mehrheit sind, ist Ihr Marktverhalten derart verbreitet, dass man daraus ein ökonomisches Gesetz formulieren kann, das Gesetz der Nachfrage:

Je höher der Preis, desto geringer die nachgefragte Menge – und je niedriger der Preis, desto grösser die nachgefragte Menge.

Das Verhältnis der nachgefragten Menge zum Preis kann in einem Preis-Mengen-Diagramm mit einer Nachfragekurve dargestellt werden:

Abb. [2-2] Je niedriger der Preis, desto grösser die nachgefragte Menge

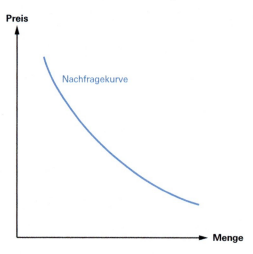

Auch die **Anbieter** reagieren auf die Preise: Hohe Preise versprechen höhere Gewinne, und so versuchen sie, mehr Getränke anzubieten. Angelockt durch hohe Preise gibt es auch vermehrt fliegende Händler mit Bier und Mineralwasser. Wäre hingegen der Getränkepreis am Fest niedrig, wäre das Geschäft weniger lohnend, vielleicht würde man sogar Verluste machen. Die Händler würden nach lohnenderen Alternativen suchen. Da aber die meisten, die produzieren und verkaufen, lieber Gewinne machen als Verluste, können wir ein Gesetz formulieren, das für praktisch alle Märkte gültig ist:

Je höher der Preis, desto grösser die angebotene Menge – und umgekehrt.

Die Angebotskurve im Preis-Mengen-Diagramm zeigt das Verhältnis der angebotenen Menge zum Preis.

Abb. [2-3] Je höher der Preis, desto grösser die angebotene Menge

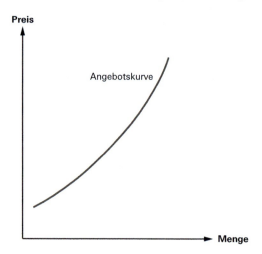

Angebot und Nachfrage eines Markts zeichnen wir nun in das gleiche Diagramm ein:

Abb. [2-4] Angebotsüberschuss bei zu hohem Preis, Nachfrageüberschuss bei zu tiefem Preis

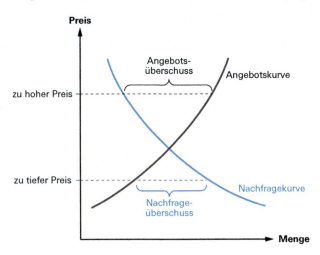

Das Diagramm macht deutlich, dass bei **zu hohen Preisen** zu wenig gekauft und zu viel angeboten würde. Wir beobachten einen **Angebotsüberschuss.** Die Anbieter bleiben auf unverkäuflichen Lagern sitzen. Um diesen Überschuss zu verkaufen, werden die Preise herabgesetzt. Je mehr nun der Preis sinkt, desto weniger wird produziert und desto mehr wird konsumiert – bis der Überschuss verschwindet und der Preiszerfall aufhört.

Läge hingegen der **Preis zu tief,** könnten wir einen **Nachfrageüberschuss** beobachten. Zu viel würde nachgefragt, aber zu wenig produziert. Vor den Geschäften könnten sich lange Schlangen bilden. Die Verkäufer würden die Preise heraufsetzen. Höhere Preise gäben einen Anreiz für höhere Produktion und würden gleichzeitig den Konsum drosseln. Je höher der Preis klettert, desto kleiner wird der Nachfrageüberschuss. Der Anpassungsprozess hört auf, wenn angebotene und nachgefragte Mengen gleich gross sind.

In der nächsten Grafik ist der Punkt markiert, in dem sich Anbieter und Nachfrager über Preis und Menge einigen können. Dort, wo sich Angebots- und Nachfragekurven schneiden, wird gleich viel angeboten wie nachgefragt. Hier liegt das Marktgleichgewicht.

Der Preis, zu dem Kauf- und Verkaufsziele übereinstimmen, heisst Gleichgewichtspreis. Und die Menge, auf die sich Käufer und Verkäufer einigen, heisst Gleichgewichtsmenge.

Abb. [2-5] Wo einigen sich Anbieter und Nachfrager? – Marktgleichgewicht

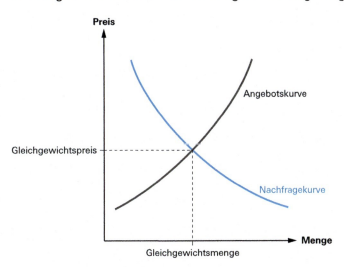

Hinweis	**Konsumentenrente und Produzentenrente**

Sind wir durstig, wären wir oft bereit, CHF 5 für ein Fläschchen Mineralwasser zu zahlen – kostet aber ein Fläschchen nur CHF 3, geniessen wir eine Konsumentenrente von CHF 2. Wäre ein Produzent bereit, sein Mineralwasser schon für CHF 2 zu verkaufen, erhält aber den Marktpreis von CHF 3, geniesst er eine Produzentenrente von CHF 1. Die **Konsumentenrente** ist also der Vorteil, den ein Konsument erhält, weil er für ein Produkt weniger zahlen muss, als er bereit wäre, dafür auszugeben.

Und die **Produzentenrente** ist der Vorteil eines Produzenten, der auch zu einem geringeren Preis verkaufen würde, als er auf dem Markt erzielt. Die Produzentenrente ist aber selten der Gewinn! Das wäre nur so, wenn es keine Fixkosten gäbe.

Alle Konsumentenrenten zusammen ergeben in der Grafik die Fläche zwischen der Nachfragekurve und dem Marktpreis, alle Produzentenrenten zusammen die Fläche zwischen der Angebotskurve und dem Marktpreis.

Abb. [2-6]   Konsumenten- und Produzentenrente

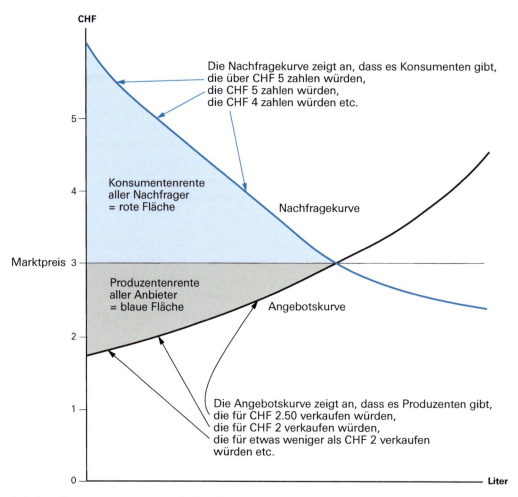

Bei der «Konsumentenrente» und der «Produzentenrente» sollten Sie wissen, was die Begriffe bedeuten und wie diese beiden Renten im einfachen Marktschema sichtbar werden. Komplexere Anwendungen sind nicht lernzielrelevant und werden daher in diesem Lehrmittel nicht abgebildet.

Es ist ein interessantes Konzept, wenn man damit die Ressourcennutzung und die Verteilung des Wohlstands zwischen den Konsumenten und den Anbietern durchspielen kann, so etwa die Folgen von verschiedenen Marktformen oder Preiskontrollen, Subventionen. Es kann auch gezeigt werden, wie und wann Steuern zu kleineren Konsumenten- und Produzentenrenten führen:

- Den volkswirtschaftlichen Nutzen finden wir aber noch nicht mit einem einzigen Diagramm. Um den volkswirtschaftlichen Wohlstand abzuschätzen, müsste auch der Nutzen berücksichtigt werden, den der Staat mit den Steuergeldern stiftet.
- Weiter werden bei einer Umweltabgabe (einer Steuer, die externe Kosten internalisiert) die Verluste bei Konsumenten- und Produzentenrenten mehr als wettgemacht durch reduzierte externe Effekte – und mit dem eingesammelten und an die Bevölkerung zurückverteilten Geld kann auch noch Nutzen gestiftet werden.

Dies sind alles Themen, die weiter hinten im Lehrmittel zur Sprache kommen. Die dortigen Überlegungen zum Wohlstand werden aber nicht mit Konsumenten- und Produzentenrenten analysiert, dies würde den Rahmen dieses Lehrmittels bei Weitem sprengen.

2.3 Wie stark reagieren Nachfrage und Angebot auf den Preis? – Preiselastizität

Preiselastizität der Nachfrage

Ein zentraler Gedanke in der Ökonomie ist, dass die Erfüllung unserer lieb gewordenen Konsumwünsche auch vom Preis abhängt.

Natürlich reagieren die Nachfrager nicht bei allen Gütern gleich empfindlich auf Preisänderungen. Bei einigen Gütern lösen schon kleine Preisausschläge grosse Veränderungen aus, bei anderen Gütern bleibt die nachgefragte Menge fast unberührt. In der Fachsprache heisst dieses Phänomen Preiselastizität der Nachfrage.

Bei einer preiselastischen Nachfrage reagiert die Menge stark auf den Preis, bei einer preisunelastischen Nachfrage dagegen nur schwach.

Abb. [2-7]   Preiselastische Nachfrage

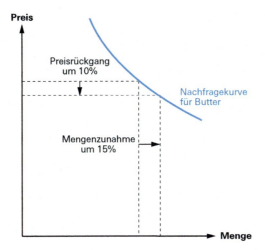

Bei einer preiselastischen Nachfrage ruft eine Preisänderung eine noch grössere Mengenänderung hervor. Die Nachfragekurve ist flach.

Allgemein lässt sich sagen, dass die Preiselastizität dort gross ist, wo die Nachfrager eine einfache Alternative haben: Sehr preiselastisch reagiert die Nachfrage nach Butter. Steigt der Butterpreis um 10%, sinkt die Butternachfrage um 15% – wenn der Margarinepreis unten bleibt. Die Margarine, eine einfache Alternative zu Butter, ist dann relativ zur Butter billiger. Zu etwa 15% steigen die Leute jetzt auf Margarine um.

Abb. [2-8]   Preisunelastische Nachfrage

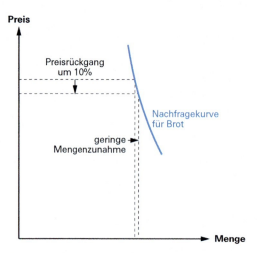

Bei einer preisunelastischen Nachfrage ruft eine Preisänderung nur eine kleine Mengenänderung hervor: Die Nachfragekurve ist steil.

Steigen aber die Preise für beide **Brotaufstriche,** geht die Nachfrage bei Preisaufschlägen viel weniger zurück. Die Nachfrage nach beiden Brotaufstrichen zusammen ist **preisunelastisch,** denn eine Alternative zu Butter und Margarine ist schwer zu finden.

Sehr preisunempfindlich ist auch die Nachfrage nach **Mehl und Brot.** Wird hier der Preis angehoben, geht die Nachfrage praktisch nicht zurück. Doch wir können oder wollen in der Regel nicht einfach mehr Geld ausgeben. Es wird darum immer Leute geben, die früher oder später weniger Brotaufstrich oder Brot kaufen. So ist es schwierig, Güter zu finden, die unabhängig vom Preis einfach in einem bestimmten Ausmass gekauft werden müssen – so etwa eine **obligatorische Versicherung** oder ein lebensnotwendiges Medikament.

Viel diskutiert wird die **Preiselastizität der Benzinnachfrage.** So wird häufig gesagt, teureres Benzin halte die Autofahrer nicht davon ab, genauso viel Benzin zu verbrauchen wie bisher. Untersuchungen zeigen, dass die Benzinnachfrage zwar preisunelastisch ist, dass aber bei einer 10%igen Erhöhung des Benzinpreises der Benzinverbrauch kurzfristig immerhin um 3 bis 4% zurückgeht, längerfristig um rund 10%.

Interessant ist, dass die Nachfrage nach Benzin längerfristig viel stärker auf Preisänderungen reagiert als kurzfristig. Benzinkonsumenten brauchen **Zeit,** um auf Preise zu reagieren. Nicht nur bei Benzin, sondern überall dort, wo für Umstellungen grössere Investitionen nötig sind, und es Jahre dauert, bis die volle Wirkung der Preisänderung eintritt, ist die langfristige Preiselastizität grösser als die kurzfristige.

Und die obigen Schätzungen sind zwei Jahrzehnte alt! Unterdessen hat der **technische Fortschritt uns noch mehr Alternativen gegeben,** die Preiselastizität der Benzinnachfrage dürfte also grösser sein.

Hinweis   Die Preiselastizität der Nachfrage lässt sich wie folgt **berechnen:**

$$\text{Preiselastizität} = \frac{\text{prozentuale Mengenänderung}}{\text{prozentuale Preisänderung}}$$

Wenn das Resultat der Rechnung einen Betrag von mehr als 1 ergibt, handelt es sich um eine preiselastische Nachfrage. Ist der Betrag kleiner als 1, spricht man von einer preisunelastischen Nachfrage.

Wie im vorletzten Abschnitt geht die Nachfrage nach Benzin als Folge einer 10%-Erhöhung des Benzinpreises kurzfristig um ca. 4% zurück, langfristig um etwa 10%:

$$\text{kurzfristige Preiselastizität von Benzin} = \frac{(-4)\%}{10\%} = -0.4$$

$$\text{langfristige Preiselastizität von Benzin} = \frac{(-10)\%}{10\%} = -1$$

Kurzfristig reagiert die Nachfrage auf eine Benzinerhöhung also preisunelastisch, langfristig aber recht preiselastisch. Das negative Vorzeichen kommt daher, dass ein Anstieg des Preises einen Rückgang der Nachfrage bewirkt.

Preiselastizität des Angebots

Je nach Art des Guts reagiert auch das Angebot verschieden empfindlich auf Preisänderungen. Das heisst, auch die **Preiselastizität des Angebots** ist nicht für alle Güter gleich:

- So kann z. B. das Angebot an Turnschuhen oder Plastikblumen problemlos ausgedehnt werden, wenn die Preise steigen. Ihr Angebot ist **preiselastisch,** die Angebotskurve flach.
- Das Angebot an Arztleistungen oder Werkzeugmaschinen lässt sich nur mit Mühe steigern, wenn die Preise steigen. Ihr Angebot ist **preisunelastisch,** die Angebotskurve steil.

Abb. [2-9] **Je preiselastischer das Angebot, desto flacher die Angebotskurve**

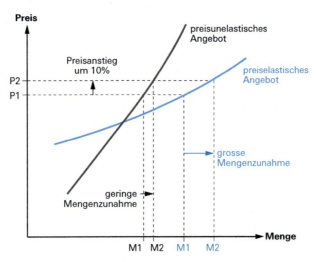

Das Angebot ist preiselastisch, wenn das Produkt gut **haltbar und lagerfähig** ist, sodass die Lager einfach auf- und abgebaut werden können, wenn ein Unternehmen billig und einfach **Ressourcen mobilisieren** kann und wenn die **Planungs- und Produktionszeiten** kurz sind. Die **Zeit** spielt in den meisten Fällen die wichtigste Rolle für die Anpassung des Angebots an Preisänderungen. Kurzfristig kann das Angebot oft nur schwer oder gar nicht verändert werden. Langfristig hingegen kann nicht nur die Produktionskapazität angepasst werden, sondern es können auch neue Anbieter auf- und alte abtreten. Je länger die Zeit, die wir überblicken, desto preiselastischer wird das Angebot.

Allerdings gibt es Güter, deren Angebot auch langfristig sehr preisunelastisch ist und praktisch nicht ausgedehnt werden kann. Beispiele sind der Boden oder herausragende Kunstwerke. Was in solchen Fällen geschieht, untersuchen wir in Kapitel 3.5, S. 49.

Hinweis	**Die Kosten eines Unternehmens**

Ein erfolgsorientiertes Unternehmen achtet auf seine Kosten. Diese hängen stark vom Zeitraum der Betrachtung ab:

- **Kurzfristig** sind im Unternehmen viele Kosten fix und nur die mit der Produktionsmenge variierenden Kosten gelten als variabel,
- **langfristig** sind alle Kosten variabel.

Dies sei an einem einfachen **Beispiel** verdeutlicht: Ein Fabrikationsunternehmen, das aufgrund des schlechten Geschäftsgangs seine Produktionsmenge reduziert, kann durch diesen Entscheid nur die variablen Kosten (produktionsabhängigen Kosten) senken. Die fixen Kosten bleiben unverändert. Es muss zwar weniger für Material, Strom usw. aufwenden, die Miete der Gebäude, die Mitarbeiterlöhne (je nach Kündigungsfristen) und die Zinskosten für in den Maschinen gebundenes Kapital sind jedoch unveränderlich. Langfristig kann das Fabrikationsunternehmen Fixkosten abbauen (je nach Bedarf auch erhöhen). Dies kann z. B. über den Verkauf von Maschinen, die Entlassung von Mitarbeitenden usw. geschehen.

Steht ein Unternehmen im starken Wettbewerb, sind die Verkaufspreise kurzfristig als gegeben zu betrachten. Liegen die Verkaufspreise über den durchschnittlichen **Gesamtkosten,** so macht das Unternehmen Gewinn, liegen sie darunter, so macht das Unternehmen Verlust.

Eine weitere wichtige Grösse sind die **Grenzkosten.** Das sind die zusätzlichen Kosten für die Produktion einer zusätzlichen Einheit. Wenn sich ein Betrieb seiner Kapazitätsgrenze nähert, wird die Produktion jeder weiteren Einheit immer schwieriger und teurer. Das heisst, die Grenzkosten nehmen zu.

Wo die Grenzkosten mit steigender Produktion zunehmen, zeigt sich dies in einer Angebotskurve, die mit grösseren Mengen ansteigt.

2.4 Wie reagiert ein Markt auf Veränderungen?

Bis hierher ist klar, wie der Preis Nachfrage und Angebot in Übereinstimmung bringt. Ein solches Marktgleichgewicht bleibt aber kein Dauerzustand, denn es ändert sich ständig etwas – am Angebot wie an der Nachfrage. Einen Überblick über die verschiedensten Einflüsse und Störfaktoren gibt die folgende Grafik:

Abb. [2-10]   Viele Grössen beeinflussen Angebot und Nachfrage – der Marktpreis koordiniert

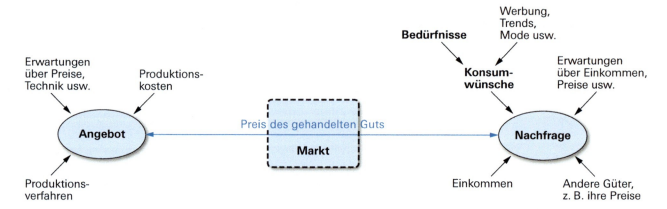

Wenn sich die Nachfrage ändert

Am Anfang einer Nachfrage stehen **Bedürfnisse.** Beeinflusst u. a. durch Werbung, Mode oder Kunst, erwachsen aus den Bedürfnissen konkrete **Konsumwünsche.** Auch Ihr Geschmack bildet sich dauernd um, und so können sich die **Wünsche stark verändern.**

Es zählen aber nicht nur die Konsumwünsche. Es braucht auch die Fähigkeit und den Willen, **Geld** auszugeben. Zielen unsere Wünsche auf ein Gut, das etwas kostet, ist unser **Einkommen** wichtig … Und werden wir reicher, können wir uns immer ausgefallenere Güter leisten.

Es gibt laufend neue Produkte, die Ihren Konsum beeinflussen. Was geschah z. B., als der Preis für Digitalkameras sank? Mehr Leute stiegen auf diese neue Technik um. Die Nachfrage nach herkömmlichen Kameras (Substitutionsgütern) sank. Dafür stieg die Nachfrage nach Memory Chips und Akkus (Komplementärgüter zu Digitalkameras).

Schliesslich wird Ihr Kaufinteresse auch von Ihren Zukunftsvorstellungen bestimmt. Erwarten Sie, dass die Kamerapreise bald sinken, warten Sie mit einem Kauf zu. Rechnen Sie damit, in nächster Zukunft mehr zu verdienen, können Sie schon heute mehr Geld ausgeben.

Wenn sich das Angebot ändert

Im Umfeld von Unternehmen können sich ebenso viele Dinge ändern wie bei den Konsumenten. Für einen Pizzabäcker kann sich die Produktion verteuern, wenn Mehl und Tomaten teurer werden oder wenn die Miete und vor allem wenn die Löhne steigen.

Die Produktionstechnik ist eine wichtige Einflussgrösse. Gibt es leistungsfähigere Maschinen, führt ein neuer Führungsstil zu weniger Wechsel beim Personal, gibt es einfachere Programme für die Buchhaltung? Kann dank organisatorischem und technischem Fortschritt effizienter produziert und verkauft werden?

Auch die Zukunftsvorstellungen zu Absatzchancen, Technik oder Produktionskosten spielen eine Rolle. Wird z. B. ein Input vermutlich nur vorübergehend teurer, reagiert ein Unternehmen anders, als wenn die Preissteigerung voraussichtlich dauerhaft ist.

Wie zeigen sich diese Veränderungen im Preis-Mengen-Diagramm?

Nehmen wir zum Start an, der Markt für ein Gut befinde sich im Gleichgewicht.

Abb. [2-11]   **Markt im Gleichgewicht**

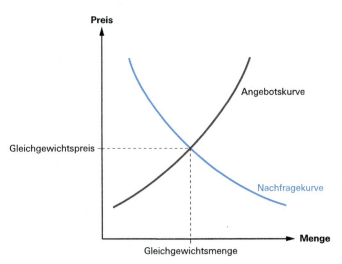

Nun nehmen wir an, dass sich das Image eines Produkts stark verbessert. Darauf können wir im Marktdiagramm zwei aufeinanderfolgende Anpassungsprozesse unterscheiden:

1. Die Nachfrager schätzen das Produkt höher ein und geben mehr Geld dafür aus. Die nachgefragte Menge nimmt für jeden Preis zu; die Nachfragekurve verschiebt sich nach rechts. Da sich beim Angebot weder die Einkaufspreise noch etwas anderes verändert, ändern die Anbieter ihre Absichten nicht. Die Angebotskurve bleibt hier, wie sie war.
2. In einem zweiten Schritt bildet sich ein neues Marktgleichgewicht mit der neuen Nachfragekurve und der unveränderten Angebotskurve. Die Gleichgewichtsmenge steigt und der Gleichgewichtspreis ebenfalls.

Abb. [2-12]   Erfolgreiche Imageverbesserung eines Produkts im Marktdiagramm

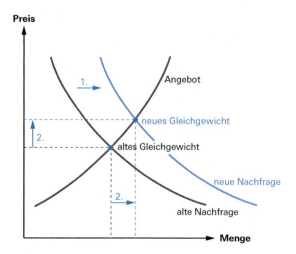

Wie verändert sich die Angebotskurve, wenn sich die **Produktionskosten stark erhöhen**? Auch hier finden zwei Anpassungsprozesse statt:

1. Bei höheren Kosten sind die hart kalkulierenden **Anbieter** nicht mehr bereit, zu den bestehenden Preisen die gleiche Menge anzubieten. Für jeden Preis ihrer alten Angebotskurve böten sie kleinere Mengen an. Das bedeutet, dass sich die Angebotskurve in Richtung kleinere Mengen nach links verschiebt – oder, was das Gleiche ist, in Richtung höhere Preise nach oben. Und die Nachfrage? Unsere **Nachfrage** wird durch die gestiegenen Produktionskosten nicht tangiert. Die Nachfragekurve bleibt gleich.
2. Dann reagieren die Käufer auf die höheren Preise und **konsumieren** weniger. Es bildet sich ein neues Gleichgewicht mit einem höheren Preis und einer kleineren Menge.

Abb. [2-13]   Höhere Produktionskosten im Marktdiagramm

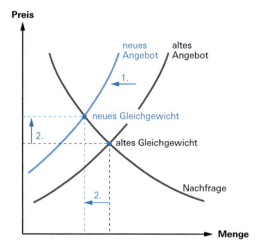

Angebots- und Nachfragekurve können sich auch **gleichzeitig** verändern. Fällt z. B. eine Kostensteigerung mit veränderten Konsumwünschen zusammen, verschieben sich beide Kurven. Das neue Marktgleichgewicht liegt dann im Schnittpunkt der beiden neuen Kurven.

Verändern sich also andere Einflussgrössen als der Preis des gehandelten Guts, **verschieben sich im Preis-Mengen-Diagramm Nachfrage- oder Angebotskurven.** Dann entsteht ein neuer Schnittpunkt zwischen den Angebots- und Nachfragekurven. Der neue Schnittpunkt gibt uns Auskunft über den Preis und die Menge des neuen Marktgleichgewichts.

2.5 Preis-Mengen-Diagramm

Das Marktmodell dargestellt im Preis-Mengen-Diagramm mittels Angebot- und Nachfragekurve ist das grundlegende volkswirtschaftliche Konzept, um den Markt als Konstrukt zu verstehen. Entsprechend häufig wird es zum Prüfungsthema.

Um Aufgaben zum Thema Preis-Mengen-Diagramm zu lösen und keine Überlegungen zu vergessen, gehen Sie wie folgt vor:

Abb. [2-14]   Checkliste – Aufgaben zum Preis-Mengen-Diagramm lösen

1. Diagramm erstellen	
☐	**Koordinatensystem** mit der x-Achse «Menge» und der y-Achse «Preis» zeichnen.
☐	**Angebotskurve** von unten links nach oben rechts einzeichnen.
☐	**Nachfragekurve** von oben links nach unten rechts einzeichnen.
☐	Den Schnittpunkt von Angebots- und Nachfragekurve mit **Marktgleichgewicht** beschriften.
☐	Die **Konsumentenrente** als Fläche unterhalb der Nachfragekurve und oberhalb des Gleichgewichtspreises einzeichnen.
2. Verschiebungen von Angebots- und Nachfragekurve vornehmen	
☐	Bei **Ereignissen in der Umwelt des Unternehmens** beurteilen, ob sich das Angebot (Rohstoffpreise, Ernteausfälle etc.) oder die Nachfrage (Bedürfnisanpassungen, Imageschäden/-verbesserungen, neue Substitutionsgüter etc.) verändert.

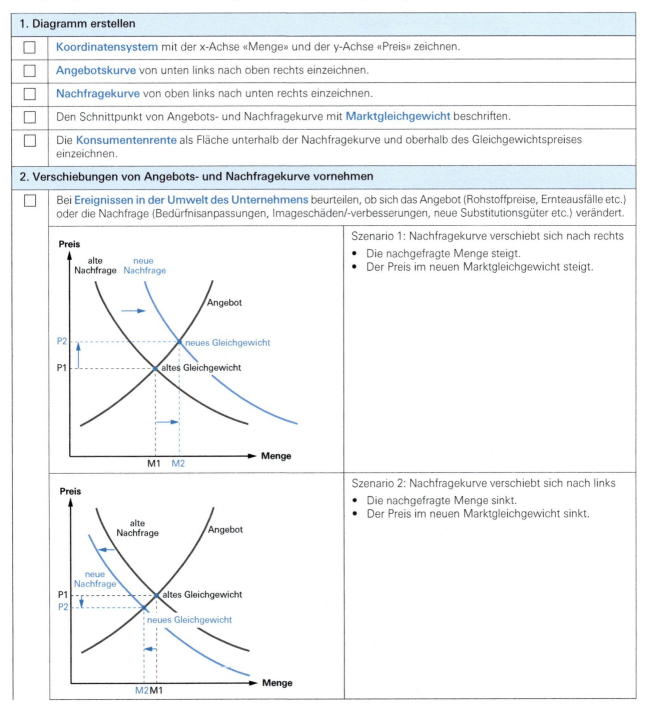

Szenario 1: Nachfragekurve verschiebt sich nach rechts
- Die nachgefragte Menge steigt.
- Der Preis im neuen Marktgleichgewicht steigt.

Szenario 2: Nachfragekurve verschiebt sich nach links
- Die nachgefragte Menge sinkt.
- Der Preis im neuen Marktgleichgewicht sinkt.

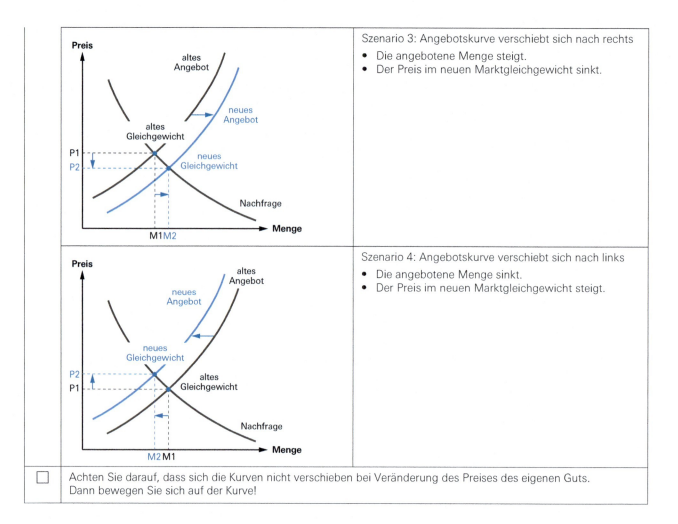

	Szenario 3: Angebotskurve verschiebt sich nach rechts • Die angebotene Menge steigt. • Der Preis im neuen Marktgleichgewicht sinkt.
	Szenario 4: Angebotskurve verschiebt sich nach links • Die angebotene Menge sinkt. • Der Preis im neuen Marktgleichgewicht steigt.
☐	Achten Sie darauf, dass sich die Kurven nicht verschieben bei Veränderung des Preises des eigenen Guts. Dann bewegen Sie sich auf der Kurve!

2.6 Eine Volkswirtschaft als Marktsystem

Unternehmen, Gütermärkte und Haushalte

In der Schweiz gibt es rund 600 000 **Unternehmen,** in denen etwa 60% der Bevölkerung arbeiten – im eigenen Unternehmen oder angestellt. In der Grafik erscheinen alle Unternehmen in einem einzigen Oval zusammengefasst.

Unternehmen produzieren Konsumgüter, die zum Verkauf bestimmt sind. Diese Konsumgüter werden auf den **Gütermärkten** angeboten und dort von den Konsumenten und Konsumentinnen nachgefragt. Ein Strom von Konsumgütern (graue Pfeillinie) fliesst also von den Unternehmen über die Gütermärkte zu den Haushalten. Und weil die Haushalte dafür mit gutem Geld bezahlen, fliesst ein entsprechender Geldstrom (rosa Pfeillinie) zurück.

Abb. [2-15] Ein einfaches Markt- und Kreislaufschema

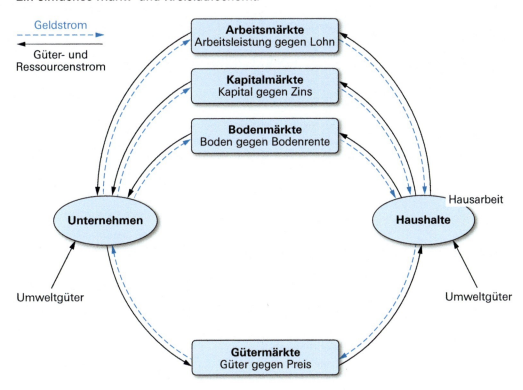

Auch alle **Haushalte,** ob Grossfamilien oder Einzelhaushalte, fassen wir in einem einzigen Oval zusammen. Die Haushalte sind aber nicht bloss Konsumenten der Güter, die in den Unternehmen produziert werden. Sie produzieren selbst! Die Resultate der **Hausarbeit** sind für den Lebensunterhalt vieler Familien ebenso wichtig wie die Güter, die vom Markt stammen.

Haushalte bieten Ressourcen an

Was leisten die Haushalte nun, um zu dem Geld zu kommen, mit dem sie die begehrten Güter kaufen? In den meisten von ihnen gibt es Personen, die in Unternehmen gegen Lohn arbeiten.

Glücklichere Haushalte können den Unternehmen auch Boden und Kapitalgüter anbieten. Diesen Haushalten gehören direkt Boden und Gebäude oder sie sind allein oder mit anderen zusammen, meist als Aktionäre, Eigentümer eines Unternehmens. Damit gehören ihnen auch der Boden und die Kapitalgüter dieser Aktiengesellschaft. Auf diese Weise gehören gewichtige Teile des Bodens und der Kapitalgüter direkt und indirekt den **privaten Haushalten.**

Alle drei Produktionsfaktoren – Arbeitskraft, Kapitalgüter und Boden – bieten die Haushalte den Unternehmen auf Märkten an. Dafür gibt es **Arbeitsmärkte, Kapitalmärkte und Bodenmärkte** – alle drei zusammen nennt man **Faktormärkte.**

Unternehmen fragen Ressourcen nach

Auf den Faktormärkten treten die Unternehmen als Nachfrager auf und beschaffen die gewünschten Produktionsfaktoren gegen den entsprechenden Marktpreis. Für Arbeitsleistung zahlen sie **Lohn,** für Kapitalgüter **Zins** und für Boden eine **Bodenrente.**

Das Markt- und Kreislaufschema zeigt neben den Märkten **zwei Kreisläufe:**

- Ressourcenströme fliessen von den Haushalten über die Arbeits-, Kapital- und Bodenmärkte zu den Unternehmen. Diese stellen mit Ressourcen Güter her, sodass ein Güterstrom von den Unternehmen über die Gütermärkte zurück zu den Haushalten fliesst.
- In umgekehrter Richtung fliesst das Geld, das wir zur Verrechnung des Güterstroms einsetzen.

Die Arbeitsmärkte

Die **Arbeitsmärkte** funktionieren im Prinzip gleich wie andere Märkte: Anbieter sind hier die Haushalte, Nachfrager die Unternehmen. Auch hier werden Angebot und Nachfrage über den Preis in Übereinstimmung gebracht. Der Preis für die Arbeitsleistung heisst hier Lohn.

Natürlich spielt nicht nur der Lohn eine Rolle, wenn Sie Ihre Arbeitskraft anbieten – selbst dann nicht, wenn Sie nur Gelegenheitsarbeit verrichten. Gerade bei der Arbeit sind persönliche und gesellschaftliche Vorlieben sehr wichtig. Doch der Lohn sorgt dafür, dass schliesslich der überwiegende Teil der Arbeitswilligen einer Arbeit nachgeht und die meisten Arbeitsstellen mit geeigneten Personen besetzt sind.

Die Kapitalmärkte

Wie schon erwähnt, gehört ein gewichtiger Teil der Kapitalgüter direkt oder indirekt den Haushalten. Viele Haushalte sind Eigentümer von Ladengebäuden oder Bürohäusern, die sie gegen Zins an Unternehmen vermieten. Die meisten Haushalte kaufen aber nicht selbst Kapitalgüter, um sie den Unternehmen zu überlassen. Vielmehr stellen sie den Unternehmen ihr **Erspartes** zur Verfügung.

- Die sparenden Haushalte bringen ihr Geld auf eine **Bank** und diese Bank leiht das Geld an Unternehmen aus.
- Haushalte kaufen Obligationen von Unternehmen. **Obligationen** sind Wertpapiere mit einem festen Zinssatz und einer festgelegten Laufzeit. Nach Ablauf der Laufzeit wird der auf der Obligation aufgedruckte Wert zurückbezahlt.
- Risikofreudigere Haushalte erwerben **Aktien.** Als Aktionäre sind sie Geldgeber und Mitinhaber des Unternehmens mit Stimmrecht an der Generalversammlung.

Nun kann man den Unternehmen nicht nur über die Banken Geld überlassen oder Obligationen und Aktien kaufen. Spargelder fliessen durch sehr viele Kanäle zu den Unternehmen: Sparer kaufen (auch unfreiwillig via Pensionskassen) **Fonds,** in denen verschiedene Wertpapiere (meist Aktien und Obligationen) liegen, oder auch **neue Finanzprodukte** wie Obligationen, die Hypothekarkredite zusammenfassen (MBS = Mortgage-Backed Securities).

Viele sichern ihre Wertpapiere gegen Kursschwankungen ab und das Finanzinstitut, das die Schwankungsrisiken übernimmt, sichert sich selbst auch wieder ab usw. So gehört das, was auf den Kapitalmärkten geschieht, zum Kompliziertesten in der Ökonomie und auch zum Undurchschaubarsten – wie mit der Hypotheken- und Bankenkrise ab 2008 allgemein bewusst wurde. Doch das Prinzip ist einfach:

- Auf der **Angebotsseite** des Systems stehen die Haushalte, die ihre Spargelder anbieten. Sie wollen ihr Geld **anlegen.**
- Auf der **Nachfrageseite** stehen die Unternehmen, die Geld ausleihen. Sie kaufen damit Kapitalgüter. Anstatt «Kapitalgüter kaufen» sagen die Ökonomen auch **investieren.**
- Der **Zins** bringt den Kapitalmarkt ins Gleichgewicht.

Die Bodenmärkte

Der Boden wird meist zusammen mit den darauf stehenden Gebäuden den Benutzern zur Verfügung gestellt. Damit ist im Mietzins für Wohnungen, Geschäfte und Fabriken sowohl die Entschädigung für das Gebäude als auch die Entschädigung für den Boden, die **Bodenrente,** enthalten.

Boden wird nicht nur ausgeliehen, sondern auch gekauft und verkauft. Dabei ist der Bodenpreis direkt von der Bodenrente abhängig: Wo sich Gebäude gut vermieten lassen, ist der Bodenpreis hoch. Wo niedrige Mieten erzielt werden, ist der Bodenpreis niedrig.

Die Umweltgüter

Die eben besprochenen drei Produktionsfaktoren Arbeitskraft, Kapitalgüter und Boden gehören alle jemandem. Das heisst, die Eigentumsrechte sind genau definiert und der Staat unterstützt die Eigentümer bei der Verteidigung ihrer Rechte. So ist etwa der Boden mit Marchsteinen abgegrenzt und die Rechte sind im Grundbuch eingetragen.

Die Folgen? Die Eigentümer pflegen ihre Produktionsfaktoren und will sie jemand anders nutzen, muss er einen Preis bezahlen: Lohn, Zins und Bodenrente. Dies hält uns alle an, Arbeitskraft, Kapital und Boden bestmöglich einzusetzen.

Prinzipiell anders ist es bei Umweltgütern. Oft sind Eigentumsrechte unmöglich zu definieren und durchzusetzen. Denken Sie etwa an Luft. In anderen Fällen wäre es zwar möglich, Rechte festzulegen, wie etwa bei der Schönheit einer Landschaft oder den Meerestieren. Doch stösst dies oft auf starke Widerstände.

Fehlende, unklare oder nicht durchgesetzte Eigentumsrechte haben weitreichende Folgen: Umweltgüter können ohne Entschädigung (Sanktionen oder Preis) benutzt und gefährdet werden. Ressourcen aber, die allen frei zur Verfügung stehen, werden nicht gepflegt und bestmöglich genutzt, sondern verschwendet und übernutzt. So wird die Luft zu intensiv genutzt, das Meer überfischt, die Erdatmosphäre aufgeheizt oder die Schönheit einer Landschaft gratis verbaut.

In der Grafik 2-16, S. 34 ist die entschädigungsfreie Nutzung von Umweltgütern dargestellt: Dem Strom der Umweltressourcen zu den Unternehmen und Haushalten fliesst kein Geldstrom entgegen. Leicht erkennen Sie hier unsere heutige Umweltproblematik: Der fehlende oder niedrige Preis täuscht einen Überfluss vor, der nicht vorhanden ist. Stellt eine Gesellschaft Güter frei oder fast gratis zur Verfügung, ist dies eine Einladung zur Verschwendung.

Die Auslandsverflechtung

Nachdem alle Ressourcen in unser Markt- und Kreislaufmodell aufgenommen sind, wollen wir es um einen weiteren wichtigen Teil ergänzen, um die Beziehungen zum Ausland.

- **Importe von Waren und Dienstleistungen:** Etwa die Hälfte aller Waren und Dienstleistungen, die wir konsumieren und investieren, stammen aus dem Ausland: Der grösste Teil dieser Güterströme wird durch den Importpfeil zu den Unternehmen dargestellt.
- **Exporte von Waren und Dienstleistungen:** Über die Hälfte der schweizerischen Verkäufe von Waren und Dienstleistungen geht heute ins Ausland. Diese Güterströme sind im Marktschema als Exportpfeil von den Unternehmen ins Ausland eingezeichnet.

Die Schweiz ist aber nicht nur mit den ausländischen Gütermärkten vernetzt, sondern auch mit den Kapitalmärkten des Auslands und mit dem Arbeitsmarkt der EU. Zudem wird die Qualität der schweizerischen Umwelt immer stärker auch von Vorgängen im Ausland betroffen und umgekehrt. All diese Beziehungen sind aber im Markt- und Kreislaufmodell der Einfachheit halber in der unten stehenden Abbildung nicht eingezeichnet.

In Europa entsteht mit der EU aus verschiedenen Volkswirtschaften ein einheitlicher Wirtschaftsraum. Die Kernziele der europäischen Integration sind die vier Freiheiten: der freie Verkehr von Waren, Dienstleistungen, Kapital und Personen. (Dass der freie Personenverkehr aus vorab politischen Gründen strikt mit den drei anderen Freiheiten verknüpft wird, ist nicht überall in der EU gleich populär. Dieser Konflikt führt immer wieder zu Zerreissproben für das das EU-Projekt.)

Je stärker Europa zusammenwächst, desto eher gilt das beschriebene Wirtschaftsmodell auch für die ganze Volkswirtschaft des vereinigten Europas. Hier hat das Ausland ein kleineres Gewicht. Nur etwa ein Zwölftel aller Güter, die heute in der EU konsumiert und investiert werden, stammen aus dem übrigen Europa und Übersee und nur ein Zwölftel der EU-Produktion an Dienstleistungen und Waren geht dorthin.

Abb. [2-16] Marktsystem mit Umweltressourcen, Ausland und Unternehmertätigkeit

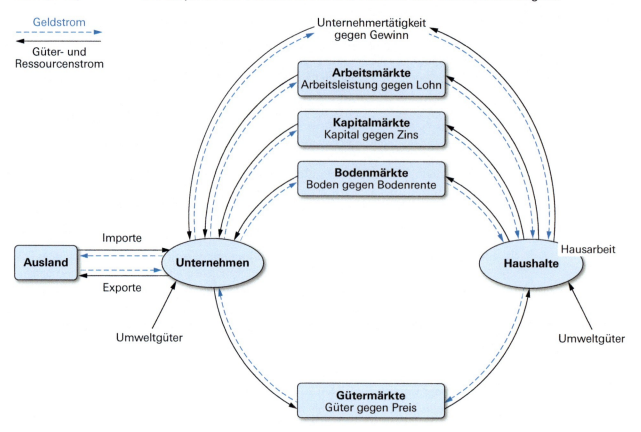

Gewinne locken, Verluste drohen

Was zwingt jedes Unternehmen dazu, möglichst viele hochstehende Güter mit möglichst wenig Ressourcen herzustellen? Ein Unternehmen will Gewinne machen.

- Stellt ein Unternehmen möglichst viele hochstehende Güter her, dann erzielt es auf den Gütermärkten gute Preise.
- Und gelingt es den Unternehmen, dafür möglichst wenig Ressourcen zu verbrauchen, muss es auf den Faktormärkten wenig Lohn, Bodenrente und Zins zahlen.

Gewinne sind das Entgelt für unternehmerische Leistung: die Produktionsentscheide, die Einführung von Neuerungen und das Tragen von Risiken. Gewinne sind der Ansporn des Unternehmens, die am meisten gewünschten Güter mit den billigsten Verfahren herzustellen. Weniger Gewinn bringende Güter und teure Verfahren werden aufgegeben. (Beachten Sie, wie auch die Unternehmertätigkeit und die Gewinne in der Grafik 2-16, S. 34 eingezeichnet sind.)

Produziert ein Unternehmen mit teuren Verfahren unbeliebte Güter, wird es weniger einnehmen, als es für die Ressourcen ausgeben muss. Dann bleiben **Verluste.** Um einen Konkurs zu vermeiden, muss es die Produktion der erfolglosen Güter aufgeben und seine Produktionsverfahren verbessern. Es wird gezwungen, die Ressourcen wirtschaftlicher einzusetzen.

Kurz: Verluste sind die Strafe für erfolglose, Gewinne die Belohnung für erfolgreiche Unternehmertätigkeit.

Hinweis — Werden immer langfristig maximale Gewinne angestrebt?

Unternehmen werden geführt, um Gewinne zu machen. Aber sind wirklich immer die grösstmöglichen Gewinne das Ziel?

Gilt das auch für Kleinunternehmer, die als Selbstständige weniger verdienen, als wenn sie angestellt wären – und damit genau genommen ständig Verluste schreiben? Wer lieber sein eigener Chef sein will, tauscht gern ein grösseres Einkommen gegen mehr Unabhängigkeit ein. Er maximiert seinen

Nutzen. Im Rahmen der vorgegebenen Selbstständigkeit wird dann aber meistens versucht, den Gewinn zu maximieren.

Trennung von Eigentum und Kontrolle: Ein wichtiger Grund, an der Annahme der Gewinnmaximierung zu zweifeln, ist, dass grosse Unternehmen nicht von ihren Eigentümern geführt werden, sondern von bezahlten Managern. Das Eigentum an grossen Aktiengesellschaften ist zum Teil verschachtelt und in der Regel weltweit verstreut unter unzähligen Anlegern, die ihre Aktien oft nur ein paar Tage bis Monate halten.

Die besser informierten Manager mögen mehr Interesse an ihrem Status, dem Ausbau ihrer Position oder ihren viel diskutierten Gehältern haben als am langfristigen Erfolg des Unternehmens und an maximalen Gewinnen über Jahre hinaus.

Wir stecken hier im sog. **Prinzipal-Agent-Problem:** Wie können die Prinzipale / Auftraggeber (hier die Aktionäre, die ihre Anteile langfristig behalten wollen) ihre Agenten / Beauftragten (hier die Manager) dazu bringen, in bestem Interesse der Prinzipale zu handeln? Wie müssen die Anreize gesetzt werden, sodass dies geschieht?

- Gewinnbeteiligung: Mitarbeitende, vorab höhere Manager, werden am Gewinn ihres Unternehmens beteiligt: direkt durch Boni oder indirekt in Form von Aktien oder Kaufoptionen an Aktien, die erst nach Jahren eingelöst werden können. Die Erfahrungen mit Boni lassen aber offen, wie Mitarbeitende damit motiviert werden.
- Bedrohung durch Konkurse und Übernahmen: Steht ein Unternehmen im Wettbewerb, decken sich die Interessen der Aktionäre und der Manager in der Regel eher. Denn können die Manager das Überleben der Firma nicht sicherstellen, verlieren sie ihre Position.

Zum einfachen Wirtschaftskreislauf

Nicht zuletzt an Prüfungen wird gerne vom «einfachen Wirtschaftskreislauf» gesprochen. Dann lässt man in der Regel die Märkte, die Angebot und Nachfrage ausgleichen, weg.

Man beschränkt sich also auf Güter- und Geldströme zwischen Haushalten und Unternehmen und pickt den Kreislaufaspekt unseres Markt- und Kreislaufschemas heraus:

Abb. [2-17]   Einfacher Wirtschaftskreislauf (ohne Märkte)

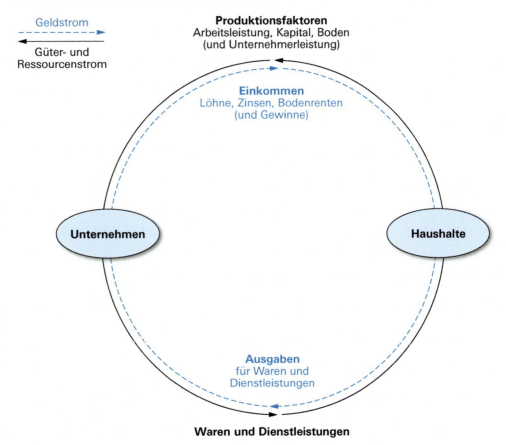

Zusammenfassung

Ein **Markt** ist jedes Zusammentreffen von Angebot und Nachfrage. Der **Marktpreis** sorgt dafür, dass sich die angebotene und die nachgefragte Menge angleichen, er führt den Markt ins **Marktgleichgewicht**:

- Ist das Angebot grösser als die Nachfrage (Angebotsüberschuss), sinkt der Preis so lange, bis Angebot und Nachfrage übereinstimmen, d. h., bis Angebot und Nachfrage im Gleichgewicht sind.
- Ist umgekehrt die Nachfrage zu hoch (Nachfrageüberschuss), steigt der Preis, bis das Marktgleichgewicht erreicht ist.

Mit der **Preiselastizität** der Nachfrage bzw. des Angebots misst man, wie stark die Nachfrager bzw. Anbieter auf **Preisänderungen** reagieren:

- Reagieren Nachfrager nur wenig auf Preisänderungen, dann spricht man von einer preisunelastischen Nachfrage;
- reagieren sie dagegen stark, von einer preiselastischen. Dasselbe gilt für die Anbieter.

Märkte sind ständigen **Änderungen** ausgesetzt, die das Zusammenspiel von Anbietern und Nachfragern beeinflussen. Deshalb ändert sich das **Marktgleichgewicht** ständig:

- Aufseiten der Nachfrager ändern sich die Konsumwünsche (Änderung der Bedürfnisse, Werbung, Mode, Trends). Zudem wird die Nachfrage beeinflusst durch Einkommensänderungen, Erwartungen über Einkommen und Preise sowie Preisänderungen anderer Güter.
- Das Verhalten der Anbieter wird beeinflusst durch die Produktionskosten, die Produktionsverfahren und die Erwartungen über Preise, Technik usw.

Im Wirtschaftskreislauf mit **Güter- und Faktormärkten** stehen sich Haushalte und Unternehmen gegenüber:

- Auf den Gütermärkten erwerben die Haushalte die Güter der Unternehmen und
- auf den Faktormärkten «mieten» die Unternehmen die Produktionsfaktoren der Haushalte.

Diese Modellvorstellung kann auch erweitert werden, z. B. mit den Umweltressourcen, der Handelstätigkeit mit dem Ausland und der unternehmerischen Tätigkeit.

Im **einfachen Wirtschaftskreislauf** lässt man die Märkte, die Umweltgüter und das Ausland weg. Dann

- fliesst nur noch ein **Güterstrom** von den Unternehmen direkt zu den Haushalten und ein Ressourcenstrom von den Haushalten direkt zu den Unternehmen.
- In die entgegengesetzte Richtung fliesst ein **Geldstrom**.

Repetitionsfragen

8 Der Preis sorgt dafür, dass ein Markt ins Gleichgewicht kommt.

Vervollständigen Sie die folgende Tabelle zur Wirkung des Preises auf die nachgefragte bzw. angebotene Menge eines Guts:

Preis	Nachgefragte Menge eines Guts	Angebotene Menge eines Guts
steigt ↗		
sinkt ↘		

9 Auf funktionierenden Märkte bewegt sich der Preis zum Marktgleichgewicht hin. Welche Aussagen dazu sind korrekt? Beachten Sie, dass zwei oder mehr Aussagen korrekt sein können.

☐	Im Marktgleichgewicht sind die Konsumwünsche aller Nachfrager nach einem Gut befriedigt.
☐	Das Marktgleichgewicht liegt bei demjenigen Preis, bei dem die angebotene und die nachgefragte Menge eines Guts übereinstimmen.
☐	Ist ein Markt im Gleichgewicht, gibt es weder einen Nachfrageüberschuss noch einen Angebotsüberschuss.
☐	Ein einmal erreichtes Marktgleichgewicht bleibt für immer erhalten.

10 Das Zusammenspiel von Angebot und Nachfrage auf Märkten wird im Preis-Mengen-Diagramm dargestellt. Ordnen Sie die Buchstaben A–F in der Zeichnung den jeweiligen Begriffen zu.

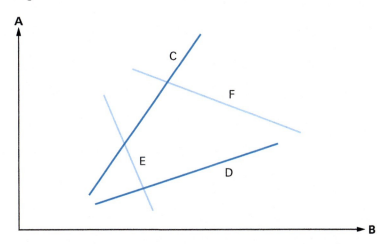

Begriff	Zuordnung
Preis (CHF oder andere Währung)	
Menge (Stück, Kilo usw.)	
Preiselastische Nachfrage	
Preiselastisches Angebot	
Preisunelastische Nachfrage	
Preisunelastisches Angebot	

11 Das Markt- und Kreislaufschema beschreibt das Geschehen in einer ganzen Wirtschaft. Welche Aussagen dazu sind korrekt? Beachten Sie, dass zwei oder mehr Aussagen korrekt sein können.

☐	Die Akteure heissen Haushalte und Unternehmen.
☐	Auf den Faktormärkten werden Güter gehandelt.
☐	Es fliesst ein Ressourcenstrom von den Haushalten zu den Unternehmen.
☐	Es fliesst ein Güterstrom von den Unternehmen zu den Haushalten.

12 Wenn die Haushalte den Unternehmen die Produktionsfaktoren zur Verfügung stellen, erhalten sie eine Entschädigung. Diese heisst je nach Produktionsfaktor anders.

Ordnen Sie die Bezeichnungen der Begriffe dem jeweiligen Produktionsfaktor zu.

a) Bodenrente, b) Lohn, c) Zins, d) Gewinn / Verlust

Produktionsfaktor	Entschädigung
Arbeit	
Kapital	
Boden	
Unternehmerleistung	
Umwelt	

13 A] Bei Preissteigerungen von Butter reagieren die Nachfrager preiselastisch, bei Preissteigerungen von Brot preisunelastisch. Mit welchem Schlüsselwort würden Sie begründen, dass die Nachfrager bei zwei Gütern des täglichen Bedarfs so unterschiedlich reagieren?

B] Bei der Preiselastizität des Angebots spielt die Zeit eine grosse Rolle. Weshalb ist das so? (Tipp: Überlegen Sie sich, was der Hersteller von Kaugummi und der Produzent von Kirschen tun, wenn die Nachfrage nach Kaugummi und Kirschen im Herbst plötzlich stark zunimmt.)

14 Das einfache Markt- und Kreislaufschema beschreibt die Wirtschaft als System.

A] Welches sind darin die beiden Hauptakteure?

B] Was sind Faktormärkte und welche Märkte gehören dazu?

C] Die beiden Hauptakteure sind im Markt- und Kreislaufschema durch weitere Märkte verbunden. Welche sind es?

15 Nach dem Markt- und Kreislaufschema kaufen Haushalte Kapitalgüter und stellen sie den Unternehmen zur Verfügung. Nun kennen Sie aber kaum eine Privatperson, die eine Maschine, einen Kran usw. kauft und sie einem Unternehmen zur Verfügung stellt.

Erklären Sie in zwei bis drei Sätzen, wie die Haushalte die Kapitalgüter indirekt zur Verfügung stellen. In Ihrer Antwort sollten die beiden Begriffe **Sparen** und **Investieren** vorkommen. Ausgezeichnet haben Sie die Aufgabe gelöst, wenn darin zusätzlich noch die Begriffe Geld und Wertpapiere (Aktien, Obligationen) vorkommen.

16 Nehmen Sie ein Blatt Papier zur Hand und zeichnen Sie, ohne nachzuschauen, ein einfaches Markt- und Kreislaufschema einer reinen Marktwirtschaft (ohne Staat) mit den Namen aller Märkte und der Güter- und Geldströme. (Tipp: Verwenden Sie für die Güter-/Ressourcenströme eine andere Farbe als für die Geldströme.)

17 Die Familie Hugentobler verbraucht zu einem Preis von CHF 0.22 pro kWh monatlich 100 kWh elektrischen Strom. Nach einem Preisanstieg auf CHF 0.25 beträgt der monatliche Stromverbrauch der Familie Hugentobler 98 kWh.

A] Berechnen Sie für den Stromverbrauch der Familie Hugentobler die Preiselastizität der Nachfrage.

B] Entscheiden Sie, ob die Nachfrage preiselastisch oder preisunelastisch ist, und erläutern Sie mit eigenen Worten, was dies bedeutet.

18 In der Folge geht es um den Markt für Offroader in der Schweiz. Dabei gehen wir von folgenden Annahmen aus: Das Angebot ist preiselastisch. Die Nachfrage ist preisunelastisch.

A] Zeichnen Sie auf einem Blatt Papier ein Preis-Mengen-Diagramm und tragen Sie die beschriebene Situation ein. Achten Sie auf eine korrekte Beschriftung.

B] Skizzieren Sie anschliessend (in einer anderen Farbe), welche Auswirkungen ein Ansteigen der Benzinpreise auf den Schweizer Markt für Offroader hat.

19 Auf dem schweizerischen Markt für Tafelkirschen reagiere sowohl das Angebot wie auch die Nachfrage recht preisunelastisch.

A] Zeichnen Sie auf einem Blatt Papier ein Preis-Mengen-Diagramm und tragen Sie die beschriebene Situation ein. Achten Sie auf eine korrekte Beschriftung.

B] Nun werden immer mehr Kirschen zu Kirsch gebrannt. Skizzieren Sie (in einer anderen Farbe) die Folgen für den schweizerischen Markt für Tafelkirschen.

3 Märkte komplexer

Lernziele

Nach der Bearbeitung dieses Kapitels können Sie …

- die fünf Marktformen, vollständige Konkurrenz, Oligopol, Absprache / Kartell, monopolistische Konkurrenz und Monopol beschreiben.
- beschreiben, wie Höchstpreise und Mindestpreise sowie Steuern das Marktgeschehen beeinflussen und wie sich dies im Preis-Mengen-Diagramm darstellen lässt.
- erklären, weshalb Höchst- und Mindestpreise nicht marktkonforme und Steuern und Lenkungsabgaben marktkonforme Eingriffe des Staats in das Wirtschaftsgeschehen sind.
- zeigen, unter welchen Voraussetzungen Spekulation möglich wird.

Schlüsselbegriffe

Absprache, Höchstpreis, Internalisierung externer Kosten, Kartell, Lenkungsabgaben, marktkonforme Massnahmen, Mindestpreis, Monopol, monopolistische Konkurrenz, nichtmarktkonforme Massnahmen, Oligopol, Schwarzmarkt, Spekulationsblasen, Steuern, vollständige Konkurrenz

3.1 Fünf Marktformen

Märkte funktionieren nur dann nach dem bisher beschriebenen Muster, wenn die Teilnehmer in starkem **Wettbewerb** stehen. In der Realität ist der Wettbewerb aber oft **eingeschränkt**. Dazu haben die Ökonomen eine Klassifizierung entwickelt und unterscheiden im Prinzip **fünf** Marktformen:

- **Vollständige Konkurrenz**
- **Oligopol**
- **Absprache / Kartell**
- **Monopol**
- **Monopolistische Konkurrenz**

Vollständige Konkurrenz, Wettbewerb in reiner Form

Vollständige Konkurrenz, vollständiger Wettbewerb herrscht, wenn die folgenden **vier Bedingungen** erfüllt sind:

1. **Viele Teilnehmer:** Anbieter wie Nachfrager sind zahlreich.
2. **Homogene Güter:** Die Güterqualität und auch der Verkaufsservice sind gleich, sodass es den Käufern gleichgültig ist, wo sie kaufen.
3. **Vollständige Information:** Alle Marktteilnehmer sind über Qualität und Preise der gehandelten Güter informiert.
4. **Keine Markthindernisse:** Für neue Anbieter gibt es keine Hindernisse, keine Marktzutrittsbarrieren.

Als Folge müssen alle Anbieter für das gleiche Gut den **gleichen Preis** verlangen. Denn sind alle Käufer über die Preise aller Anbieter informiert, würden sie bei unterschiedlichen Preisen im billigsten Geschäft kaufen. Teurere Anbieter verkaufen nichts, bis auch sie ihre Preise auf das tiefere Niveau senken. Niemand kann den Marktpreis beeinflussen – der Preis ergibt sich vielmehr durch das Zusammenwirken aller Marktteilnehmer.

Streng genommen gibt es nicht viele Märkte, auf denen alle vier Bedingungen für vollständigen Wettbewerb voll zutreffen – ein Beispiel ist der Weltmarkt für Weizen. Ein Exporteur wird darum seinen Weizen zum herrschenden Weltmarktpreis verkaufen müssen.

Auf vielen Märkten herrscht aber annähernd vollständige Konkurrenz, so wie z. B. auf dem Arbeitsmarkt für Bauhilfsarbeiter. Dort verdienen alle etwa gleich viel, denn (1) gibt es viele Hilfsarbeiter und Baufirmen, (2) sind die Arbeitsanforderungen recht standardisiert, (3) ist der Arbeitsmarkt für Bauhandlanger übersichtlich und (4) gibt es innerhalb der Schweiz kaum Barrieren gegen neue Baufirmen oder Männer, die auch als Handlanger auf dem Bau arbeiten wollen.

Oligopol

Häufig sind Märkte, auf denen nur einige **wenige Unternehmen** gleiche oder ähnliche Produkte anbieten, z. B. Migros, Coop und Aldi oder Pirelli, Michelin und Goodyear. Ein Markt mit wenigen Anbietern heisst Oligopol («wenig» heisst auf Griechisch «oligos»). Dabei muss ein Oligopolist nicht unbedingt gross sein; ein Oligopol bilden auch drei oder vier ähnliche Restaurants in einer kleinen Stadt.

Absprache, Kartell

Eine überblickbare Zahl von Unternehmen kann sich leicht absprechen. Eine Absprache ist eine informelle, ein Kartell eine vertragliche Abmachung zwischen Unternehmen, um zwischen ihnen den lästigen Konkurrenzkampf auszuschalten.

Monopol

In extremer Form eingeschränkt ist der Wettbewerb beim Monopol («allein» heisst auf Griechisch «monos» und «verkaufen» «polein»). Hier gibt es nur **einen einzigen Anbieter**. Die alte PTT war Alleinanbieterin von Telefongesprächen! Wer telefonieren wollte, hatte keine Möglichkeit, zu einem anderen Anbieter auszuweichen.

Monopolistische Konkurrenz

Hier sind Elemente von Monopolen und Konkurrenz enthalten, wie das Beispiel von Nestlé mit Frigor zeigt: Nestlé hat ein Monopol über die einzigartige Frigor-Schokolade, für Schokoladenkenner gibt es wichtige Unterschiede etwa zwischen Frigor, Lindor oder Giandor. Doch die Unterschiede sind nicht so gross, dass die Kunden nicht ausweichen könnten, und so steht Nestlé in Konkurrenz mit Lindt und Frey.

Heute steht der überwiegende Teil der Unternehmen im monopolistischen Wettbewerb mit differenzierten Produkten: mit Kleidern, Schuhen, Gesichtscremen, Romanen, Konzerten, psychologischen Beratungen, Essen und Trinken – verkauft in immer aufwendigeren Lokalen an möglichst zentraler oder einzigartigen Lage. Dazu gehören auch der Bahnhof-Kiosk, die Bäckerei im Quartier oder das See-Restaurant. Dabei schlagen sich die Kundinnen und Kunden oft auch mit Informationsproblemen herum: Denn halten die angepriesenen Produkte, was sie versprechen? Sind sie wirklich oder nur vermeintlich billiger, besser oder anders?

Hinweis

Nachfrageoligopol, Nachfragemonopol, kollektive Verhandlungen

Bei allen aufgezählten Marktformen sind die Nachfrager sehr zahlreich. Es gibt aber auch Fälle, in denen nur eine **beschränkte Zahl von Käufern** auftritt. So profitieren Unternehmen oft von starken Positionen gegenüber Lieferanten, etwa Nestlé oder Coop gegenüber Gemüsebauern, aber auch Coop gegenüber Nestlé und anderen Nahrungsmittelherstellern. Beherrschen wenige Käufer einen Markt, spricht man von einem Nachfrageoligopol; hat ein Käufer eine Monopolstellung, von einem Nachfragemonopol.

Auf den **Arbeitsmärkten** stehen sich häufig nicht einzelne Firmen und einzelne Arbeitskräfte gegenüber. Viele Unternehmen sind in **Verbänden** organisiert und als Gegenmacht verbindet sich ein Teil der Arbeitskräfte in **Gewerkschaften**. Kollektive Verhandlungen zwischen diesen Sozialpartnern führen oft zum Abschluss eines verbindlichen Gesamtarbeitsvertrags. Auf einigen Arbeitsmärkten haben wir also den interessanten Fall, dass sowohl die Angebots- als auch die Nachfrageseite als Kartell auftritt. Kollektive Verhandlungen ergänzen in diesem Falle den Markt.

3.2 Preiskontrollen

Höchstpreise

In Ihrer Stadt werden regelmässig Konzerte von internationalen Rockstars organisiert. Die Fans wären eigentlich zufrieden, die grosse Halle ist fast immer ausverkauft. Aber in der Regel kostet ein Konzert CHF 100. So braut sich Unmut zusammen. Nehmen wir an, dass der Druck der Konzertfans so gross wird, dass der Stadtrat Ihrer Stadt einen **Höchstpreis** von CHF 60 pro Ticket vorschreibt.

- Zum niedrigen Preis von CHF 60 werden recht viel mehr Leute Rockkonzerte besuchen wollen. Die **Nachfrage** wäre damit sehr **preiselastisch.**
- Auf der **Angebotsseite** wird weniger verdient an einem Rockkonzert. Die Agenturen werden versuchen, in anderen Städten ihr Geld zu verdienen. Vor allem aber können weniger Stars verpflichtet werden. Es werden **weniger** Rockkonzerte angeboten.

Abb. [3-1]   Mangel infolge eines Höchstpreises

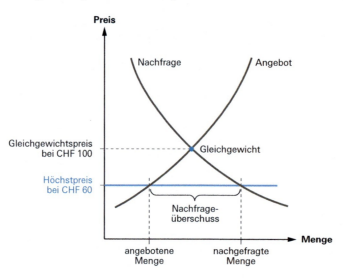

Als Resultat ist die **Nachfrage grösser als das Angebot,** wir beobachten einen Mangel an Konzerten. Je preiselastischer beide Seiten reagieren, desto grösser der Mangel. Für die wenigen Konzerte, die noch stattfinden, kriegen nur Leute mit Beziehungen Billette; die anderen warten in riesigen Schlangen vor den Kassen. Und wer leer ausgeht, versucht es auf dem Schwarzmarkt, wo auf Internetplattformen professionelle Zweitverkäufer profitieren.

Werden Preise tiefer gesetzt als jene, die sich durch das freie Wirken von Angebot und Nachfrage ergeben hätten, steigt die Nachfrage und sinkt das Angebot. Die Folge ist ein **Nachfrageüberschuss,** ein Mangel.

Mindestpreise

Kehren wir zurück ins Konzertleben. Dort gibt es ja auch noch Jazzmusiker. Diese füllen kleinere Säle nur, wenn sie einen billigen Eintritt von CHF 20 verlangen. Da erbarmt sich der Stadtrat und schreibt vor, dass für Jazzkonzerte ein **Mindestpreis** von CHF 40 gelte.

- Da auch Jazzfans ein beschränktes Budget haben, werden sich einige überlegen, weniger an Konzerte zu gehen. Die **Nachfrage** nach Jazzkonzerten wird **preiselastisch** sein, wenn auch nicht sehr stark.
- Für Musiker sind höhere Eintrittspreise ein Anreiz, mehr Konzerte zu geben. Ihr **Angebot** ist **preiselastisch.**

Das Resultat ist ein **Überangebot** an Jazzkonzerten. Mehr Musiker wollen spielen, aber sie werden es vor spärlichem Publikum tun müssen. Ausser es würden grosszügig Freikarten verteilt …

Abb. [3-2]   Überschuss infolge eines Mindestpreises

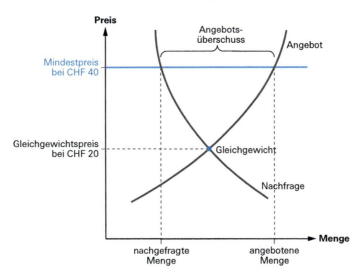

Was wir für Jazz durchgespielt haben, gilt ganz allgemein für Mindestpreise: Werden Preise höher gesetzt als jene, die sich durch das freie Wirken von Angebot und Nachfrage ergeben hätten, sinkt die Nachfrage und steigt das Angebot. Die Folge ist ein **Angebotsüberschuss.**

Höchst- und Mindestpreise sind nichtmarktkonforme Massnahmen

Es ist die Aufgabe von Marktpreisen, zwischen Angebot und Nachfrage auszugleichen, Angebot und Nachfrage in Übereinstimmung zu bringen. Höchstpreise oder Mindestpreise verhindern aber genau diese Aufgabe.

- Ist der festgelegte **Höchstpreis** tiefer als der Marktpreis, bleibt die nachgefragte Menge grösser als die angebotene. Das heisst, es gibt Mangel mit Schwarzmärkten.
- Ist der fixierte **Mindestpreis** höher als der Marktpreis, bleibt die nachgefragte Menge kleiner als die angebotene. Auf Gütermärkten nennt man das eine **Überschussproduktion,** auf Arbeitsmärkten kann es **vergrösserte Arbeitslosigkeit** bedeuten.

Weil Mindest- und Höchstpreise den Ausgleich auf Märkten ausser Kraft setzen, bezeichnet man sie als **nichtmarktkonforme** Massnahmen.

3.3 Steuern

Warum erhebt der Staat Steuern?

- Vor allem, weil er **Geld** für seine vielfältigen Aufgaben braucht.
- Zudem will er mit Steuern auch noch **Einkommen umverteilen.**
- Schliesslich will er auch die Produktion und den Konsum in eine gesellschaftlich erwünschte Richtung **lenken.** So sähe man es in der Schweiz aus verschiedenen Gründen gerne, wenn der Alkoholkonsum zurückginge. Darum erhebt der Staat eine besonders hohe Steuer auf Alkohol.

Ob nun Alkohol besteuert wird, weil der Staat Geld braucht oder weil er uns auf eine tugendhaftere Bahn bringen will – auf jeden Fall stellen sich dazu zwei Fragen:

- Wird infolge der Steuer **weniger** Alkohol getrunken?
- Und **wer trägt die Steuer,** die Konsumenten oder die Anbieter?

Die Situation vor der Steuer

Zeichnen wir zuerst ein vereinfachtes **Preis-Mengen-Diagramm** mit nur einer Sorte Alkohol. Dabei wollen wir zuerst überlegen, wie steil die Nachfrage- und Angebotskurven sind, denn davon hängt das Resultat der Analyse entscheidend ab:

- Die **Nachfrage** nach Alkohol ist eher preisunelastisch. Auf höhere Preise könnten die Nachfrager zwar mit einem teilweisen Verzicht reagieren und etwas anderes trinken. Vor allem junge Leute überlegen sich Alternativen. Weil also bei steigendem Preis die nachgefragte Menge nur schwach zurückgeht, ist die Nachfragekurve steil geneigt.
- Das **Angebot** ist vermutlich etwas preiselastischer. Sinkt also der erzielte Preis, geht die angebotene Menge stärker zurück. Denn viele Anbieter (Weinbauern, Weinhändler, Bierbrauer, Spirituosenhändler) haben Alternativen und könnten auch andere geschäftliche Pläne verwirklichen. Auf längere Frist werden sich viele Anbieter aus dem Geschäft zurückziehen, wenn die Preise sinken. Die Angebotskurve ist flacher als die Nachfragekurve.

In der unten stehenden Abbildung schneiden sich Nachfrage- und Angebotskurve beim Preis von CHF 5 pro Liter und bei einer Menge von 100 Mio. Litern.

Eine Steuer wird erhoben

Nun wird eine Alkoholsteuer von CHF 3 pro Liter bei den Anbietern erhoben. Somit steigen die **Kosten** um CHF 3. Die Anbieter möchten also um CHF 3 teurer verkaufen. Die **Angebotskurve verschiebt** sich um die Steuer nach oben, hin zu höheren Preisen. Das gibt ein neues Marktgleichgewicht bei einem Preis von CHF 7 und einer Menge von 85 Mio. Litern.

- Wird infolge der Steuer weniger Alkohol getrunken? Ja, die Menge hat sich um 15% verkleinert.
- Und wer trägt die Steuer, die Konsumenten oder die Anbieter? Der Verkaufspreis ist um CHF 2 gestiegen. Die Konsumenten zahlen also CHF 2 und die Anbieter CHF 1. Die Steuer wird im Beispiel nicht vollständig auf die Trinker überwälzt, die Produzenten müssen einen Drittel der Steuer übernehmen.

Abb. [3-3]   Wie wirkt eine Steuer?

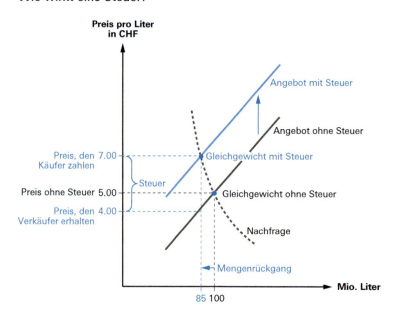

Wovon hängt der Mengenrückgang ab?

In unserem Beispiel führt eine Steuer von CHF 3 (das sind 60% des ursprünglichen Preises) zu einem Mengenrückgang von 15%. Ist dies realistisch? Der Mengenrückgang hängt ab von der Preiselastizität der Nachfrage und des Angebots:

- Je unelastischer beide reagieren (weil sie kaum Alternativen zum Trinken und Produzieren von Alkohol haben), desto weniger geht die Menge zurück. Zeichnen Sie doch zwei sehr unelastische, steile Kurven. Der Mengenrückgang erscheint in einer solchen Grafik klein.
- Je elastischer aber beide reagieren (weil sie auf Alternativen ausweichen können), desto stärker geht die Menge zurück. Zeichnen Sie diesmal zwei sehr elastische, flache Kurven. Die Menge verringert sich stark.

Wer trägt warum wie viel von der Steuer?

Vielleicht überrascht es Sie, dass die Steuer nicht vollständig überwälzt wird. Warum tragen in unserem Beispiel die Anbieter CHF 1?

- Die Anbieter können ihre Preise nicht beliebig anheben, denn auf höhere Preise könnten die Nachfrager mit einem teilweisen Verzicht reagieren. Und wir haben angenommen, dass die Konsumenten das ein wenig tun.
- Die Anbieter müssen darum auch ihre eigenen Alternativen abschätzen. Für einen Teil könnte dies bedeuten, dass sie ihr Geschäft verkleinern oder gar schliessen müssten. Je weniger Alternativen sie aber zum Alkoholgeschäft haben, desto eher sind sie geneigt, Kunden mit tieferen Preisen anzulocken. Dies bedeutet, dass sie einen Teil der Steuer übernehmen.
- In unserem Beispiel haben wir angenommen, die Anbieter seien etwas preiselastischer als die Nachfrager. Darum tragen sie einen kleineren Teil der Steuer. Die unelastischeren (süchtigeren) Nachfrager tragen den grösseren Teil.

Versuchen Sie es mit Zeichnungsvarianten: Ist das Angebot unelastisch (steile Kurve) und die Nachfrage preiselastisch (flache Kurve), tragen die Anbieter den Hauptteil der Steuer. Sind das Angebot und die Nachfrage gleich elastisch (gleich flache Kurve), tragen beide den gleichen Anteil.

Fazit

Was wir hier für die Alkoholsteuer gesehen haben, gilt allgemein für Steuern: Wo Marktkräfte herrschen, können wir nicht von vornherein wissen, wie stark eine Steuer die gehandelte Menge einschränkt und wer die Steuer bezahlen muss:

- Gewinnerin im Kampf um die Überwälzung ist jene Seite, die ihre Gütermenge zurücknehmen kann, also preiselastischer reagiert.
- Und je preiselastischer beide Seiten auf Steuer und Überwälzungsversuche reagieren, desto stärker geht die gehandelte Menge zurück.

Steuern als marktkonforme Massnahmen

Mit Höchst- und Mindestpreisen hatten wir nichtmarktkonforme Massnahmen kennengelernt. Sie verhindern, dass der Marktpreis Angebot und Nachfrage ins Gleichgewicht bringt.

Steuern sind nun marktkonforme Massnahmen. Durch Steuern wird die Produktion zwar verteuert; der Preismechanismus funktioniert aber wie bisher. Der Marktpreis (inkl. der Steuer) kann sich weiterhin frei auf jener Höhe einpendeln, bei der Angebot und Nachfrage gleich gross sind.

Internalisierung externer Kosten mit Preisen für Umweltgüter

Wir wissen, dass die Umweltbelastung ständig **zunimmt** und mit der Klimaerwärmung – ohne weitreichende Massnahmen – mit grösster Wahrscheinlichkeit in eine weltweite Katastrophe führt. So empören wir uns über Umweltsünden, versuchen sie durch Gesetze einzuschränken, belehren Schulkinder usw. – doch die wichtigsten **Umweltgüter** stellen wir weiterhin zu **billig oder gar gratis** zur Verfügung. Diese Inkonsequenz wird behoben, wenn wir für den Verschleiss von Umweltgütern einen angemessenen **Preis** verlangen und den Verursachern der Schäden anlasten.

Abgaben für die Benutzung von Umweltgütern nennt man **Lenkungsabgaben**. Die Einnahmen sollen im vollen Umfang an die Bevölkerung **zurückverteilt** werden, am einfachsten, indem bisherige Steuern reduziert oder einfach gestrichen werden. Hier liegt der entscheidende Unterschied zu Steuern: die Zurückverteilung an die betroffene Bevölkerung. Denn Umweltabgaben sollen die Wirtschaft zu besserer Nutzung der Ressourcen lenken und nicht etwa dem Staat höhere Einnahmen verschaffen. (Ob ein Staat seine Leistungen ausbauen und dafür mehr Geld bekommen soll, ist eine andere Frage, die nicht mit der ökologischen vermischt werden soll.)

Wenn eine Umweltabgabe **zurückverteilt** wird, bleibt für einen durchschnittlichen Steuerzahler und Umweltverschmutzer die Belastung mit Steuern und Abgaben gleich. Wer aber die Umwelt schonender behandelt als der Durchschnitt, wird finanziell profitieren – und wer die Umwelt überdurchschnittlich belastet, wird Geld verlieren.

Mit Umweltabgaben erscheinen die externen Kosten in den **Kostenrechnungen** von Unternehmen und Konsumenten. Umweltkosten sind dann nicht mehr externe, sondern interne Kosten. Im Fachjargon: Die **externen Kosten sind internalisiert.**

Beispiel

Die Schweiz kennt **Umweltabgaben** auf flüchtigen organischen Verbindungen oder eine **CO_2-Abgabe** auf Brennstoffe (nicht auf Treibstoffe wie Benzin und Diesel). Die Einnahmen aus diesen Abgaben werden u.a. via geringere Prämien für Krankenkassen und AHV zurückbezahlt.

Die leistungsabhängige Schwerverkehrsabgabe (LSVA) (seit 2001) wird nicht zurückverteilt, sondern für den öffentlichen und den privaten Verkehr eingesetzt.

Abb. [3-4]   Wirkung einer CO_2-Abgabe

| Eine CO_2-Abgabe wird erhoben, als Kompensation werden andere Abgaben und Steuern gekürzt oder gestrichen (z.B. auf Arbeit). | → | **Umweltschädliche Güter** werden teurer, ihr Absatz geht zurück

Umweltfreundliche Güter werden billiger, ihr Absatz nimmt zu | → | **Es werden vermehrt umweltschonende Güter entwickelt und produziert,** d.h., der Strukturwandel geht in umweltfreundliche Richtung (und nicht wie bisher in umweltschädliche). |

Mit einer generellen **CO_2-Abgabe** würden die Inputs, die Energieträger, entsprechend ihrem CO_2-Ausstoss belastet. Damit würde an wenigen zentralen Stellen ein Preis für die Belastung der Umwelt verlangt und wir hätten eine relativ einfach durchführbare Möglichkeit zur Bewältigung der wichtigsten externen Kosten gefunden.

Wenn die CO_2-Abgabe **zurückverteilt** wird, bleibt für einen durchschnittlichen Steuerzahler und Umweltverschmutzer die Belastung mit Steuern und Abgaben gleich. Wer aber die Umwelt schonender behandelt als der Durchschnitt, wird finanziell profitieren – und wer die Umwelt überdurchschnittlich belastet, wird Geld verlieren.

3.4 Einsatz von Lenkungsabgaben

Wir betrachten anhand des Beispiels Singapur drei Situationen, um die Mechanik von Lenkungsabgaben kennenzulernen:

- Situation 1: lokaler Erdölmarkt in Singapur; Singapur führt im Alleingang eine CO_2-Abgabe ein
- Situation 2: Welt-Erdölmarkt, langfristige Situation; alle Länder führen eine CO_2-Abgabe ein
- Situation 3: lokaler Erdölmarkt in Singapur, langfristige Situation; alle Länder führen eine CO_2-Abgabe ein

Mithilfe des Preis-Mengen-Diagramms lassen sich die folgenden drei Fragen beantworten:

- Wie verändern sich Mengen und Preise?
- Wer trägt die Abgabe?
- Wer profitiert, wer verliert (allein finanziell gesehen)?

Lösungsschema

☐ Situation 1

Ein kleines Land wie Singapur versteuert Erdöl (gleich allen anderen fossilen Energiequellen) gar nicht. Der Liter Erdöl koste 1 Singapur-Dollar (SGD). Nun führt Singapur im Alleingang eine CO_2-Abgabe ein, die einen Liter Erdöl mit rund SGD 1/Liter belastet – und die Einnahmen der CO_2-Abgabe werden pro Kopf zurückverteilt.

Schritt 1: Relevante Elastizitäten abschätzen

- Die Angebotselastizität ist sehr gross, denn die Anbieter können das Erdöl überall sonst verkaufen. Das heisst, die Angebotskurve ist auf der Höhe von SGD 1 praktisch horizontal, Singapur bezahlt einfach den Weltmarktpreis von SGD 1.
- Über die Nachfrageelastizität der Singapurer wissen wir nichts, wir nehmen einfach an, sie sei etwa −1.

Schritt 2: Kurvenverschiebung mit Einführung der CO_2-Abgabe

Nun wird auf das Angebot eine Umweltabgabe von SGD 1 erhoben, die Angebotskurve für die Bewohner von Singapur verschiebt sich um diesen Betrag nach oben:

- Das neue Marktgleichgewicht in Singapur liegt bei SGD 2 und einer kleinen Menge Erdöl.
- Die Singapurer tragen die ganze Abgabe, doch sie wird ja pro Kopf zurückbezahlt.
- Damit zahlen jene Singapurer drauf, die überdurchschnittlich viel CO_2 ausstossen – während jene netto Geld erhalten, die unterdurchschnittlich viel CO_2 ausstossen.

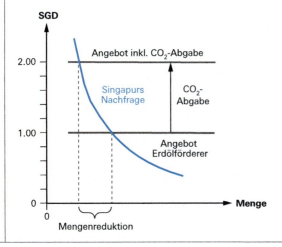

☐ **Situation 2**

Wie verändert sich die Situation auf dem Erdöl-Weltmarkt, wenn alle Länder beim Import eine ähnliche CO_2-Abgabe einführen und so die Steuerbelastung auf Erdöl um rund SGD 1 auf den Liter Erdöl erhöht? (Alle Länder hätten vorher keine Steuern auf Erdöl und die anderen fossilen Energiequellen erhoben.)

Schritt 1: Relevante Elastizitäten abschätzen

- Die Angebotselastizität ist jetzt klar geringer, denn die Produzenten können nicht einfach anderswohin verkaufen. Aber sie fördern nicht gern weniger, einige sind sogar gezwungen, mit niedrigeren Preisen mehr zu fördern. Das heisst, die Angebotskurve ist jetzt steiler.
- Über die Nachfrageelastizität der Nachfrager wissen wir etwas mehr, sie liegt heute bei etwa –1. Doch mit der Zeit sind die Nachfrager immer weniger auf fossile Energien angewiesen – vor allem dank immer billigerer alternativer Energien, die weltweit erforscht und eingeführt werden. Im Vergleich zur Angebotskurve ist die langfristige Nachfragekurve flacher.

Schritt 2: Kurvenverschiebung mit Einführung der CO_2-Abgabe

Die Angebotskurve verschiebt sich um die CO_2-Abgabe nach oben:

- Das neue Marktgleichgewicht liegt vielleicht bei SGD 1.40 und bei einer kleineren Menge.
- Die Erdölförderer verkaufen weniger und ihr Verkaufspreis sinkt um SGD 0.60, d. h., sie tragen den Grossteil der Abgabe. Die importierenden Staaten haben die Abgabe erhoben und zahlen sie im eigenen Land pro Kopf zurück.
- Die klaren Verlierer sind die Produzenten der fossilen Energien. Dann zahlen auch jene drauf, die klar überdurchschnittlich viel CO_2 ausstossen. Finanzielle Gewinner sind Konsumenten, die etwa durchschnittlich viel CO_2 ausstossen, und sicher jene, die unterdurchschnittlich viel CO_2 ausstossen.

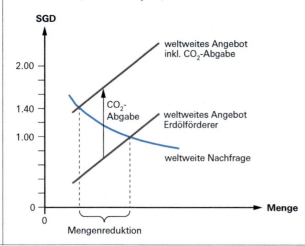

☐ **Situation 3**

Wie zeigt sich die Situation auf dem Erdölmarkt in Singapur, wenn alle Länder beim Import eine ähnliche CO_2-Abgabe einführen und so die Steuerbelastung auf Erdöl um rund SGD 1 auf den Liter Erdöl erhöht?

Schritt 1: Relevante Elastizitäten abschätzen

- Die Angebotselastizität bleibt sehr gross, sind doch die Anbieter nicht darauf angewiesen, ihr Erdöl dem kleinen Singapur zu verkaufen. Die Angebotskurve ist also weiterhin horizontal, aber nun liegt der Weltmarktpreis (ohne die Abgabe) auf der Höhe von rund SGD 0.40.
- In Singapur profitiert man nun von den weltweit entwickelten Alternativen zur fossilen Energie. Die Nachfragekurve wird darum etwas flacher.

Schritt 2: Kurvenverschiebung mit Einführung der CO_2-Abgabe

Die Angebotskurve verschiebt sich um die CO_2-Abgabe nach oben:

- Das neue Marktgleichgewicht liegt bei ungefähr SGD 1.40 und bei einer kleineren Menge.
- Die Erdölförderer verkaufen auch in Singapur weniger und ihr Verkaufspreis bleibt bei etwa SGD 0.40. Singapur zahlt die Einnahmen aus der Abgabe ihren Einwohnern pro Kopf zurück.
- Nicht überraschend, dass wir auch hier sehen: Die klaren Verlierer sind die Produzenten der fossilen Energien. Dann zahlen auch jene Singapurer drauf, die klar überdurchschnittlich viel CO_2 ausstossen. Finanzielle Gewinner sind jene Singapurer, die etwa durchschnittlich viel CO_2 ausstossen, und sicher jene, die unterdurchschnittlich viel CO_2 ausstossen.

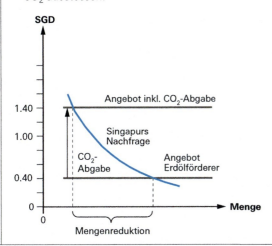

Der Schlüssel für eine erfolgreiche Umweltabgabe, die zu einer erwünschten Verhaltensänderung führt, sind also die unterschiedlichen Elastizitäten des Angebots und der Nachfrage.

Erhellend? Es lohnt sich, die verschiedenen Situationen mit anderen Elastizitäten auszuprobieren.

3.5 Starres Angebot und Spekulationsblasen

Stellen Sie sich vor, Swatch stelle ein neues Uhrenmodell vor, ein Silbermodell, mit dem spekuliert werden soll. Welche Strategie muss Swatch dafür verfolgen? Die Antwort ist eindeutig: Wenn der Chef der Swatch will, dass mit dem Silbermodell **spekuliert** wird, darf er es nur in einer **begrenzten Auflage** anbieten. Das limitierte Silbermodell wird nun **zwei Arten von Käufern** anziehen: Die einen kaufen die Uhr, weil sie ihnen persönlich gefällt. Sie kaufen sie zum Gebrauch. Hier entspricht die Nachfrage einem persönlichen **Wunsch**.

Interessanter sind die Käufer, die schon genug Uhren haben und trotzdem darüber nachdenken, ob sie eine oder mehrere Silberuhren kaufen sollen. Diese möglichen Käufer beobachten auch die anderen möglichen Käufer, sie **«schielen seitwärts».** Vielleicht vermuten sie, dass eine Begeisterung für die Silberuhr ausbrechen werde und darum die Preise rasch ansteigen werden. Wenn sie sogar Geld auf ihre Vermutung wetten, werden sie limitierte Silberuhren kaufen, um sie später wiederzuverkaufen. Solche Käufer – man nennt sie Spekulanten – kaufen mit der Absicht, später mit Gewinn zu verkaufen.

Nun geschieht es nicht selten, dass Spekulanten mit ihren Käufen die Preise weit in die Höhe treiben, es entwickelt sich eine sog. **Spekulationsblase.** Und wird vermutet, die Preise seien genug gestiegen und würden nun eher fallen, verkaufen Spekulanten möglichst schnell mit Gewinn und tragen dazu bei, dass die Preise wieder fallen, die Spekulationsblase platzt.

Damit liegt die zentrale Bedingung für Spekulationsblasen offen: Sie sind dort möglich, wo das Angebot limitiert ist. Mit Gütern hingegen, die nachgeliefert werden können, wenn die Nachfrage zunimmt, wird nicht spekuliert. Kämen etwa Spekulanten auf die Idee, Gartenstühle aufzukaufen, würde die Produktion schnell darauf reagieren, sodass die Preise sich bald wieder dem alten Niveau annähern würden.

Spekuliert wird also mit Antiquitäten, Gemälden, alten Weinen oder mit Boden (denn hier kann das Angebot nicht mehr ausgedehnt werden), mit Lithografien oder Aktien (denn hier wird das Angebot limitiert), mit Gold (denn hier ist die Neuproduktion klein im Vergleich zum Bestand, der bereits im Handel ist), mit Kaffee und Kakao (denn hier kann die Ernte kurzfristig nicht beeinflusst werden, die Produktion braucht viel Zeit, um auf Preise zu reagieren).

Berücksichtigen wir all diese Beispiele, können wir die zentrale Bedingung für Spekulationsblasen noch etwas feiner definieren: Spekulationsblasen können dort entstehen, wo das Angebot für den entsprechenden Zeithorizont extrem preisunelastisch ist.

Immobilienspekulation

Der Bodeneigentümer verfügt über eine beschränkte und unvermehrbare Ressource. So ist die zentrale Bedingung für das Spekulieren erfüllt.

- Die letzte Spekulationsblase erlebten wir Ende der 1980er-Jahre mit dem Crash 1990. Der Wert vieler Häuser fiel unter die Hypothekarschulden. Spekulanten wie Eigenheimbesitzer gerieten in Zahlungsschwierigkeiten, Kreditgeber blieben auf Schulden sitzen. Schweizer Banken verloren damals etwa CHF 50 Mrd.
- Seit etwa 2012 erreichen die Immobilienpreise ein so hohes Niveau, dass eine neue Spekulationsblase befürchtet wird.

Abb. [3-5]   Immobilienpreisindex für den Kanton Zürich

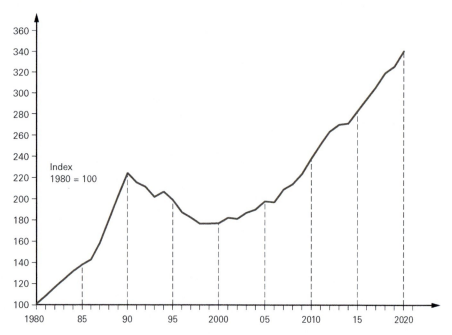

Quelle: ZKB Wohneigentumsindex (ZWEX)

Hinweis

2007 platzte eine **Spekulationsblase in den USA** und kurz darauf auch in Grossbritannien, Irland, Spanien oder Dubai.

In den USA wurden die Hypothekarkredite abenteuerlich bereitwillig vergeben. Eigenkapital oder geregeltes Einkommen wurden oft kaum oder gar nicht verlangt, für die ersten Jahre musste kein Zins bezahlt werden oder er wurde mit zusätzlichen Hypothekarkrediten finanziert. Typischerweise gingen in der Preisblase Kreditgeber wie -nehmer davon aus, dass die Häuserpreise ständig stiegen. Und viele glaubten so stark daran, dass die Hypothekarschulden erhöht werden konnten, um die Schuldzinsen zu bezahlen. Eine derart leichtfertige Kreditgewährung heizte die Nachfrage nach Immobilien natürlich weiter an.

Neu war vor allem, dass die Kreditgeber ihre Forderungen in Form von Obligationen **bündelten** und weiterverkauften: an andere Banken, Investmentfonds und Versicherungen, deren Entscheidungsträger die eingegangenen hohen Risiken offensichtlich zu wenig beachteten.

Als dann die amerikanischen Häuserpreise fielen, gerieten 10 bis 15 Mio. Häuser «unter Wasser», d. h., ihr **Marktwert** war tiefer als die Hypothekarschulden und weltweit mussten allein deswegen Gläubiger Forderungen von über USD 1 000 Mrd. abschreiben – die UBS rund 40 Mrd.

Aktienspekulation

Weil die Aktionäre die Inhaber des Unternehmens sind, entspricht der Aktienwert dem Wert des Unternehmens. Und wie viel ein Unternehmen wert ist, sehen wir an den erzielten Gewinnen. Je grösser die **Gewinne,** desto begehrter sind die Aktien, desto höher steigt ihr Kurs.

Es sind aber nicht nur die heutigen Gewinne, die interessieren. Es sind auch alle **zukünftigen Gewinne,** die ein Aktionär mit seinen Aktien in der Hand hält.

Unzählige Finanzanalysten sind damit beschäftigt, die zukünftigen Gewinne von Unternehmen abzuschätzen. In die Zukunft schauen kann aber niemand. Die Einschätzung eines Unternehmens hängt stark von seinen Besonderheiten, von Besonderheiten der Branche und schliesslich von der allgemeinen Wirtschaftslage ab. Viele Unsicherheiten spielen da zusammen. Deshalb steigen und fallen die **Börsenkurse** in einem nervösen Gang.

Aktienspekulanten orientieren sich aber nicht nur an den mutmasslichen zukünftigen Gewinnen. Sie beobachten die **Auf- und Abwärtsbewegungen** selbst. Sie sind vornehmlich interessiert, Aktien zu kaufen, um sie nachher wieder teurer zu verkaufen. Geleitet von diesem Interesse, beobachten sie, was andere Marktteilnehmer tun – sie schielen seitwärts. So können sich die Aktienkurse von einem wie auch immer geschätzten Unternehmenswert stark ablösen, es bildet sich eine spekulative Preisblase. In einer solchen **Spekulationsblase** mitzuschweben, ist sehr einträglich, solange der Preis steigt. Man muss aber rechtzeitig aussteigen. Denn Preisblasen platzen früher oder später – oft in einem viel beachteten **Börsencrash.**

Zusammenfassung

Es gibt fünf **Marktformen**:

- **Vollkommene Konkurrenz** (viel Wettbewerb durch viele Marktteilnehmer, homogene Güter, vollständige Information, freien Marktzutritt)
- **Oligopol** (weniger Wettbewerb bei weniger Anbietern)
- **Monopolistische Konkurrenz** (weniger Wettbewerb, weil die Marktteilnehmer nicht informiert bzw. weil Produkte nicht austauschbar sind)
- **Kartell / Absprachen** (eingeschränkter Wettbewerb)
- **Monopol** (kein Wettbewerb, weil nur ein Anbieter)

Will der Staat mit **Höchstpreisen** den Bezug eines Guts vergünstigen, kann es zu einem **Nachfrageüberschuss** kommen, wenn die Höchstpreise klar unter dem freien Marktpreis liegen. Will der Staat mit **Mindestpreisen** die Anbieter eines Guts stützen, kann es zu einem **Angebotsüberschuss** kommen, wenn die Mindestpreise klar über dem freien Marktpreis liegen.

Da Höchst- und Mindestpreise den Preismechanismus behindern, gelten sie als **nicht-marktkonforme Massnahmen** des Staats.

Steuern erhebt der Staat aus drei Gründen: Finanzierung der eigenen Ausgaben, Umverteilung von Einkommen, Eindämmung von Produktion und Konsum bestimmter Güter. Die Wirkung einer Steuer hängt von der **Preiselastizität** der Nachfrage und des Angebots ab. Die Steuerlast trägt vor allem jene Seite, die preisunelastischer reagiert. Je preiselastischer beide Seiten reagieren, desto stärker sinkt die gehandelte Menge.

Subventionen sind staatliche **Unterstützungszahlungen**, die in der Regel an Unternehmen fliessen. Steuerausnahmen und Steuervergünstigungen gehören – ökonomisch gesehen – ebenfalls zu den Subventionen. Subventionen gewährt der Staat aus zwei Gründen: Förderung der Produktion und des Konsums bestimmter Güter sowie Umverteilung von Einkommen. Die Wirkung einer Subvention hängt von der **Preiselastizität** der Nachfrage und des Angebots ab. Eine Subvention erhält hauptsächlich jene Seite, die preisunelastischer reagiert. Je preiselastischer beide Seiten reagieren, desto stärker steigt die gehandelte Menge.

Steuern und Subventionen gelten als **marktkonforme Massnahmen** des Staats, weil der Marktmechanismus nicht behindert wird.

Auf steigende Preise spekulieren kann man dort, wo das Angebot sehr preisunelastisch ist – weil das Angebot nicht ausgedehnt wird (Aktien) oder nicht mehr ausgedehnt werden kann (Boden, Antiquitäten, Bilder verstorbener Meister).

Repetitionsfragen

20 Mit Höchstpreisen, Mindestpreisen und Steuern beeinflusst der Staat das Marktgeschehen.

Welche dieser Massnahmen gelten a) als marktkonform bzw. b) als nichtmarktkonform? Ordnen Sie zu.

Eingriff des Staats	Zuordnung
Höchstpreis	
Steuer	
Mindestpreis	

21 Mit Höchstpreisen versucht der Staat, Güter billiger zu machen.

Geben Sie an, welche der folgenden Aussagen zu Höchstpreisen richtig sind. Beachten Sie, dass zwei oder mehr Aussagen richtig sein können.

☐	Ein Höchstpreis ist dann wirksam, wenn er tiefer als der Gleichgewichtspreis ist.
☐	Je kleiner die Preiselastizitäten von Angebot und Nachfrage, desto grösser der Gütermangel bei einem wirksamen Höchstpreis
☐	Preiselastische Anbieter bieten bei einem wirksamen Höchstpreis merklich weniger an.
☐	Durch Höchstpreise werden Preise höher gesetzt als jene, die sich durch das freie Wirken von Angebot und Nachfrage ergeben hätten.
☐	Durch einen wirksamen Höchstpreis entsteht ein Gütermangel.

22 Höchstpreise und Mindestpreise führen zu einem a) Nachfrageüberschuss oder b) Angebotsüberschuss. Ordnen Sie die folgenden Aussagen korrekt zu.

Eingriff des Staats	Zuordnung
Die zum herrschenden Preis angebotene Menge übersteigt die nachgefragte Menge.	
Die zum herrschenden Preis angebotene Menge unterschreitet die nachgefragte Menge.	
Der Marktmechanismus kann wegen des Höchstpreises nicht bewirken, dass die nachgefragte Menge zurückgeht.	
Der Marktmechanismus kann wegen des Höchstpreises nicht bewirken, dass die angebotene Menge steigt.	
Der Marktmechanismus kann wegen des Mindestpreises nicht bewirken, dass die nachgefragte Menge steigt.	
Der Marktmechnismus kann wegen des Mindestpreises nicht bewirken, dass die angebotene Menge sinkt.	

23 Schwarzmärkte können die Folge von nichtmarktkonformen Staatseingriffen in den Marktmechanismus sein.

Geben Sie an, welche der folgenden Aussagen zur Bildung von Schwarzmärkten richtig sind. Beachten Sie, dass zwei oder mehr Aussagen richtig sein können.

☐	Zu tiefe Mindestpreise
☐	Zu tiefe Höchstpreise
☐	Mangelndes Angebot auf den legalen Märkten
☐	Zu grosses Angebot auf den legalen Märkten

24 Wenn der Staat Unternehmen besteuert, überlegen sich diese, ob sie die Steuern über die Preise auf ihre Kunden abwälzen können.

Nehmen Sie an, dass eine Erhöhung der Mehrwertsteuer beschlossen wird. Die Geschäftsleitung Ihres Unternehmens überlegt sich, ob eine Anhebung der Preise um die erhöhte Mehrwertsteuer Konsequenzen für den Absatz hat.

Geben Sie an, welche der folgenden Aussagen zu dieser Frage richtig sind. Beachten Sie, dass zwei oder mehr Aussagen richtig sein können.

☐	Wenn sich die Kunden des Unternehmens sehr preisunelastisch verhalten, kann es die Preise ohne negative Folgen um die Steuer erhöhen.
☐	Das Unternehmen kann die Preise ohne negative Folgen um die Steuer erhöhen, weil das im Mehrwertsteuergesetz ja auch so geregelt ist.
☐	Wenn das Unternehmen auf das Geschäft mit dem von der Steuer belasteten Gut nicht unbedingt angewiesen ist, kann es die Steuerlast mehrheitlich auf die Preise und damit auf die Kunden überwälzen.
☐	Wenn das Angebot des Unternehmens preiselastischer ist als die Nachfrage seiner Kunden, kann es einen Teil der Steuer ohne negative Folgen auf seine Kunden abwälzen.

25 Warum sollte das Aufkommen aus einer reinen Umweltabgabe entweder vollumfänglich der Bevölkerung ausbezahlt werden oder ungebunden in die Staatskasse fliessen, um andere Steuern zu senken?

26 Welches der folgenden Güter eignet sich zur Spekulation? Kreuzen Sie an.

☐	Kaffee-Ernte
☐	CDs eines verstorbenen Künstlers
☐	Gemälde eines verstorbenen Künstlers
☐	Aktien eines Unternehmens
☐	Nike-Turnschuhe

27 Wie in vielen anderen Ländern ist auch in der Schweiz die Höhe der Wohnungsmieten nicht allein den Marktkräften überlassen. Durch Mietzinskontrollen sind viele Wohnungen billiger, als sie es sonst wären.

A] Handelt es sich dabei um einen Höchstpreis oder um einen Mindestpreis?

B] Welches sind wohl die Folgen für die angebotene und die nachgefragte Menge?

C] Wer könnte von tieferen Mieten profitieren?

D] Wer könnte durch tiefere Mieten verlieren?

28 Der Staat erhebt aus drei Gründen Steuern. Welche sind es?

29 Ein Ziel der schweizerischen Politik ist aus verschiedenen Gründen, einen leistungsfähigen Bauernstand zu erhalten. Um den Milchbauern ein genügendes Einkommen zu sichern, hat die Schweiz bis vor Kurzem einen Abnahmepreis für Milch garantiert, der höher war, als es der freie Marktpreis gewesen wäre.

A] Handelt es sich dabei um einen Höchstpreis oder um einen Mindestpreis?

B] Wie reagierten die Milchbauern auf die erhöhten Milchpreise? Welches waren wohl die Folgen der hohen Abnahmepreise für die angebotene Milchmenge?

C] Wie reagierten die Milchtrinker auf die erhöhten Milchpreise? Welches waren wohl die Folgen für die nachgefragte Milchmenge? (Tipp: Denken Sie wieder an den Preismechanismus und hier speziell auch noch an die Preiselastizität.)

D] Welches war das Resultat aus den Reaktionen von Angebot und Nachfrage?

30 Um den Zigarettenkonsum einzuschränken, erhebt der Staat eine Steuer auf Zigaretten. Nehmen wir an, der Staat wolle bei einem gegenwärtigen Preis von CHF 7 pro Packung das Rauchen weiter eindämmen. Er erhebt deshalb eine zusätzliche Steuer von CHF 3 pro Packung. Wer trägt diese Steuer? Geht die Menge zurück?

A] Argumentieren Sie zuerst mit Worten. (Tipp: Bedenken Sie, dass viele Raucher süchtig sind.)

B] Versuchen Sie nun, Ihr Resultat im Preis-Mengen-Diagramm darzustellen. Um Ihnen die Arbeit etwas zu erleichtern, haben wir die Angebotskurven bereits eingezeichnet. (Tipp: Überlegen Sie, ob die Nachfragekurve der süchtigen Nachfrager eher steil verläuft oder eher flach.)

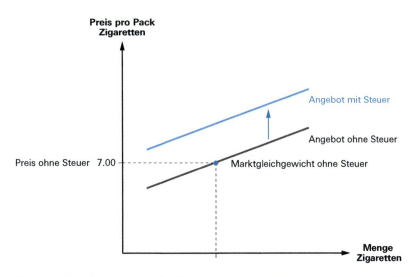

31 Der Staat möchte mit Subventionen Solarmobile fördern.

A] Erstellen Sie auf einem Blatt Papier ein Preis-Mengen-Diagramm. Zeichnen Sie darin die mögliche Wirkung der Subvention ein, wenn Anbieter und Nachfrager gleich preiselastisch reagieren. Wie verändern sich die produzierte und die verkaufte Menge? Welchen Anteil der Subvention erhalten die Anbieter bzw. die Nachfrager?

B] Bei welchen Preiselastizitäten bewirkt die Subvention eine besonders grosse Zunahme von Solarmobilen?

C] Bei welchen Preiselastizitäten käme die Subvention praktisch nur den Produzenten zugute?

4 Gesamtwirtschaftliche Daten

Lernziele	Nach der Bearbeitung dieses Kapitels können Sie …
	• beschreiben, was man unter Arbeitslosigkeit versteht, wie sie gemessen wird und welche gesellschaftlichen Probleme sie verursacht.
	• beschreiben, was man unter Inflation versteht, wie sie gemessen wird und welche Vor-/Nachteile sie hat.
	• erklären, wie BIP und Volkseinkommen gemessen werden.
	• beschreiben, was Wirtschaftswachstum ist, wie es zu einem dauernden Strukturwandel führt und wie der Staat es mit seiner Wachstumspolitik fördern kann.
Schlüsselbegriffe	Arbeitslosenquote, Arbeitslosigkeit, Bruttoinlandprodukt (BIP), Bruttonationaleinkommen (BNE), Deflation, Inflation (Teuerung, Geldentwertung), Inflationsrate, Landesindex der Konsumentenpreise (Konsumentenpreisindex), Preisindex, Schattenwirtschaft, Sozialindikatoren, Strukturwandel, Subvention, Volkswirtschaftliche Gesamtrechnung, Wertschöpfung, Wirtschaftskreislauf, Wirtschaftswachstum

Arbeitslosigkeit und **Inflation** (bzw. Deflation) sind zwei Grundprobleme moderner Volkswirtschaften. Um sie zu verstehen, wurde die **Volkswirtschaftliche Gesamtrechnung** entwickelt. Sie misst die Aktivitäten im Wirtschaftskreislauf und liefert so Daten über die gesamte Wirtschaft. Zwei wichtige Kennzahlen sind das **Bruttoinlandprodukt (BIP)** und das **Volkseinkommen.** Sie geben Auskunft über die Aktivitäten einer Volkswirtschaft. Interessant ist dabei auch ihre Entwicklung im Laufe der Zeit. Das führt uns zur Frage nach dem **Wirtschaftswachstum** und zum **Strukturwandel,** von dem Volkswirtschaften ständig betroffen sind.

4.1 Arbeitslosigkeit

Was ist Arbeitslosigkeit?

Als arbeitslos gilt, wer keine Beschäftigung findet, obwohl er eine **Anstellung sucht und arbeitsfähig** ist. Da es sich bei der gesuchten Arbeit immer um eine bezahlte Beschäftigung handelt, würde man genauer von **Erwerbslosigkeit** sprechen.

Das Verhältnis der Arbeitslosenzahl zur Gesamtzahl der Erwerbspersonen ergibt die Arbeitslosenquote.

$$\text{Arbeitslosenquote} = \frac{\text{Zahl der Arbeitslosen}}{\text{Zahl aller Erwerbspersonen}}$$

Wie wird Arbeitslosigkeit gemessen?

Arbeitslosenstatistiken werden stark beachtet, sie sind politisch brisant und nicht zuletzt darum sind sie auch stark umstritten. In der Schweiz wird die Arbeitslosigkeit auf **verschiedene Arten** gezählt, weshalb es auch verschiedene Arbeitslosenquoten gibt:

- Das **BFS** erhebt die **Zahl der Erwerbslosen** nach den Normen der Internationalen Arbeitsorganisation (ILO). Durch Umfragen wird erfasst, wer nicht erwerbstätig ist, eine Arbeit sucht und innerhalb der nächsten zwei Wochen eine Arbeit aufnehmen kann. Die Daten ergeben etwa seit dem Jahr 2000 ein überzeugendes Bild.
- In der Schweiz werden die Daten des **SECO** mehr beachtet. Es publiziert monatlich die Zahl der **Arbeitslosen,** die bei den Arbeitsämtern (RAV) und der Arbeitslosenversicherung registriert sind. Seit 1993 teilt das SECO die registrierten Arbeitslosen in die zwei Gruppen **«die registrierten Arbeitslosen im engeren Sinn»** und **«die Stellensuchenden».** Dazu

zählen Personen, die in einem Arbeitsprogramm beschäftigt sind, einen Umschulungs- oder Weiterbildungskurs besuchen oder einen Zwischenverdienst haben.

Mängel der Statistik der registrierten Arbeitslosen

Die Statistik der registrierten Arbeitslosen hat **gravierende Mängel:** Nicht erfasst sind Arbeitslose, für die es sich nicht lohnt, regelmässig den manchmal deprimierenden Gang aufs Arbeitsamt zu unternehmen. Zu den nicht erfassten Personen gehören z. B.

- Jugendliche, die lange kein Arbeitslosengeld erhalten,
- Frauen, die sich unfreiwillig ins Haus zurückziehen,
- Frauen, die nach einem mehrjährigen Unterbruch wieder ins Erwerbsleben einsteigen wollen,
- «ausgesteuerte» Stellensuchende, deren Versicherungsanspruch erloschen ist,
- Personen, die aufgrund der Beschäftigungslage frühpensioniert sind.

Weil die Datenlage ungenügend ist, hat die **Konjunkturforschungsstelle der ETH (KOF)** das gesamte Angebot wie auch die gesamte Nachfrage auf dem schweizerischen Arbeitsmarkt geschätzt und als Differenz das Überangebot an Arbeitskräften und damit das **Arbeitsmarkt-Ungleichgewicht** errechnet.

In der Grafik wird die **Arbeitslosenquote** auf drei Arten abgebildet: als Quote der Erwerbslosen, als Quote der registrierten Arbeitslosen sowie als effektives Ungleichgewicht auf den Arbeitsmärkten.

Abb. [4-1]   **Die Entwicklung der Arbeitslosigkeit in der Schweiz**

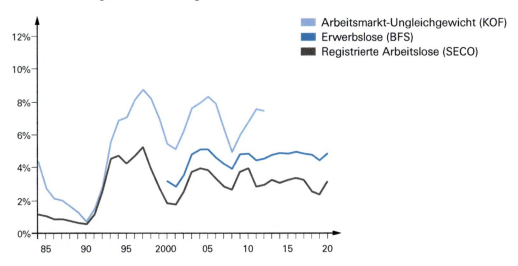

Ein grosses gesellschaftliches Problem

Um das Problem der Arbeitslosigkeit in seiner vollen Tragweite zu erfassen, müssen wir uns die **doppelte Stellung** der Arbeit in unserer Gesellschaft verdeutlichen:

- Wir arbeiten, um unseren **Lebensunterhalt** zu verdienen. Aus gesamtwirtschaftlicher Sicht ist Arbeitslosigkeit eine riesige Verschwendung unserer wichtigsten Ressource, der menschlichen Arbeitskraft.
- Durch Arbeit sind wir aber auch **eingebunden** in die Arbeitsgesellschaft. So plagt Arbeitslose das deprimierende Gefühl, nicht mehr gebraucht zu werden. Arbeitslosen Jugendlichen werden die Zukunftsperspektiven genommen. Arbeit ist ein zentraler Wert in unserer Gesellschaft, trotzdem bringen wir es nicht fertig, uns so zu organisieren, dass alle Arbeitswilligen eine Arbeit haben.

4.2 Inflation

Was heisst Inflation?

Es gehört zu einer Marktwirtschaft, dass die Preise für einzelne Güter fallen und für andere, die knapper werden, steigen. Wir beobachten, dass die Preise für Computer und Telefongespräche fallen und die Preise für Fahrstunden steigen. Daneben gibt es aber immer wieder Zeiten, in denen die grosse Mehrheit der Preise steigt. Eine solche generelle Preissteigerung nennt man Inflation, Teuerung oder auch Geldentwertung.

Das Gegenteil von Inflation ist Deflation. Hier sinkt das allgemeine Preisniveau. Die Mehrheit der Preise sinkt. Bei Inflation und Deflation spricht man auch von Geldwertstörungen.

Wie wird Inflation gemessen?

Wann verändert sich das ganze Preisniveau? Um das festzustellen, müssen wir die Preisentwicklung möglichst vieler Güter erfassen und die durchschnittliche Preisbewegung berechnen. Diese Arbeit übernimmt in der Schweiz das Bundesamt für Statistik.

Am direktesten betroffen sind wir von einer Teuerung der Güter des täglichen Gebrauchs. Die öffentliche Diskussion dreht sich darum vor allem um den Landesindex der Konsumentenpreise (LIK) oder kurz Konsumentenpreisindex. Wenn Sie lesen, dass die Inflation sich verstärkt oder abgeschwächt hat, dann bezieht sich die Zeitung auf das Ansteigen dieses Index.

Um den Konsumentenpreisindex zu berechnen, muss man wissen, wofür die Konsumenten ihr Geld ausgeben. Von 2 000 verschiedenen Haushalten werden die Konsumausgaben untersucht, d. h. die Ausgaben ohne direkte Steuern, Unterhaltsbeiträge oder Geldspenden.

So gewinnt man einen «Warenkorb», der die Konsumausgaben für Waren und Dienstleistungen eines durchschnittlichen Privathaushalts umfasst. Allerdings verändert sich die Ausgabenstruktur ständig. So gab man 1949 noch rund 40% für Nahrungsmittel aus – heute nur noch rund 10%. Zudem verändert sich der Warenkorb, weil es immer wieder neue Güter gibt und alte verschwinden.

Abb. [4-2]   Landesindex der Konsumentenpreise (LIK): Warenkorb und Gewichte 2021

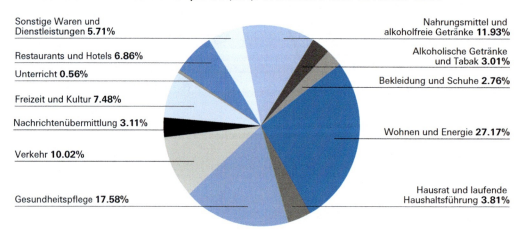

Quelle: BFS (http://www.bfs.admin.ch)

Ist der Warenkorb aus etwa 1 500 verschiedenen repräsentativen Waren und Dienstleistungen zusammengestellt, ermittelt man im Basismonat (aktuell im Dezember 2015) zum ersten Mal seinen Preis. Das Resultat wird mit 100 Indexpunkten gleichgesetzt. Anschliessend werden monatlich die Preise erhoben. Die Preise der folgenden Jahre werden dann im Verhältnis zum Basismonat ausgedrückt.

Abb. [4-3]   Der schweizerische Konsumentenpreisindex, Jahresdurchschnitte

	Warenkorb vom Dez. 2005 (Dez. 2005 = 100)	Warenkorb vom Dez. 2010 (Dez. 2010 = 100)	Warenkorb vom Dez. 2015 (Dez. 2015 = 100)	Zunahme gegenüber dem Vorjahr = Inflationsrate
2010	103.9	99.7		0.7%
2011		100.0		0.2%
2012		99.3		-0.7%
2013		99.1		-0.2%
2014		99.0	101.8	-0.1%
2015			100.6	-1.1%
2016			100.2	-0.4%
2017			100.7	0.5%
2018			101.7	0.9%
2019			102.0	0.4%
2020			101.3	-0.7%

Quelle: Bundesamt für Statistik, www.statistik.admin.ch

Abb. [4-4]   **Die schweizerische Inflationsrate** (seit 2009 oft leicht negativ, das bedeutet leichte Deflation)

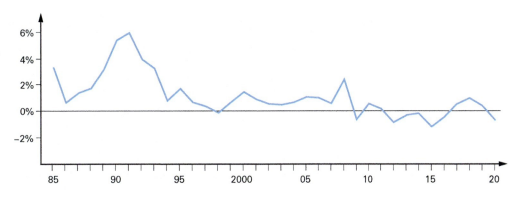

Die Teuerung wird durch den Konsumentenpreisindex überschätzt

Die Inflation wird durch die offiziellen Preisindizes leicht überzeichnet – vielleicht bis zu einem Prozentpunkt pro Jahr. Ein Grossteil der Überzeichnung rührt daher, dass viele der unzähligen **Qualitätssteigerungen nicht vollständig erfasst werden können.** Die unzähligen kleinen Schritte, die zu sichereren Autos führen, immer komfortableren Wohnungen oder zu einem dichteren Fahrplan der SBB, sind Produktverbesserungen – doch steigt deswegen der Preis, steigt auch der Preisindex. Weil die offiziellen Preisindizes die Inflation überzeichnen, haben die meisten Notenbanken **Preisstabilität bei 1 bis 2% definiert.**

Inflationsbereinigung

Vergleichen wir ökonomische Werte über eine gewisse Zeit, möchten wir in der Regel wissen, wie sie sich entwickelt haben, wenn es keine Inflation gegeben hätte. Wir müssen darum den Effekt der **Inflation herausrechnen.**

Angenommen, die Rindfleischpreise seien in einem Jahr um 6% gestiegen und die Inflation habe in diesem Jahr 2% betragen. Wird der Effekt der Inflation abgezogen, sind die Rindfleischpreise noch um etwa 4% gestiegen. Bei niedrigen Inflationsraten würde die hier benutzte Formel zur Inflationsbereinigung ausreichen. Genauer wäre:

$$\text{Reale Preissenkung} = \frac{1 + \text{nominale Preissteigerung}}{1 + \text{Inflationsrate}} - 1 = \left(\frac{1 + 6.0\%}{1 + 2.0\%} - 1\right) = 3.92\%$$

Die Bank verspricht einen Zins von 2% bei einer Inflation von 0.5%. Dann erhalten Sie als Anleger einen inflationsbereinigten Zins von etwa 1.5%. Genauer wäre:

$$\text{Realzins} = \frac{1 + \text{Nominalzins}}{1 + \text{Inflationsrate}} - 1 = \left(\frac{1 + 2.0\%}{1 + 0.5\%} - 1\right) = 1.49\%$$

Sie erhalten als Lohnempfänger 1.5% mehr Lohn bei einer Inflation von –1% (also bei einer Deflation von 1%). Dann kriegen Sie real etwa 2.5% mehr Lohn. Genauer wäre:

$$\text{Reallohn} = \frac{1 + \text{Nominallohn}}{1 + \text{Inflationsrate}} - 1 = \left(\frac{1 + 1.5\%}{1 - 1\%} - 1\right) = 2.53\%$$

Mit der Inflationsbereinigung rechnen wir also **nominale,** d. h. zu **laufenden Preisen** bewertete Grössen (z. B. Nominalzins) in **reale** oder **inflationsbereinigte Werte** um (z. B. Realzins).

Fokus   Nach- und Vorteile von Inflation

Inflation verteilt Vermögen und Einkommen um

Wer sich 1985 mit einer Million verschuldet hatte, den drückt diese Schuld dank der Inflation heute um 35% weniger. Die Haushalte hingegen, die 1985 der Bank mit Sparheften diese Million zur Verfügung stellten, stehen heute schlechter da. Mit ihrer Million können sie heute 35% weniger kaufen.

Schuldner gewinnen, Gläubiger verlieren? Die Sache ist nicht so einfach

Die Sparer erhalten **Zinsen!** Und sie könnten auf den Kapitalmärkten Zinsen verlangen, die die Inflation übertreffen. Tatsächlich werden die Inflationsraten in die Zinssätze eingebaut. Wenn z. B. ohne Inflation ein Zinssatz von 3% verlangt wird, dann werden in Erwartung einer zukünftigen Inflationsrate von 5% eben 8% gefordert. So können die Schuldner nicht mehr auf Kosten der Gläubiger profitieren.

- Doch eine Inflation kommt meistens **überraschend.** Schuldner wie Gläubiger sind oft an längerfristige Verträge gebunden. Bis diese Verträge abgelaufen sind, profitieren die Schuldner auf Kosten der Gläubiger. Umgekehrt profitieren Sparer bei einem **unverhofften Rückgang** der Inflation. Wer bei hohen Inflationserwartungen langfristige Verträge mit hohen Zinsen abgeschlossen hat, profitiert dann noch von den hohen Zinsen, wenn die Inflation unverhofft niedriger geworden ist.
- Typische Verlierer der Inflation sind Bezüger von **Lebensversicherungs- und Pensionskassenrenten.** So zahlen nicht alle Pensionskassen regelmässig den vollen Teuerungsausgleich. Die staatlichen Renten jedoch (wie **AHV** und **IV**) werden in der Schweiz alle zwei Jahre der Preisentwicklung angepasst. Die Rentnerorganisationen haben diese Indexierung durchsetzen können.

Inflation erschwert das Funktionieren der Märkte

Nach einer längeren Inflationsperiode wissen viele Leute nicht mehr so genau, was wie viel kostet. Die Sicht auf **unterschiedliche Preisentwicklungen** von einzelnen Produkten wird getrübt. Dann wird nicht mehr so preisbewusst eingekauft, das Geld wird nicht bestmöglich eingesetzt.

Eine Inflation erschwert die **Einschätzung der Zukunft.** Sie macht es für Sparer wie Investoren besonders schwierig, die zukünftigen Erträge von Ersparnissen und von längerfristigen Investitionen abzuschätzen. Eine Inflation erhöht damit die Unsicherheit der Sparer und Investoren, sie müssen grössere Risiken eingehen. Dies hat zur Folge, dass längerfristige Projekte eher aufgeschoben werden. Dafür nehmen weniger produktive Aktivitäten zu, wie die in Inflationszeiten oft beobachtete **Flucht in Sachwerte.** Statt dass investiert wird, werden Liegenschaften oder Edelmetalle gekauft.

Wie viel Inflation ist nützlich?

Wichtig ist, dass die Nachteile von Inflation nicht direkt proportional zur Inflationsrate steigen oder sinken. Der Schaden von 3% Inflation ist nicht einfach ein Fünftel des Schadens von 15% Inflation. Vielmehr kann eine **kleine Inflation** sogar **nützlich** sein. Vorerst muss berücksichtigt werden, dass die Inflation durch die offiziellen Preisindizes überzeichnet wird. Zwar mögen Abweichungen von 0.5 bis 1 Prozentpunkt pro Jahr gering erscheinen – sie fallen aber stark ins Gewicht, sobald wir uns im Bereich von geringen Inflationsraten bewegen. Und darum definieren ja die meisten Notenbanken **Preisstabilität bei 1 bis 2% offiziell gemessener Inflation.** Mit etwas Inflation ist man auch weiter weg vom Schreckgespenst einer **Deflation.**

4.3 Bruttoinlandprodukt und Bruttonationaleinkommen

Wir messen den Wirtschaftskreislauf

Arbeitslosigkeit hat zu tun mit der Beschäftigung und der Produktion in Unternehmen und Staat. Und Inflation steht in direktem Zusammenhang mit dem Verkauf der Produkte. Wollen wir also Arbeitslosigkeit und Inflation verstehen, müssen wir wissen, in welchem Umfang **Unternehmen und Staat produzieren und verkaufen.**

Die Fachrichtung, die darüber Buch führt, nennt man die **Volkswirtschaftliche Gesamtrechnung** (auch nationale Buchhaltung). Daran wird im Bundesamt für Statistik gearbeitet, das für jedes Jahr neue Zahlen veröffentlicht. Die Statistiker ziehen dazu den Wirtschaftskreislauf bei und nutzen den Vorteil, dass man einen **Kreislauf** an verschiedenen Orten beobachten kann. Sie messen den Wirtschaftskreislauf vor allem an zwei Stellen: bei der **Produktion** der Güter und bei der **Verwendung** der produzierten Werte. Wie Sie in der unten stehenden Grafik sehen können, erhält man damit eine berühmte Grösse: das **Bruttoinlandprodukt (BIP).** Und auf der Einkommensgrösse sind das **Bruttonationaleinkommen (BNE)** und das **Nettonationaleinkommen (NNE)** von Interesse.

Das BIP: die Produktion im Inland

Das BIP umfasst den **Geldwert der Güterproduktion in den Unternehmen und im Staat:**

- **Produktion von Unternehmen:** Gemessen wird die gesamte Produktion von Unternehmen, von Früchten und Autofahrstunden bis zu Zeitungen oder Büromöbeln usw. Um Doppelzählungen zu vermeiden, wird nur die **Wertschöpfung** eines Unternehmens gemessen und nicht etwa der Umsatz. Wertschöpfung ist der Mehrwert, den ein Unternehmen erzeugt.
- **Produktion des Staats:** Dazu kommen die Güter, die der Staat herstellt, wie Strassen, Schulstunden, Polizeischutz usw.
- **Wertschöpfung im Inland:** Zum BIP werden nur Werte gerechnet, die im Inland hergestellt werden. Ob sie für die Schweiz produziert wurden oder ins Ausland gehen (Export), spielt keine Rolle.

Im Jahr 2019 belief sich das BIP auf ungefähr CHF 727 Mrd. Pro Beschäftigten (Teilzeitarbeiter anteilsmässig einbezogen) waren das etwa CHF 182 000.

Hinweis

Das BIP wird nicht erhöht, wenn alte Häuser, Gebrauchtwagen, alte Gemälde oder auch Wertpapiere verkauft werden. Doch die **Handelsmarge** beim Verkauf fliesst als Produktion des Handels in das BIP ein, ob nun in- oder ausländische Produkte, neue oder alte Güter verkauft werden. Die erreichte Handelsmarge ist die Wertschöpfung eines Handelsunternehmens.

Nur grob und vielleicht unvollständig lässt sich die **Schattenwirtschaft** schätzen, die Schwarzarbeit, d. h. Arbeit, die den Sozialversicherungen, den Steuerbehörden oder der Fremdenpolizei nicht gemeldet wird, sowie illegale Aktivitäten wie Drogenhandel.

Abb. [4-5] BIP und Nationaleinkommen im einfachen Kreislaufmodell (ohne Märkte)

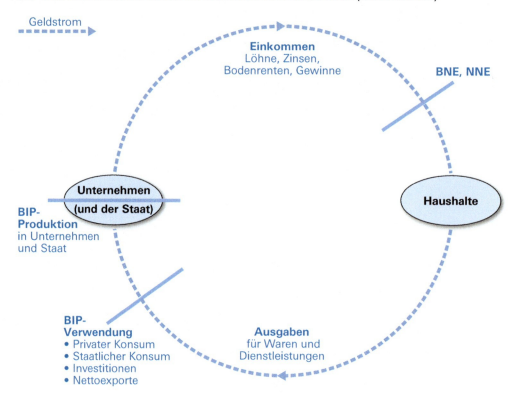

Das BIP: die Verwendung

Weil alle produzierten Werte irgendwie verwendet werden, können wir – unabhängig von der Produktion – die **Endverwendung** der neu geschaffenen Werte messen. Die Summe aller Endverkäufe ergibt auch das BIP. Dabei messen wir den privaten Konsum, den staatlichen Konsum, die Investitionen (von Unternehmen, Staat und Haushalten) und die Nettoexporte.

Abb. [4-6] BIP-Verwendung

Privater Konsum	Dazu gehören alle Käufe der Haushalte – auch Autokäufe. Im Jahr 2016 wurde in der Schweiz für etwa CHF 350 Mrd. privat konsumiert.
Staatlicher Konsum	Dazu gehören alle geleisteten Dienste, der gesamte Verwaltungsaufwand von Bund, Kantonen, Gemeinden und Sozialversicherungen. Im Jahr 2016 wurden CHF 74 Mrd. via Staat konsumiert.
Investitionen	Unternehmen, Staat und Haushalte in der Schweiz investieren in neue Produktionsanlagen, Strassen, Leitungen und Gebäude (inklusive des privaten Hausbaus). Im Jahr 2016 machten die Investitionen CHF 149 Mrd. aus.
Nettoexporte	Unsere Exporte übertreffen regelmässig die Importe. Im Jahr 2016 betrugen die Nettoexporte CHF 78 Mrd.

Bruttonationaleinkommen (BNE) und Nettonationaleinkommen (NNE)

Das schweizerische BIP erfasst Aktivitäten auf schweizerischem Boden. Das BNE dagegen erfasst, über welche Werte die Einwohner der Schweiz verfügen können. Die schweizerischen Einwohner können also über mehr neu geschaffene Werte verfügen, als in der Schweiz produziert wurden! Das ist möglich, weil uns auch **Einkommen aus dem Ausland** zufliessen: In die Schweiz fliessen noch die Erträge des schweizerischen Kapitals im Ausland. Abgezogen werden umgekehrt die **Erträge des ausländischen Kapitals** in der Schweiz sowie auch, was Grenzgänger bei uns verdienen.

Weil die Schweiz ein Gläubigerland ist, fliessen ihr per saldo grosse Beträge zu. Im Jahr 2019 waren es aber nur CHF 5 Mrd. Dieser Betrag zum BIP addiert ergibt das **Bruttonationaleinkommen (BNE).** Es betrug im Jahr 2019 CHF 732 Mrd.

Noch näher an die Einkommen, über die wir verfügen können, gelangt man, wenn die Abschreibungen an den Kapitalgütern subtrahiert werden. Der Verschleiss an Kapitalgütern kommt ja niemandem mehr zugute. Resultat ist das **Nettonationaleinkommen (NNE).** Es betrug im Jahr 2019 CHF 572 Mrd. Das ergibt pro Einwohnerin und Einwohner jährlich etwa CHF 67 000.

Personelle Einkommensverteilung und Lorenzkurve

Interessant ist, wie sich das Geldeinkommen auf die einzelnen Personen verteilt. Zur **personellen Einkommensverteilung** in der Schweiz gibt es Untersuchungen des Bundesamts für Statistik (BFS).

Die Datengrundlage bilden Steuerrechnungen. Geschätzt werden die **Haushaltseinkommen** für das Jahr 2013, eingeschlossen die staatlichen Umverteilungen. Gemäss der notgedrungen ungenauen Schätzung bezogen

- die ärmsten 20% ungefähr 8.6% der Einkommen,
- die zweitärmsten 20% ca. 13.5%,
- die mittleren 20% ca. 17.4%,
- die zweitreichsten 20% ca. 22.5% und
- die reichsten 20% ca. 38.0% der Einkommen (rund viermal so viel wie die ärmsten 20%).

Diese Einkommensverteilung können wir auch in einem Koordinatensystem darstellen und erhalten so die **Lorenzkurve.** Auf der waagrechten Achse werden die kumulierten Anteile an der Gesamtbevölkerung abgetragen, auf der senkrechten Achse die kumulierten Anteile dieser Gruppen am Gesamteinkommen: Die ärmsten 20% verdienen 8.6%, die ärmsten 40% 22.1%, die ärmsten 60% 39.5% usw.

Abb. [4-7] **Lorenzkurve Schweiz – Einkommensverteilung 2016 nach staatlicher Umverteilung und zum Vergleich Vermögensverteilung 2016**

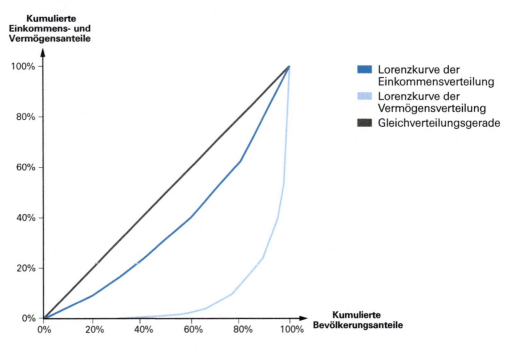

Quellen: BFS und Eidg. Steuerverwaltung

Eine **vollständig gleichmässige** Einkommensverteilung ergäbe eine Diagonale: Die «ärmsten» 20% verdienen 20%, die «ärmsten» 40% 40% usw.

Je **ungleicher** aber die Verteilung, desto stärker hängt die Lorenzkurve nach rechts unten durch und desto dicker wird die linsenförmige Fläche zwischen der Gleichverteilungsgerade und der Lorenzkurve.

Vom nominalen zum realen BIP

Das BIP wird in **Geld** gemessen. Nun verliert aber das Geld fast jedes Jahr etwas an Wert. Messen wir also mit Geld, verwenden wir einen Massstab, der meistens schrumpft. Damit wird natürlich das Wachstum des BIP überschätzt!

Dieses überschätzte nominale Wachstum zeigt die erste Kolonne der Tabelle: Das schweizerische BIP betrug z. B. für das Jahr 2007 CHF 573 Mrd. und für 2008 CHF 597 Mrd. Doch das BIP von 2007 wurde zu Preisen von 2007 bewertet, das BIP von 2008 zu Preisen von 2008. Das **nominale BIP** ist deshalb 2008 um 4.2% gewachsen.

Abb. [4-8] Das schweizerische Bruttoinlandprodukt

	Nominales BIP		BIP-Preise	Reales BIP		BIP-Preise
	Mrd. CHF zu laufenden Preisen	Zunahme pro Jahr	Zunahme pro Jahr	Zunahme pro Jahr	Mrd. CHF zu Preisen von 2000	Index 2000 = 100
2000	473				473	100
2001	485	2.6%	1.0%	1.6%	480	101.0
2002	483	−0.3%	−0.3%	0.0%	480	100.7
2003	489	1.1%	1.2%	0.0%	480	101.9
2004	504	3.1%	0.3%	2.8%	493	102.2
2005	524	3.8%	0.9%	2.9%	508	103.2
2006	556	6.2%	2.1%	4.0%	528	105.4
2007	592	6.5%	2.4%	4.0%	549	107.9
2008	618	4.3%	1.5%	2.8%	564	109.5
2009	607	−1.7%	0.4%	−2.1%	552	109.9
2010	629	3.6%	0.3%	3.3%	570	110.3
2011	641	1.9%	0.0%	1.9%	581	110.3
2012	649	1.2%	0.0%	1.2%	589	110.3
2013	661	1.8%	0.0%	1.8%	599	110.2
2014	673	1.8%	−0.6%	2.4%	614	109.6
2015	676	0.4%	−1.2%	1.7%	624	108.3
2016	685	1.4%	−0.6%	2.0%	637	107.6
2017	694	1.2%	−0.4%	1.6%	647	107.2
2018	720	3.7%	0.7%	3.3%	666	108.0
2019	727	1.0%	−0.1%	1.1%	674	107.9
2020	702	−3.4%	−0.5%	−2.9%	654	107.4

Quelle: BFS (www.statistik.admin.ch) und KOF (www.kof.ch). Die Zahlen sind gerundet. Wenn Sie die Daten der Tabelle nachrechnen, werden Sie also Abweichungen wegen Rundungsfehlern finden

Doch wir würden gerne den Anstieg des BIP mit einem **feststehenden Massstab** messen statt mit einem, der jedes Jahr etwas schrumpft. Um wie viel stieg die zur Verfügung stehende Gütermenge also wirklich an und welcher Teil des Anstiegs ist bloss darauf zurückzuführen, dass die Preise für die meisten Güter anstiegen?

Das BFS schätzt darum die **Preisentwicklung** für die verschiedenen Gütergruppen des BIP. So stiegen die durchschnittlichen Preise des BIP im Jahr 2008 um 1.9% bei einem nominalen Wachstum von 4.2%. Daraus lässt sich das reale Wachstum berechnen:

$$\text{Reale Zuwachsrate} = \frac{1 + \text{nominale Zuwachsrate}}{1 + \text{Preisanstieg}} - 1 = \left(\frac{1 + 4.2\%}{1 + 1.9\%} - 1\right) = 2.26\%$$

Oder einfacher, aber bei grösseren Zuwachsraten **ungenauer:** nominale Zuwachsrate minus Preisanstieg = reale Zuwachsrate (4.2% minus 1.9% = 2.3%). Das BIP wuchs also im Jahr 2008, bewertet zu Preisen des Jahres 2007, um etwa 2.3%.

Dieses BIP-Wachstum zu konstanten Preisen wird auch **inflationsbereinigtes, preisbereinigtes** oder **reales BIP-Wachstum** genannt. Wer sich für das Wachstum der Güterproduktion in Unternehmen und Staat interessiert, sollte dieses reale BIP-Wachstum verwenden.

Das BFS erhebt das reale BIP zu Preisen des jeweiligen Vorjahres. Doch um das reale BIP über mehrere Jahre hinweg vergleichen zu können, wurde in der Tabelle das BIP des Jahres 2000 als Basis gewählt und das BIP für die anderen Jahre mit den realen Zuwachsraten berechnet. Schliesslich lässt sich mit den jährlichen Preiszunahmen des BIP auch ein **Preisindex** berechnen, der die durchschnittliche Preisentwicklung aller Güter des BIP anzeigt. Die Tabelle zeigt den BIP-Preisindex mit dem Basisjahr 2000.

Die Wachstumsschwankungen des BIP

Ein Blick auf die Grafik zeigt, dass das BIP zwar einen starken Trend nach oben zeigt, aber nicht immer gleich stark wächst. Perioden mit starkem Wachstum **wechseln** ab mit Perioden, in denen das BIP eher stagniert oder sogar abnimmt.

Wachstumsphasen werden unterbrochen von **Wachstumsstörungen,** die lang gezogen sein können wie in den 1990er-Jahren oder heftig wie 2009.

Abb. [4-9]   Die Entwicklung des realen BIP der Schweiz

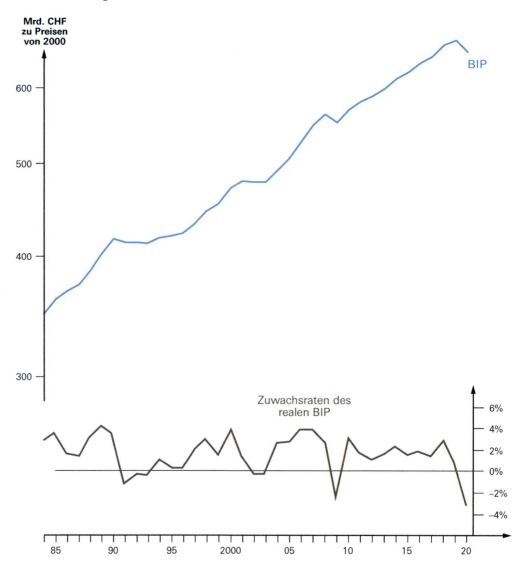

Wachstumsschwankungen, **Konjunkturschwankungen,** gibt es seit dem Beginn der Industrialisierung; sie sind typisch für jede Marktwirtschaft.

Vor allem um die immer wiederkehrenden **Konjunkturschwankungen** zu verstehen, wurde das BIP konzipiert. Daten über die Aktivität in den Unternehmen, im Staat und auf den Güter- und Faktormärkten sollten es eher ermöglichen, Konjunkturschwankungen zu verstehen und zu lindern.

4.4 Wirtschaftswachstum und Strukturwandel

Was ist Wirtschaftswachstum?

Um Wirtschaftswachstum wird viel gestritten. Der Streit ist allzu oft unfruchtbar, weil unter Wirtschaftswachstum recht Verschiedenes verstanden wird. Hier sollen ein paar Ansätze kurz vorgestellt werden:

Wachstum des Wohlstands: Ziel des Wirtschaftens ist, die knappen Ressourcen bestmöglich einzusetzen, ein Güterangebot zu schaffen, das die Wünsche möglichst vieler Menschen möglichst gut befriedigt. Damit bedeutet Wirtschaftswachstum wirtschaftliche Entwicklung, die durch effiziente Verwendung aller Ressourcen zu mehr und begehrteren Waren und Dienstleistungen führt. Wirtschaftswachstum ist damit gleichbedeutend mit Wachstum des Wohlstands.

BIP-Wachstum: Da aber so definierter Wohlstand nur ungenau geschätzt werden kann, wird Wirtschaftswachstum oft vereinfachend mit dem Wachstum des BIP gleichgesetzt. Die grössten Missverständnisse erwachsen daraus, dass Wohlstand mit BIP verwechselt wird. Das BIP wurde nicht als Wohlstandsmass, sondern für konjunkturelle Fragen konzipiert.

Steigende Umweltschäden: Immer noch geht unsere steigende Güterproduktion mit steigender Umweltverschmutzung einher. Die Umweltzerstörung steigt sogar stärker als Produktion und Konsum. Aus diesem Grund hat unsere Art des Wirtschaftswachstums viele Gegner. Manchmal wird sogar BIP-Wachstum gleichgesetzt mit zunehmender Verschmutzung der Umwelt. Daraus lässt sich dann folgern, dass jedes Wirtschaftswachstum einmal an ein Ende kommen werde.

Umweltschonendes Wachstum: In diesem Konflikt helfen präzisere Begriffe, wie «ökologisch nachhaltiges Wirtschaftswachstum» oder «Wirtschaftswachstum unter konsequenter Internalisierung externer Kosten». Mit derart verbindlich definierten Begriffen wird weniger aneinander vorbeigeredet.

Strukturwandel

Ob man weiteres Wirtschaftswachstum begrüsst oder nicht – wir alle sind von ihm in grösstem Masse betroffen und leisten auch unseren Beitrag dazu. So ist eine wichtige Voraussetzung für fortgesetztes Wirtschaftswachstum unsere Fähigkeit, uns laufend anzupassen. In den letzten hundert oder auch nur fünf Jahren beobachten wir denn auch an fast beliebig vielen Orten einen unaufhaltsamen Wandel. Hier konzentrieren wir uns auf die Veränderungen in der Produktionsstruktur. Darunter versteht man den Anteil der verschiedenen Branchen oder Wirtschaftssektoren an der Produktion oder an der Beschäftigung.

Abb. [4-10]   Erwerbstätige in der Schweiz nach Sektoren ab 1850

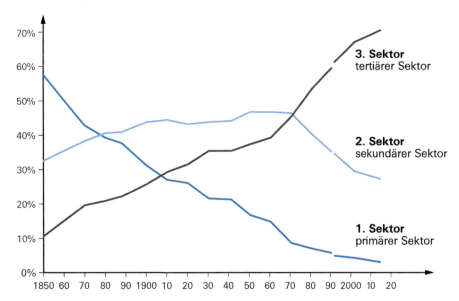

Quelle: Bundesamt für Statistik, ab 1960 mit Teilzeitbeschäftigung, ab 1991 Vollzeitäquivalente

Die Grafik zeigt uns die Beschäftigungsentwicklung der vergangenen 150 Jahre nach Wirtschaftssektoren: Wir beobachten, wie

- die Beschäftigung im ersten Sektor (Landwirtschaft) unaufhörlich sinkt,
- während sie im dritten Sektor (Dienstleistungen) ständig wächst.
- Der zweite Sektor (Industrie und Gewerbe) nimmt bis 1960 mehrheitlich zu, verliert aber seither schnell an Gewicht.

Zusätzlich zum Strukturwandel zwischen den Sektoren gibt es einen starken Wandel **zwischen den Branchen** und auch **innerhalb der Branchen.**

Die in der Schweiz hergestellten Produkte werden immer forschungsintensiver und mit ihnen zusammen werden vermehrt auch spezielle Dienstleistungen verkauft. Innerhalb der einzelnen Branchen gibt es weniger Sekretärinnen und dafür mehr Sachbearbeiterinnen, weniger Arbeitsplätze in der Fabrik und dafür mehr Aufgaben in Planung, Werbung, Kundenbetreuung und Forschung.

Die Struktur der Beschäftigung hat sich im Wesentlichen **aus drei Gründen verändert:**

- Die **Arbeitsproduktivität** hat nicht in allen Branchen gleich stark zugenommen.
    - Die **Industrie** zeigt zum Teil spektakuläre Produktivitätszunahmen.
    - Auch in der **Landwirtschaft** ist sie hoch. Obwohl die Bauern zahlenmässig kaum mehr ins Gewicht fallen, produzieren sie heute doppelt so viel wie vor 150 Jahren.
    - **Dienstleistungsbranchen** können dagegen nur geringe Produktivitätsfortschritte ausweisen. Nach den bisherigen Erfahrungen kann die Arbeit eines Kellners, einer Coiffeuse, eines Richters oder einer Lehrerin nicht in dem Mass rationalisiert werden wie die industrielle Produktion. Allerdings eröffnen sich mit der Einführung von Computern auch hier neue Möglichkeiten.
- Mit steigendem Einkommen sinkt der **Anteil der Ausgaben** für Grundnahrungsmittel und auch für Kleider. Stärker als die Einkommen steigen dafür die Ausgaben für Freizeit, Bildung, Gesundheit, Versicherungen und öffentliche Dienste.
- Der zunehmende **internationale Handel** führte dazu, dass in der schweizerischen Industrie Routinearbeiten mehr und mehr wegfielen. Einfache Produkte werden heute in Ländern mit niedrigeren Lohnkosten hergestellt. Im Gegenzug konzentriert sich in reichen Ländern die Produktion von hochwertigen Waren und Dienstleistungen.

Der Trend zu hochwertigen Dienstleistungen wird sich wohl auch in Zukunft fortsetzen. Dabei nimmt die Produktion von Wissen einen immer grösseren Stellenwert ein. In fortgeschrittenen Ländern werden die Anteile der Wissensbereiche Information, Kommunikation und Ausbildung weiter ansteigen.

Der Strukturwandel verlangt viel von den Arbeitskräften. Die meisten von uns wechseln mehr als einmal im Leben den Beruf und viele müssen die Bindung zu ihrem angestammten Wohnort aufgeben. Besonders stark gefordert wird unsere Fähigkeit, unser Wissen zu erneuern. Weil einmal erworbenes Wissen rascher als früher an Wert verliert, werden wir gezwungen, ein Leben lang zu lernen.

Wachstumspolitik

Ein stetiges Wirtschaftswachstum ist möglich, wo die technische und die organisatorische Entwicklung in eine Richtung gehen, in der immer mehr und immer raffiniertere Ressourcen immer effizienter eingesetzt werden, um immer exklusivere Waren und Dienstleistungen zu produzieren. Kann diese Entwicklung durch den Staat unterstützt oder gesteuert werden?

Der Staat engagiert sich tatsächlich auf vielfältigste Weise, um das reale BIP-Wachstum (und unseren Wohlstand) zu fördern. Es mangelt auch nicht an Empfehlungen von Ökonomen und Ökonominnen. Wie also müssen die Rahmenbedingungen ausgestaltet sein, dass unsere Fähigkeiten ihre volle Wirkung entfalten können? Welche staatlichen Massnahmen versprechen den grössten Erfolg?

Abb. [4-11] Wichtige Bereich der Wachstumspolitik

Wettbewerbs-politik	Freie Märkte sollen dafür sorgen, dass die Unternehmen das preisgünstig produzieren, was die Haushalte kaufen möchten.
	Und um kaufen zu können, versuchen die Haushalte möglichst das anzubieten, was die Unternehmen nachfragen.
	Sind wir frei, uns bei der Arbeit technisch und organisatorisch ständig zu verbessern und Neuerungen zu versuchen, und stehen wir gleichzeitig im Wettbewerb mit anderen, die sich ebenfalls steigern, dann sind wir beim Bemühen, unsere Ressourcen immer effizienter einzusetzen, nicht zu bremsen.
Stabile Rechtsordnung	Um ihre Lenkungsaufgabe zu erfüllen, brauchen die Märkte einen staatlichen Rahmen. Dazu gehört nicht nur eine wirkungsvolle Wettbewerbspolitik. Wir müssen auch sicher sein, dass wir die Früchte unserer Anstrengungen ernten und behalten können. Zentral sind darum eine sichere Rechtsordnung mit einem Wirtschaftsrecht und klaren Verfügungsrechten sowie ganz allgemein verlässlich garantierte Freiheitsrechte.
Infrastruktur	Neben der Rechtsordnung muss der Staat eine Infrastruktur produzieren oder in Auftrag geben, wie Verkehrswege oder Leitungen.
Grundlagen-forschung	Der Staat fördert den technischen Fortschritt, indem er sich in der Forschung engagiert – traditionell in der Grundlagenforschung.
	So beteiligte sich der Staat in jüngster Zeit an technischen Durchbrüchen in den Bereichen Pharma, Bio- und Nanotechnik, Cleantech und IT (z. B. Siliziumchips, Lithiumbatterien, LCD-Screens, Touchscreens).
	Da aber Grundlagenwissen kaum mehr im eigenen Land eingeschlossen werden kann, wird hier verstärkt in internationaler Kooperation geforscht.
Gesundheits- und Bildungs-politik	Eine wichtige Grundlage für Wirtschaftswachstum wird durch ein hohes Gesundheits- und Bildungsniveau gelegt. Hier engagiert sich der Staat denn auch in hohem Masse. Die Investitionen ins Bildungswesen, vom Kindergarten bis zur Universität, sind die grössten zukunftsweisenden Staatsausgaben.
Sozialpolitik	Die Sozialpolitik zielt nicht nur auf eine breitere Verteilung des Wohlstands. Sie will auch den Wachstumsprozess unterstützen. So soll die Gesundheits-, Bildungs- oder Arbeitsmarktpolitik die Menschen befähigen, stärker an der Gesellschaft teilzunehmen, und eine gleichmässigere Verteilung von Einkommen und Chancen soll den gesellschaftlichen Frieden erhöhen. Stabilität erweitert den Planungshorizont für Unternehmen.
Umweltpolitik	Die Produktion vieler Güter ist auf eine intakte Umwelt angewiesen, nicht nur in der Landwirtschaft und im Tourismus. Auch wenn wir wollen, dass der Wohlstand parallel mit dem BIP oder gar stärker wächst, müssen wir eine effiziente Umweltpolitik verfolgen.
	Setzt sich das Wirtschaftswachstum tatsächlich in der heutigen, umweltzerstörenden Art fort, werden Unternehmen wie Haushalte in Engpässe bei den Umweltressourcen geraten. Dies zwingt uns weltweit zu Korrekturen in der Umweltpolitik.

Alle hier genannten Massnahmen zur Förderung der Produktion und des Wohlstands beeinflussen den Wirtschaftsverlauf langfristig.

Daneben beobachten wir auch kurzfristige Entwicklungen des Wirtschaftsverlaufs, die Konjunkturschwankungen. Durch sie können Millionen von Arbeitskräfte zur Untätigkeit verdammt werden. Das ist das Hauptthema des nächsten Kapitels.

Zusammenfassung

Als arbeitslos gilt, wer keine Beschäftigung findet, obwohl er eine Anstellung sucht und arbeitsfähig ist. Das Verhältnis der Arbeitslosenzahl zur Gesamtzahl der Erwerbspersonen ergibt die Arbeitslosenrate oder Arbeitslosenquote.

In der offiziellen Statistik unterscheidet man Arbeitslose (alle bei der Arbeitslosenkasse als arbeitslos gemeldeten) und Stellensuchende (zusätzlich alle Personen in Arbeitsprogrammen, Umschulungs- und Weiterbildungskursen oder mit einem Zwischenverdienst).

In den offiziellen Statistiken nicht erfasst wird, wer sich nicht auf dem Arbeitsamt meldet. Darunter sind Leute, die arbeiten könnten und auch gerne arbeiten würden, die Arbeitssuche aber von vornherein als aussichtslos erachten.

Arbeitslosigkeit ist eine Verschwendung der wichtigsten Ressource Arbeitskraft. Und sie ist ein soziales Problem, weil Arbeitslose von der Gesellschaft ausgeschlossen sind.

Inflation ist ein genereller Anstieg des Preisniveaus. Man spricht auch von Teuerung und Geldentwertung. (Deflation ist das Umgekehrte, ein generelles Sinken der Preise.) Der Konsumentenpreisindex (Landesindex der Konsumentenpreise, LIK) misst die Teuerung der Güter des täglichen Gebrauchs. Seine Basis ist ein Güterkorb, der die Konsumausgaben eines durchschnittlichen Haushalts umfasst. Aufgrund der Preisänderung dieses Güterkorbs kann man dann die Teuerung berechnen.

Eine überraschende Inflation verteilt Vermögen und Einkommen um, eine hohe Inflation erschwert das Funktionieren der Märkte.

Weil die Inflation durch die offiziellen Preisindizes überzeichnet wird, definieren die meisten Notenbanken Preisstabilität bei 1 bis 2% offiziell gemessener Inflation.

Die Volkswirtschaftliche Gesamtrechnung erfasst die Aktivitäten im Wirtschaftskreislauf.

Das Bruttoinlandprodukt (BIP) wird an zwei Orten gemessen: bei der Güterproduktion von Unternehmen und Staat und bei der Verwendung. Das BIP umfasst den Wert aller Waren und Dienstleistungen, die innerhalb eines Landes in einem Jahr produziert werden.

Das Bruttonationaleinkommen in der Schweiz ist etwas höher als das Bruttoinlandprodukt, weil die Einkommen, die aus dem Ausland zufliessen, höher sind als die Einkommen, die abfliessen.

Will man das BIP verschiedener Jahre vergleichen, muss man die Teuerung berücksichtigen. Auf diese Weise gelangt man vom nominalen zum realen BIP.

Wirtschaftswachstum und Strukturwandel

Unter Wirtschaftswachstum kann man Wachstum des Wohlstands verstehen. Da aber der Wohlstand selbst schwer zu messen ist, wird Wirtschaftswachstum oft ungenau mit Wachstum des BIP gleichgesetzt. Ins Gewicht fällt hier vor allem, dass noch heute unser BIP-Wachstum mit steigenden Umweltschäden erkauft wird. Daher wird heute ökologisch nachhaltiges Wachstum gefordert.

Wirtschaftswachstum ist mit ständigem Strukturwandel verbunden. Dieser verlangt von den Arbeitskräften viel Anpassungsfähigkeit.

Wirtschaftspolitik

Erfolgreiche Wirtschaftspolitik sorgt für ein verlässliches Rechtssystem, für Infrastruktur und Grundlagenforschung. Zudem engagiert sich der Staat für Wettbewerb auf Märkten, investiert in Bildung und Gesundheit und betreibt eine effiziente Sozialpolitik und Umweltpolitik.

Repetitionsfragen

32 Die Statistik der «registrierten Arbeitslosen» und der «registrierten Stellensuchenden» des SECO und der Arbeitsämter findet immer noch mehr Beachtung als die Statistik der «Erwerbslosen» des BFS. Nun gibt es aber Zehntausende von «verdeckten» Arbeitslosen, die nicht in der Arbeitslosenstatistik des SECO erfasst sind.

A] Weshalb gibt es trotz aufwendiger Statistik verdeckte Arbeitslose?

B] Nennen Sie mindestens zwei Gruppen von Personen, die zu den verdeckten Arbeitslosen gehören.

33 Von den folgenden Aussagen sind zwei ganz richtig – die übrigen sind falsch oder nur teilweise richtig. Kreuzen Sie die zwei richtigen an.

☐ Inflation bedeutet den starken Preisanstieg eines wichtigen Guts.
☐ Inflation bedeutet einen allgemeinen Anstieg der Löhne.
☐ Inflation bedeutet einen allgemeinen Anstieg der Preise.
☐ Inflation bedeutet einen anhaltenden Anstieg der Zinssätze.
☐ Inflation bedeutet Geldentwertung.

34 Wovon ist in den folgenden beiden Gesprächen vor allem die Rede? Von Preisänderungen aufgrund von Kräften auf einzelnen Märkten, von Inflation oder von beidem?

A] «Die einheimischen Kirschen sind in diesem Jahr besonders teuer.» – «Kein Wunder, bei diesem Unwetter im Frühling.»

B] «Wie alles, sind auch die Früchte dieses Jahr wieder teurer.» – «Mir ist aber aufgefallen, dass die Kirschen besonders teuer geworden sind.»

35 BIP und BNE messen die Aktivitäten im Wirtschaftskreislauf. Was ist der Hauptgrund, dass das BNE in der Schweiz grösser ist als das BIP?

36 Das schweizerische BIP nahm 2013 real um 1.8% zu, das Pro-Kopf-BIP aber nur um 0.6%. Finden Sie einen Grund, der diesen Unterschied erklären kann.

37 Das nominelle BIP gibt keine zuverlässige Auskunft über die Entwicklung der Wirtschaft. Welchen Mangel hat es (im Gegensatz zum realen BIP)?

38 Wie nennt man den Wechsel von grösserer und kleinerer Wachstumsrate der Produktion in Unternehmen und Staat?

39 Unsere Wirtschaft befindet sich in einem dauernden Strukturwandel. Das zeigt sich unter anderem daran, dass sich die Beschäftigungszahlen in den drei Wirtschaftssektoren im Laufe der letzten hundert Jahre stark gewandelt haben.

A] Vervollständigen Sie die folgende Tabelle zu den drei Wirtschaftssektoren und leiten Sie aus der Abbildung 4-10, S. 67 ab, wie sich die Anteile der Beschäftigten in den drei Wirtschaftssektoren zwischen 1900 und 2000 verändert haben.

1. Sektor = _____ : Beschäftigte 1900 _____ % → Beschäftigte 2000 _____ %
2. Sektor = _____ : Beschäftigte 1900 _____ % → Beschäftigte 2000 _____ %
3. Sektor = _____ : Beschäftigte 1900 _____ % → Beschäftigte 2000 _____ %

B] Wir haben drei Hauptgründe für diese Entwicklung genannt. Welche sind es?

5 Konjunkturschwankungen und Konjunkturpolitik

Lernziele

Nach der Bearbeitung dieses Kapitels können Sie …

- Konjunkturschwankungen als Schwankungen um das Produktionspotenzial beschreiben und die Begriffe Konjunkturaufschwung, Hochkonjunktur, Konjunkturabschwung sowie Rezession richtig zuordnen.
- Arbeitslosigkeit als Folge von Konjunkturabschwüngen und Inflation als Folge von Konjunkturaufschwüngen erläutern.
- erklären, weshalb es auch in Hochkonjunkturzeiten Arbeitslosigkeit geben kann.
- die Unterschiede zwischen Nachfrage- und Angebotsinflation beschreiben.
- zeigen, wie Konjunkturaufschwünge und -abschwünge zu einer sich selbst verstärkenden Kreislaufwirkung führen können.
- erklären, wie der Staat und die Notenbank mit ihrer Konjunkturpolitik die Schwankungen ausgleichen können.

Schlüsselbegriffe

Angebotsinflation, Deflation, Depression, Gesamtnachfrage nach inländischen Gütern, Hochkonjunktur, konjunkturelle Arbeitslosigkeit, Konjunkturpolitik, Konjunkturschwankungen, Lohn-Preis-Spirale, Nachfrageinflation, OPEC (Organisation der Erdöl exportierenden Länder), Preis-Lohn-Spirale, Produktionspotenzial, Rezession, Sockelarbeitslosigkeit, strukturelle Arbeitslosigkeit, Sucharbeitslosigkeit (friktionelle Arbeitslosigkeit)

Wir stellen fest, dass das **BIP** ständig schwankt. Das bedeutet, dass die Aktivitäten in der Wirtschaft schwanken. Man spricht von **Konjunkturschwankungen.** Ihre unerwünschten Folgen sind je nach Situation Anstieg der **Arbeitslosigkeit** oder **Inflation.** Die **Konjunkturpolitik** versucht, die Schwankungen zu glätten und so Arbeitslosigkeit und Inflation zu verhindern bzw. zu bekämpfen.

5.1 Stetiges Potenzialwachstum, schwankendes BIP-Wachstum

Das Produktionspotenzial von Unternehmen und Staat

Bevor wir uns in die Konjunkturschwankungen vertiefen, müssen wir uns vergegenwärtigen, dass die Unternehmen und der Staat Jahr für Jahr etwas mehr produzieren können, weil sie immer **mehr** und immer **effizientere Ressourcen einsetzen** und diese immer **effizienter nutzen.**

Über eine ganze Volkswirtschaft hinweg gesehen, könnte die **Produktion recht regelmässig zunehmen.** Zwar gibt es immer wieder spektakuläre Produktionssteigerungen, doch geschehen solche Sprünge in einzelnen Unternehmen oder Branchen, während an Tausenden von anderen Orten nur leicht effizienter als im Vorjahr gearbeitet wird.

Oder im Fachjargon: **Das Produktionspotenzial von Unternehmen und Staat steigt recht gleichmässig an.** Mit Produktionspotenzial bezeichnet man die Produktionsmöglichkeiten von Unternehmen und Staat bei voller Kapazitätsauslastung, d. h. bei gut ausgelasteten, aber nicht überlasteten Produktionskapazitäten. Anstatt Produktionspotenzial sagt man auch **potenzielles BIP.**

Die unten stehende Abbildung zeigt die Situation für die Schweiz: Das **Produktionspotenzial** von Unternehmen und Staat steigt um 1.5 bis 2% pro Jahr.

Damit könnten wir auch jedes Jahr 1.5 bis 2% mehr verbrauchen, konsumieren und investieren. Und pro Kopf könnten wir jährlich fast 1% mehr ausgeben. Erinnern Sie sich daran, dass unsere Konsumansprüche weit über die vorhandenen Güter hinauszielen. Der Wunsch nach noch mehr Gütern ist bei den meisten Menschen, bei armen wie bei reichen, ungebrochen vorhanden. Fällt Ihnen auf, ob Sie dieses Jahr 1% mehr ausgeben als letztes Jahr?

Abb. [5-1] Produktionspotenzial und tatsächliche Produktion in der Schweiz

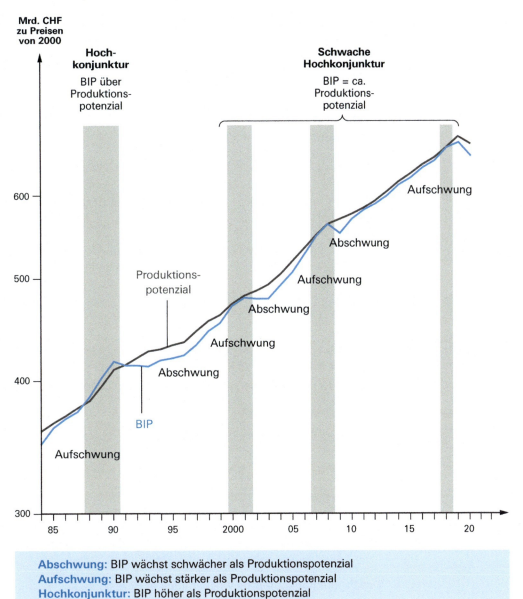

Abschwung: BIP wächst schwächer als Produktionspotenzial
Aufschwung: BIP wächst stärker als Produktionspotenzial
Hochkonjunktur: BIP höher als Produktionspotenzial

Quellen: Bundesamt für Statistik und Schätzungen aufgrund von Daten der KOF / ETH

Die Gesamtnachfrage wächst nicht gleichmässig

Doch unsere Gesamtnachfrage nach Gütern wächst sehr unregelmässig. Die Verkäufe der Unternehmen können deshalb nicht immer im Gleichschritt mit den steigenden Produktionsmöglichkeiten ansteigen. Nicht selten – wie in den Jahren 1982, 2003 und 2009 – gehen die Verkäufe sogar zurück. Abschwächungen der Gesamtnachfrage und der Verkäufe nennt man Konjunkturabschwünge oder Rezessionen, in milden Fällen spricht man von Dellen oder Abkühlungen, in schweren Fällen von Depressionen.

Wodurch werden konjunkturelle Abschwünge ausgelöst?

Die Gesamtnachfrage kann durch die verschiedensten schweren Störungen, durch **Schocks,** brüsk verringert werden.

Eine ganze Reihe von Auslösern können infrage kommen, z. B. **Kriegsangst.** Wird die Zukunft düster eingeschätzt, dann kann die Gesamtnachfrage zurückgehen. Viele Haushalte sparen und schränken ihre Konsumausgaben ein.

Gehen die Konsumausgaben zurück, verdüstern sich natürlich die Geschäftsaussichten der Unternehmer. Bestehen aber kleinere Gewinnaussichten, investieren die Produzenten von Konsumgütern weniger. Dabei gehen die Investitionen viel stärker zurück als Konsumausgaben, sodass die **Investitionen** trotz ihres kleinen Gewichts die Gesamtnachfrage sehr fühlbar mitbestimmen.

Spekulationskrisen können die Zukunftsaussichten stark beeinträchtigen. Ein **Preissturz im Immobilienhandel** ist häufig das Signal für eine beginnende Rezession.

Ein viel diskutierter Grund für einen Konjunkturabschwung ist ein **Börsenkrach.** Nach einem Crash fühlen sich viele Leute ärmer als vorher. Manche, die sich vorher steinreich fühlen konnten, haben nach einem Crash sogar Schulden. Deshalb könnte weniger konsumiert werden und die Gesamtnachfrage zurückgehen.

Vielleicht sind aber platzende **Spekulationsblasen** nicht Auslöser einer Krise, sondern nur eine Folge von Krisenängsten. Immobilienpreise und Aktienkurse reagieren ja auf Vorstellungen über zukünftige Erträge. Gibt es also Anzeichen für einen Konjunkturabschwung mit niedrigeren Erträgen oder steigt die Angst davor, dann sinken die Preise für Immobilien und Aktien.

Vergessen wir schliesslich nicht, dass heutige Volkswirtschaften durch internationalen Handel eng verbunden sind. Geht in irgendeinem Land aus irgendeinem Grund die Gesamtnachfrage zurück, importiert es weniger aus anderen Ländern, d. h., seine Handelspartner können weniger **exportieren.** Ein Konjunkturabschwung in wichtigen Handelsländern wie den USA, Deutschland oder Japan hat so für fast alle Länder der Welt Verkaufsschwierigkeiten zur Folge. Besonders in kleinen Volkswirtschaften, bei denen die Exporte eine besonders grosse Rolle spielen, beginnt ein Konjunkturabschwung meist damit, dass die Exporte zurückgehen. So ist der Rückgang der Exporte gerade für die Schweiz ein wichtiger Auslöser von Konjunkturabschwüngen.

5.2 Konjunkturschwankungen und Arbeitslosigkeit

Das Produktionspotenzial wächst auch in Rezessionen

Die technischen und organisatorischen Umwälzungen in der Produktion gehen unaufhaltsam weiter und das Produktionspotenzial von Unternehmen und Staat steigt unaufhaltsam an – zu einem grossen Teil unabhängig davon, ob die Verkäufe gut laufen oder stocken.

Wenn nun die Gesamtnachfrage, und damit das BIP, weniger schnell wächst als das Produktionspotenzial, öffnet sich eine Lücke von unausgelasteten Produktionskapazitäten. Ein Teil der Angestellten wird nicht mehr benötigt. Viele der Unterbeschäftigten werden entlassen. Die Zahl der Arbeitslosen steigt. **Arbeitslosigkeit, die sich ergibt, weil die Gesamtnachfrage nach Gütern zurückgeht, nennt man konjunkturelle Arbeitslosigkeit.**

Rezession und Arbeitslosigkeit in der Schweiz

Auch in der Schweiz lässt sich der Zusammenhang von unausgelasteten Kapazitäten und Arbeitslosenquote beobachten: Kaum wächst das BIP weniger stark als das Produktionspotenzial, also um weniger als 1.5 bis 2%, steigt die Arbeitslosigkeit. Dies können Sie beobachten in den Jahren 1982/83, 1991–1996, 2002/03 und 2009.

Soll in der Schweiz bei unveränderter Arbeitszeit die Arbeitslosigkeit nicht zunehmen, müssen die Verkäufe von schweizerischen Waren und Dienstleistungen wenigstens um 1.5 bis 2% wachsen.

Abb. [5-2] Produktionspotenzial, tatsächliche Produktion und Arbeitslosigkeit in der Schweiz

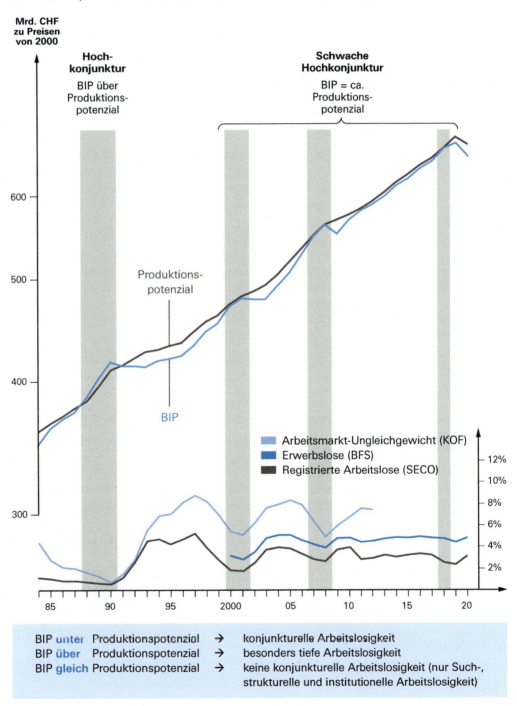

BIP unter Produktionspotenzial → konjunkturelle Arbeitslosigkeit
BIP über Produktionspotenzial → besonders tiefe Arbeitslosigkeit
BIP gleich Produktionspotenzial → keine konjunkturelle Arbeitslosigkeit (nur Such-, strukturelle und institutionelle Arbeitslosigkeit)

Quellen: Bundesamt für Statistik und Schätzungen aufgrund von Daten der KOF / ETH

Im Konjunkturaufschwung sinkt die Arbeitslosigkeit

Bis jetzt ist jedem Abschwung wieder ein Aufschwung gefolgt. Dann wächst die Gesamtnachfrage schneller als das Produktionspotenzial und die Produktionskapazitäten werden besser ausgelastet. Die Beschäftigung nimmt zu und die Arbeitslosigkeit sinkt. Steigt in der Schweiz die Gesamtnachfrage um mehr als 1.5 bis 2%, sinkt in der Regel die konjunkturelle Arbeitslosigkeit.

Arbeitslose auch noch in der Hochkonjunktur

Ist das Produktionspotenzial von Unternehmen und Staat erreicht, haben aber noch nicht alle Erwerbstätigen eine Stelle gefunden. Nur die konjunkturelle Arbeitslosigkeit ist verschwunden. Dafür gibt es drei Hauptgründe:

Unsere Arbeitswelt ist in ständigem Wandel. Es gehört zum Marktsystem, dass Branchen ihre Produktion verkleinern müssen und Leute entlassen werden. Dafür gibt es auf der anderen Seite rentablere Branchen, die ihre Produktion vergrössern und neue Leute einstellen. Alte Berufe werden überflüssig, neue entstehen.

Dieser Strukturwandel kann sehr schmerzhaft sein. Häufig werden Arbeitskräfte durch Umstrukturierungen für längere Zeit arbeitslos. Gibt es für sie nur in anderen Berufen oder Regionen freie Stellen, müssen sich die Arbeitslosen umschulen und in eine andere Gegend umziehen. Werden als Folge des Strukturwandels Leute arbeitslos, spricht man von struktureller Arbeitslosigkeit. Strukturelle Arbeitslosigkeit gibt es, wenn auf den Arbeitsmärkten das Angebot an Arbeitskräften in qualitativer oder regionaler Hinsicht nicht mit der Nachfrage übereinstimmt.

Der ständige Wandel in unserer Gesellschaft hat noch eine andere Art von Arbeitslosigkeit zur Folge: die Sucharbeitslosigkeit, auch friktionelle Arbeitslosigkeit genannt. Sie entsteht, weil unsere Arbeitsmärkte unübersichtlich sind. Viele Stellensuchende wissen nicht, wo jemand gebraucht wird, und auch Unternehmen benötigen Zeit, um die passenden Arbeitskräfte zu finden. So sind nicht wenige arbeitslos, obwohl genau die richtige Stelle für sie offen wäre. Sucharbeitslos sind typischerweise Personen, die den Beruf wechseln oder in eine andere Gegend ziehen, Schulabsolventen und Frauen, die nach einer Unterbrechung ins Berufsleben zurückkehren, wenn die Kinder grösser geworden sind.

Auch die politischen und gesellschaftlichen Rahmenbedingungen haben einen Einfluss auf die Höhe der Arbeitslosigkeit. Sie können den Strukturwandel erleichtern oder erschweren. Wenn also institutionelle Schranken den Strukturwandel erschweren und den Ausgleich zwischen Angebot und Nachfrage verhindern, gibt es institutionelle Arbeitslosigkeit.

Über die Gründe für institutionelle Arbeitslosigkeit streitet man sich gerne. Dabei geht es um unflexible Löhne, Mindestlöhne, zu grosszügige Leistungen für Arbeitslose oder Sozialhilfebezüger, Kündigungsschutz, der Unternehmen vorsichtig bei Neuanstellungen macht, oder Erschwernisse beim Verkauf und Kauf von Wohneigentum oder beim Wechseln von Mietwohnungen.

Hier beschränken wir uns auf die Mindestlöhne bei niedrig qualifizierten Arbeitskräften. Im folgenden Anhang wird gezeigt, wie in diesem einfachen Fall Mindestlöhne wirken könnten.

Fazit: vier Arten von Arbeitslosigkeit

Sie können nun vier Gründe für Arbeitslosigkeit unterscheiden:

1. **Konjunkturelle Arbeitslosigkeit.** Sie ist die Folge eines Konjunkturabschwungs und sie verschwindet, wenn das BIP das Produktionspotenzial erreicht hat.
2. **Strukturelle Arbeitslosigkeit.** Sie ergibt sich, weil auf den Arbeitsmärkten das Angebot an Arbeitskräften in qualitativer oder regionaler Hinsicht nicht mit der Nachfrage übereinstimmt.
3. **Sucharbeitslosigkeit.** Hier ist nur das Suchen das Problem. Sie ergibt sich, weil man beim Stellenwechsel wegen fehlender Transparenz nicht immer sofort wieder eine neue Stelle finden kann.
4. **Institutionelle Arbeitslosigkeit.** Sie ergibt sich, weil institutionelle Schranken den Strukturwandel erschweren und den Ausgleich zwischen Angebot und Nachfrage verhindern.

Hinweis In den Medien hört man oft, wie jene Arbeitslosigkeit, die keinen konjunkturellen Grund hat, unter dem irreführenden Begriff «Sockelarbeitslosigkeit» zusammengefasst werden. Doch ist dies eigentlich kein Begriff der Volkswirtschaftslehre – zu Recht, denn er vermittelt die Vorstellung von einem festen, unverrückbaren Sockel. Sucharbeitslosigkeit, strukturelle und institutionelle Arbeitslosigkeit sind aber nicht immer gleich hoch.

5.3 Konjunkturschwankungen und Nachfrageinflation

In einem Aufschwung kann die Gesamtnachfrage so ungestüm wachsen, dass sie über das Produktionspotenzial hinauswächst. Dann ist **Hochkonjunktur**. Die Unternehmen können das Produktionspotenzial durch aussergewöhnliche Anstrengungen überschreiten: Es werden Überstunden geleistet. Und es werden intensiver Arbeitskräfte gesucht und auch Leute eingestellt, die bei normaler Konjunkturlage nicht so schnell eine Anstellung fänden. Sie erhalten jetzt die Chance, die nötigen Qualifikationen während der Arbeit zu erwerben.

Mit anderen Worten: In einer **Hochkonjunktur** verschwindet nicht nur die **konjunkturelle** Arbeitslosigkeit, es können sich sogar auch die **Sucharbeitslosigkeit, die strukturelle** und die **institutionelle Arbeitslosigkeit** etwas verringern!

Hochkonjunkturjahre sind erfreuliche Zeiten. Doch leider gibt es auch hier ein Problem. Bei längeren Lieferfristen heben die Unternehmen die **Preise** an. Und sind die Arbeitskräfte besonders knapp, steigen auch die Löhne stärker, was die Preise ebenfalls nach oben drückt.

Kurz: **Eine zu grosse Gesamtnachfrage führt zu steigenden Inflationsraten.** Sie können sich mit der unten stehenden Abbildung am Fall der Schweiz überzeugen:

- Kaum **wächst** das tatsächliche BIP nahe an das Produktionspotenzial heran oder darüber hinaus, steigt die Inflation.
- Sinkt das BIP unter das potenzielle BIP (Produktionspotenzial), gibt es also vermehrt **unausgelastete Kapazitäten,** sinken die Inflationsraten. Manchmal verzögert sich die Wirkung um ein Jahr.

Verharrt das BIP lange Zeit **unter dem Produktionspotenzial,** können die Inflationsraten so lange sinken, bis sie negativ werden – das Preisniveau sinkt also, es herrscht **Deflation**. Die Gefahr einer Deflation ist dort geringer, wo viele Preise gegen unten starr sind, insbesondere wenn die Nominallöhne nicht fallen. Seit 2009, mit der Hypotheken- und Bankenkrise, sind aber Befürchtungen verbreitet, die Schweizer Wirtschaft könnte in eine anhaltende Deflation abgleiten.

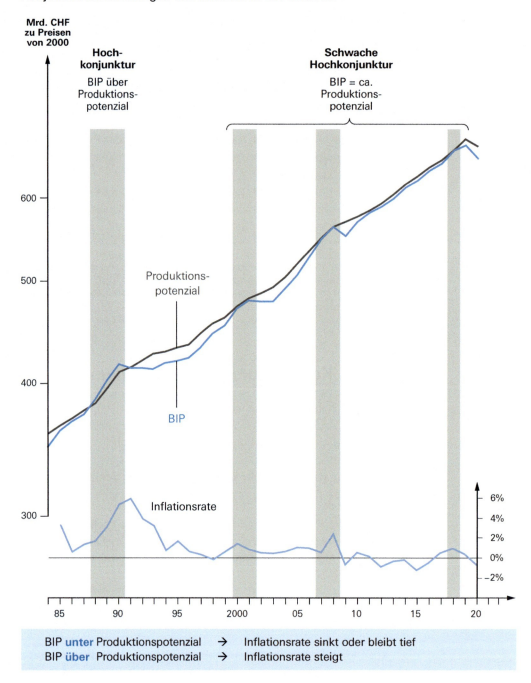

Abb. [5-3] Konjunkturschwankungen und Inflation in der Schweiz

Quellen: Bundesamt für Statistik und Schätzungen aufgrund von Daten der KOF / ETH

5.4 Inflation erweitert: Angebotsinflation

Nachfrageinflation hat ihren Grund in einer zu grossen Nachfrage. Es gibt aber auch Inflationsimpulse, die vom Angebot ausgehen: Angebotsinflation.

Marktmacht ermöglicht eigenmächtige Preiserhöhungen

Beschränkungen des Wettbewerbs machen Angebotsinflation möglich. Durch ein Monopol, ein Kartell oder durch Absprachen können Unternehmen ihre Preise höher festsetzen, als dies bei freiem Spiel von Angebot und Nachfrage möglich wäre. Berühmt sind die höheren Erdölpreise, die das Kartell der Erdölstaaten, die OPEC, schon mehrmals durchsetzen konnte. Dann werden Autofahren und Heizen teurer. Auch die Kosten vieler Unternehmen steigen. Und natürlich versuchen die Unternehmen, die höheren Kosten auf ihre Absatzpreise zu überwälzen. Je grösser ihre Marktmacht, desto grösser ihr Erfolg.

Eine Ölpreiserhöhung ist in der Regel eine einmalige Sache und würde entsprechend zu einem einmaligen Preisschub führen. Anschliessend würde sich das Preisniveau auf höherem Niveau wieder stabilisieren, die Inflationsraten würden also wieder sinken. Nun gibt es aber Angebotskräfte, die eine Inflation über längere Zeit in Gang halten können:

Die Preis-Lohn-Spirale

Sehen wir uns die Situation der Konsumenten an: Auf vielen Gütermärkten stehen zwar die Haushalte der Marktmacht von Unternehmen recht wehrlos gegenüber. Bei Preiserhöhungen bleibt ihnen nur, weniger zu kaufen. Vielen gelingt es aber, sich auf den Arbeitsmärkten schadlos zu halten. Dank Gewerkschaften und Personalverbänden verfügen auch sie über Marktmacht. Das beiderseitige Interesse an friedlichen Beziehungen innerhalb der Unternehmen, eine langjährige Tradition oder auch langfristige Verträge sichern den Arbeitern zu, dass sich die Kaufkraft ihrer Löhne nicht verringert. Das bedeutet, dass die nominalen Löhne am Ende des Jahres mindestens der Teuerung entsprechend ansteigen.

Die höheren Löhne schmälern aber wiederum die Gewinne der Unternehmen. Doch wer über Marktmacht verfügt, wird den grössten Teil der nominalen Lohnerhöhungen auf seine Güterpreise überwälzen können. Damit sind die höheren Löhne bald wieder so wenig wert wie vor dem gewerkschaftlichen Lohnerfolg. Erringen die Arbeiter einen weiteren Teuerungsausgleich und werden diese Kostensteigerungen von den Unternehmen wieder auf die Preise überwälzt, so kommt ein schwer zu bremsender Inflationsmechanismus in Gang. Es kommt zur berühmten Lohn-Preis-Spirale oder Preis-Lohn-Spirale – je nachdem, ob betont wird, die ersten Teuerungsimpulse seien von den Löhnen oder von den Güterpreisen ausgegangen.

Abb. [5-4]   Angebotsinflation: Preis-Lohn-Spirale, Lohn-Preis-Spirale

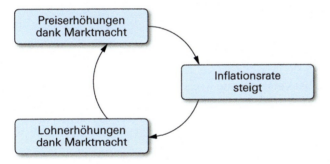

5.5 Konjunkturschwankungen vertieft: die konjunkturelle Dynamik

Eine sich selbst verstärkende Kreislaufwirkung im Abschwung

Sie wissen schon, wie ein Konjunkturabschwung beginnen kann. Warum aber kann ein Abschwung manchmal über mehrere Jahre hinweg dauern und sich ausweiten? Dazu gibt es eine im Prinzip einfache Modellvorstellung. Entsteht aus irgendeinem Grund ein Konjunkturabschwung, kann ein Teufelskreis in Gang kommen:

- Verringern sich die Verkäufe, werden selten sofort die Preise gesenkt, um neue Kunden zu finden. Schneller schränken Unternehmen die Produktion ein und entlassen Leute.
- Die Entlassenen haben (trotz Arbeitslosenkasse) weniger Geld und kaufen weniger. Es werden merkbar weniger Möbel, Autos, Kleider, Fernsehapparate usw. verkauft. Nun stockt der Absatz in vielen Läden.
- Immer mehr sind verängstigt. Auch wer nicht entlassen wird, aber Angst vor einem Stellenverlust hat, schränkt sich ein. Die Verkäufe sinken noch stärker.
- Und wenn Löhne gekürzt oder Lohnkürzungen erwartet werden, lähmt dies den Konsum ebenfalls. Die gleiche Wirkung hat die Abwanderung von Arbeitskräften.

- In einer Rezession sinkt die Inflation. Dauert die Rezession lange, könnte die **Inflationsrate sogar negativ werden, Deflation!** Insbesondere bei einer tiefen Rezession könnten sich Preisnachlässe so ausbreiten, dass wir eine Deflation erleben – man spricht dann auch von einer Depression. Dies ist insbesondere dann möglich, wenn die wichtigsten Kosten, die Löhne, auch sinken.
- **Eine Deflation aber hätte sehr unangenehme Folgen:** Ein klar fallendes Preisniveau dämpft die Gesamtnachfrage zusätzlich. Es lohnt sich, da und dort mit Käufen zuzuwarten, bis die Preise weiter gesunken sind. Die Rezession wird sich darum verstärken.

Kurz: Eine grosse Einkommenseinbusse führt zu einer sich selbst verstärkenden Reaktion. Kleinere Einkommen führen zu kleineren Ausgaben, diese zu Arbeitslosigkeit in verschiedensten Branchen, worauf die Einkommen noch mehr sinken usw.

Abb. [5-5]   **Die konjunkturelle Kreislaufwirkung im Abschwung**

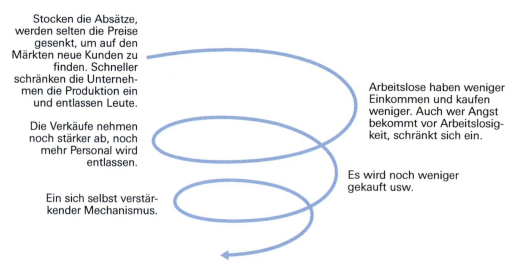

Eine sich selbst verstärkende Kreislaufwirkung im Aufschwung

Die **konjunkturelle Dynamik** wirkt auch in die positive Richtung. Dann erleben wir einen konjunkturellen Aufschwung:

- Verkaufen die Unternehmen viel, **wachsen** ihre Auftragsbestände. Es wird **mehr** produziert. Mehr Leute werden **eingestellt,** mit der Zeit vermehrt auch aus dem Ausland.
- Die Einkommen **steigen,** die Angst vor Arbeitslosigkeit sinkt.
- Die **Verkäufe** nehmen noch stärker zu, noch mehr Leute werden eingestellt.
- Es wird noch **mehr** gekauft. So fragen z. B. Einwanderer Wohnungen nach usw. – wiederum ein sich selbst verstärkender Mechanismus.

Abb. [5-6]   **Die konjunkturelle Kreislaufwirkung im Aufschwung**

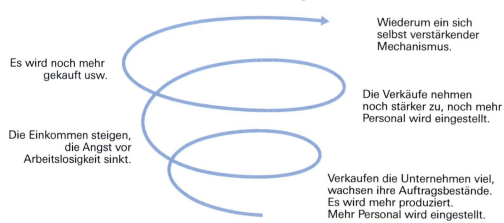

In der Wirtschaftskrise der 1930er-Jahre wurden in den USA 25% aller Arbeitskräfte arbeitslos, in Deutschland sogar über 30%. Unter diesem Eindruck hat der englische Ökonom **John Maynard Keynes** (1883–1946) eine bahnbrechende Theorie entwickelt, um Konjunkturschwankungen zu verstehen.

Seither wurde seine Sichtweise in der Diskussion von Gegnern und Befürwortern verfeinert und neuen wirtschaftlichen Entwicklungen angepasst. Allen keynesianischen und neukeynesianischen Theorien ist aber eine Grundannahme gemeinsam: Sie analysieren die **sich selbst verstärkenden Mechanismen** im Wirtschaftskreislauf.

Sie kennen das **Kreislaufmodell,** in dem wir das BIP und das BNE berechnet haben. BIP und BNE wurden für konjunkturelle Zwecke konzipiert!

Abb. [5-7]   Sich selbst verstärkende Wirkungen im Kreislaufmodell

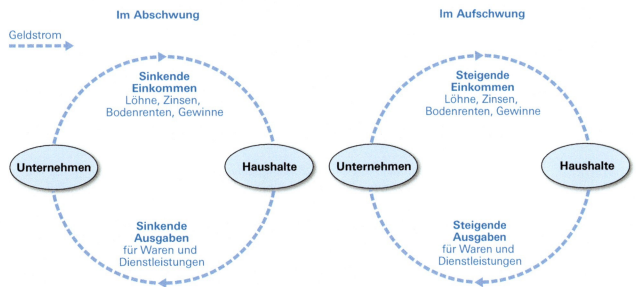

Im Modell sind nur die **Geldströme** eingezeichnet, die Märkte sind weggelassen. Das Modell hebt hervor, wie niedrigere Einkommen direkt zu kleineren Ausgaben führen, und diese wiederum direkt zu einer Verminderung der Produktion und der Einkommen. Oder wie umgekehrt höhere Einkommen direkt zu grösseren Ausgaben führen, und diese wiederum direkt zu einer Steigerung der Produktion und der Einkommen.

Die Entscheide der **Unternehmen** wirken also **direkt** auf die Entscheide der Haushalte und die Entscheide der **Haushalte** wirken wiederum **direkt** auf die Unternehmen. Nur so verstehen wir, wie sich Konjunkturab- oder -aufschwünge verstärken können.

Die **konjunkturellen Spiralen** werden in hohem Masse von Stimmungen begleitet. In Aufschwüngen ist man optimistisch und in Rezessionen pessimistisch. Interessant ist, dass diese Stimmungen ansteckend sind. Die Zukunftsvorstellungen vieler Menschen schwanken gleichförmig und verstärken die konjunkturelle Dynamik:

Stimmungen im Aufschwung

Optimismus ist eine Voraussetzung, um unternehmerisch tätig zu sein. Und im Aufschwung sieht man besonders viele **neue Möglichkeiten:**

- Dank effizienteren Herstellungsverfahren können **neue Märkte erobert** werden, neue Produkte werden verstärkt lanciert, Produktionsanlagen werden erweitert, Unternehmen haben Mühe, Arbeitskräfte zu finden. Darum wird geklagt, der Produktionsfortschritt sei zu klein, man verliere Kunden wegen zu langer Lieferfristen.

- Die Gewinne steigen, Konkurse werden seltener. Es gibt aber auch immer mehr Unternehmen, die nur dank dem generellen Aufschwung überleben.
- Banken werden unvorsichtiger bei der Kreditvergabe. Das Finanzsystem häuft im Laufe eines Aufschwungs Risiken an. Anreiz dazu geben Prestige und Bonuszahlungen, die vom kurzfristig erwirtschafteten Gewinn oder einfach vom Umfang der abgeschlossenen Geschäfte abhängen. So wird belohnt, wer Risiken eingeht. Skeptiker, die nicht mehr mitmachen, überlassen das Geschäft den weniger Vorsichtigen. Vorsichtige Szenarien werden als unrealistisch oder weltfremd abqualifiziert, gewarnt wird höchstens privat.
- Die Bürger werden wohlhabender und verlangen bessere Staatsleistungen, sodass der Staat immer mehr Aufgaben übernimmt. Im Aufschwung fliessen ja auch die Steuereinnahmen reichlicher.
- Die Preise steigen, auch die Immobilienpreise. Jetzt ist die Zeit für Spekulanten gekommen. Sie kaufen Immobilien, um sie kurze Zeit später sehr viel teurer weiterzuverkaufen. Um sich vor der Inflation zu schützen, flüchten sich viele in Sachwerte, was die Inflation weiter anheizt. Es lohnt sich, geplante Projekte (Produktionserweiterungen, Strassen- und Schulbauten) lieber heute statt morgen in Angriff zu nehmen. An eine kommende Rezession wird kaum gedacht. Es ist ja auch kein Grund dafür in Sicht (ausser, dass bis jetzt noch jeder Aufschwung durch einen Abschwung beendet worden ist).

Stimmungen im Abschwung

Viele Probleme, die in der Hochkonjunktur verborgen blieben und kaum mehr wahrgenommen wurden, treten dafür im Abschwung umso heftiger auf:

- Viele Unternehmen geraten in Schwierigkeiten, Konkurse häufen sich. Zum Teil sind es Unternehmen, die nur dank der Hochkonjunktur überlebt haben, viele geraten aber auch in vorübergehende, rein konjunkturelle Probleme. Leider ist es im konkreten Fall nicht immer klar, ob die Probleme struktureller oder konjunktureller Art sind. Im Abschwung aber tendiert man dazu, auch konjunkturelle Probleme als längerfristige wahrzunehmen.
- Die Banken werden zurückhaltender. Neue Projekte erscheinen riskanter und erhalten weniger Kredit. Der Pessimismus der Banken verstärkt den Teufelskreis.
- Ist es in der Hochkonjunktur zu Immobilienspekulation und Flucht in die Sachwerte gekommen, platzt im Abschwung die spekulative Blase. Die Bodenpreise sinken, Büroräume und auch Wohnungen stehen leer, so wie in der Schweiz nach 1991 oder in den USA und Spanien nach 2008. Dass noch mehr gebaut werden müsse, können sich viele nicht vorstellen. So verzichtet man nicht nur auf kurzfristige Projekte, sondern auch auf viele längerfristige.
- Wer investiert, versucht eher Kosten zu senken. Auch wenn die Verkäufe nicht steigen, gehen der organisatorische und der technische Fortschritt weiter und Arbeitskräfte können eingespart werden. Auch wer das konjunkturelle Auf und Ab schon manchmal erlebt hat, ist beeindruckt, wie Arbeitsplätze vernichtet werden. So taucht in längeren Abschwüngen stets die Sorge auf, der technische Fortschritt nehme uns die Arbeit weg.
- Im Abschwung sinken die Steuereinnahmen des Staats; Gemeinden, Kantone und Bund erzielen hohe Defizite. Politiker, die nicht daran glauben wollen, dass ein Aufschwung wieder Überschüsse bringen würde, sparen und verstärken damit den Abschwung noch. Die Rufe nach einem Abbau der Sozialeinrichtungen werden im Abschwung lauter. Bildungsinvestitionen gehen zurück. Das trägt dazu bei, dass die Bevölkerung pessimistischer in die Zukunft blickt.

In den Medien, Vorträgen und bei Diskussionen in Unternehmensverbänden, Gewerkschaften und unter Politikern rechnet man nicht mit einem baldigen Aufschwung; und wenn er doch kommen sollte, würde er nie mehr so stark sein wie der vergangene.

Ist dann der Aufschwung einmal da, ändert sich die Zukunftseinschätzung nach und nach. Man orientiert sich neu, man vergisst, was man im Abschwung gedacht hat. Ringsum spricht man jetzt von neuen Möglichkeiten … So wie Sie noch manchen Ab- und Aufschwung erleben werden, werden Sie auch noch manche Änderungen in der Einschätzung der Zukunft bei sich, in Ihrer Umgebung und in den Medien beobachten können.

5.6 Expansive und restriktive Konjunkturpolitik

Was lässt sich gegen Konjunkturschwankungen, konjunkturelle Arbeitslosigkeit und Inflation tun? Nicht wenige verlangen vom Staat, dass er der Gesamtnachfrage zu einem stabilen Wachstum verhelfen soll. Die Ziele sind einfach:

In einem Abschwung sind die Kapazitäten einer Volkswirtschaft nicht voll ausgelastet, Maschinen stehen still, Leute sind arbeitslos. Der Staat soll dann die Gesamtnachfrage ausweiten. In diesem Fall verfolgt er eine expansive Konjunkturpolitik.

In einem Aufschwung besteht die Gefahr, dass die Gesamtnachfrage über das Produktionspotenzial hinauswächst und die Inflationsrate ansteigt. In solchen Zeiten soll der Staat die Gesamtnachfrage drosseln. In der Fachsprache heisst das, der Staat betreibt dann eine restriktive Konjunkturpolitik.

Abb. [5-8] Expansive Konjunkturpolitik in der Rezession, restriktive Konjunkturpolitik in der Hochkonjunktur

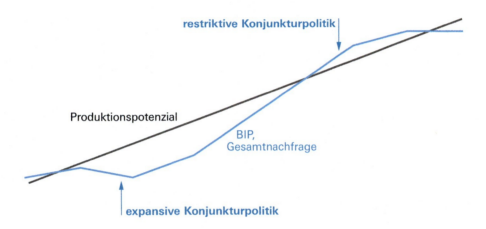

Verfolgt der Staat in der Hochkonjunktur eine restriktive und in einer Rezession eine expansive Konjunkturpolitik, spricht man von einer antizyklischen Konjunkturpolitik. Dabei hat der Staat hauptsächlich zwei Möglichkeiten, das BIP-Wachstum zu stabilisieren:

- Die Ausgaben- und Einnahmenpolitik der Regierung
- Die Geldpolitik der Notenbank

5.7 Konjunkturpolitik der Regierung

Im Abschwung expansive Konjunkturpolitik

Gerät die Wirtschaft in eine Rezession mit steigender Arbeitslosigkeit, kann die Regierung direkt eingreifen, indem sie ihre Ausgaben steigert und mit Staatsaufträgen für die Aufrechterhaltung der Gesamtnachfrage sorgt. Sie kann in solchen Zeiten z. B. mehr Strassen und Spitäler bauen oder mehr Eisenbahnzüge und Rüstungsgüter in Auftrag geben.

Zudem kann der Staat die Steuern verringern und so die Ausgabemöglichkeiten der Haushalte und Unternehmen vergrössern. Gibt der Staat mehr aus, während er die Steuern senkt, entsteht ein Staatsdefizit. Damit steigert der Staat die Gesamtnachfrage. Da ein Konjunkturabschwung nicht ewig dauert, sollte auch das Defizit nur vorübergehend sein. Ist nämlich die Rezession dank einer klugen Stabilitätspolitik aufgefangen, setzt wieder ein sich selbst verstärkender Aufschwung ein.

In der Hochkonjunktur restriktive Konjunkturpolitik

Wächst in einem Aufschwung die Gesamtnachfrage über das Produktionspotenzial hinaus, steigen die Preise immer schneller, d. h., die Inflationsrate steigt. Jetzt muss die Regierung die Gesamtnachfrage verringern, indem sie ihre Ausgaben senkt. Vergibt sie weniger Aufträge, verringert sich die Gesamtnachfrage direkt. Zugleich müssten die Steuern steigen. Damit bleibt den Investoren und Konsumenten entsprechend weniger Geld für ihre Nachfrage.

Abb. [5-9]   Antizyklische Konjunkturpolitik der Regierung ...

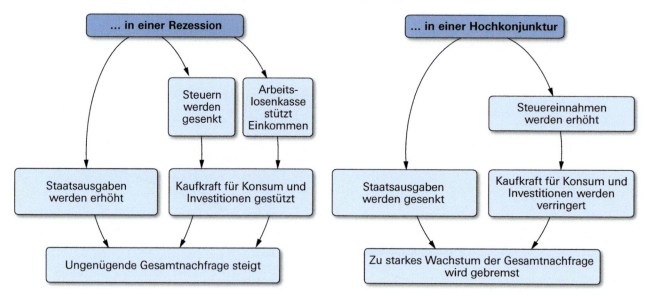

Was sind automatische Konjunkturstabilisatoren?

Selbst wenn die Regierung keine aktive Konjunkturpolitik betreibt, kann der Staat die Schwankungen etwas dämpfen:

- In einer Rezession gehen nämlich die Steuereinnahmen automatisch zurück, die progressiven Steuern sogar überproportional. Zudem steigen die Staatsausgaben, vor allem für die Arbeitslosenversicherung und andere soziale Aufgaben. Die Steuerentlastung und die soziale Absicherung stützen die Kaufkraft für Konsum- und Investitionszwecke.
- Umgekehrt wird in einem Aufschwung den Haushalten und Unternehmen mit steigenden Steuern zunehmend Kaufkraft entzogen. Vor allem progressive Steuern steigen stark an. Zudem gehen im Aufschwung die Zahlungen der Arbeitslosenversicherung und der Sozialhilfe zurück.

Automatische Stabilisatoren können aber nur dann wirken, wenn die Regierung keine gegenläufigen Entscheide fällt. Im Abschwung dürften sinkende Einnahmen nicht zu höheren Steuersätzen und Sozialversicherungsbeiträgen führen und die Ausgaben dürften nicht gekürzt werden. Analog dürften höhere Steuereinnahmen im Aufschwung kein Anlass für höhere Staatsausgaben oder Steuersenkungen sein.

Welche Probleme zeigen sich in der Praxis?

So überzeugend eine antizyklische Politik im Prinzip klingt, so grosse Probleme ergeben sich in der Praxis:

Konjunkturschwankungen werden durch den Aussenhandel von einem Land ins andere übertragen. Ebenso übertragen sich die Wirkungen der staatlichen Einnahmen- und Ausgabenpolitik. Erhöht eine Regierung die Nachfrage, hat sie wenig Kontrolle darüber, wie stark die inländischen Anbieter davon profitieren und wie viele ausländische Güter nachgefragt werden. Aus diesem Grund gibt es heute Wirtschaftsgipfelkonferenzen, an denen die wichtigsten Industrieländer versuchen, ihre Konjunkturpolitik abzustimmen.

Staatliche Ausgaben müssen ihre Wirkung zum richtigen Zeitpunkt entfalten. Verkehrt wäre, wenn die grossen zusätzlichen Ausgaben erst dann ins Rollen kämen, wenn schon wieder der nächste Aufschwung in vollem Gang ist und die Gesamtnachfrage eigentlich wieder verkleinert werden müsste. In der Schweiz ist der Entscheidungsprozess besonders langsam und dezentral, denn ein Grossteil der Ausgabenentscheide liegt ja bei den Kantonen und Gemeinden. In Ländern, wo die Steuersätze schnell geändert werden können, kann damit den Haushalten und Unternehmen rasch grössere Kaufkraft überlassen werden. Doch im schweizerischen politischen Prozess brauchen Änderungen von Steuersätzen recht viel Zeit.

Vor allem ist es einfacher, Steuern zu senken, als sie nachher wieder anzuheben. Ebenso sind Ausgaben leichter erhöht als verringert. Die Konjunkturpolitik mithilfe der staatlichen Ausgaben und Einnahmen ist deshalb häufig eine Einbahnstrasse. Das bedeutet, dass im Abschwung das Staatsdefizit wächst und dann im Aufschwung nicht abgebaut wird. Als Ergebnis verschuldet sich der Staat zunehmend.

Zu einer antizyklischen Politik würde gehören, dass man im Aufschwung Reserven für den nächsten Abschwung anlegt. Das staatliche Budget müsste über einen ganzen Konjunkturzyklus gesehen etwa ausgeglichen sein.

Die Vorstellung, dass das staatliche Budget nicht jedes Jahr, sondern nur über einen ganzen Konjunkturzyklus gesehen ausgeglichen sein müsste, gewinnt erst langsam an Boden:

- In einem Aufschwung (wenn die Steuereinnahmen reichlich fliessen) geben Bund, Kantone und Gemeinden grosszügig Geld aus und senken die Steuern. Damit weiten sie die Gesamtnachfrage aus, statt Reserven für die nächste Rezession anzulegen.
- Den Sparzwang entdecken Regierungen und Parlamente dann erst im Abschwung. Staatsaufträge und Staatsstellen werden gestrichen. Gleichzeitig steigen die direkten wie auch die indirekten Steuern und die Beiträge für die Arbeitslosenkasse. Das alles verringert die Kaufkraft der Haushalte, die Gesamtnachfrage wird gedrosselt, der Staat verschärft den Abschwung.

So verstärkt die schweizerische Politik die Konjunkturschwankungen in der Regel, statt sie zu glätten. In der Konjunkturpolitik der Regierung klafft eine grosse Lücke zwischen dem theoretisch Möglichen und dem in der Praxis Möglichen. Oft sind Politiker nicht in der Lage, eine Stabilitätspolitik umzusetzen. Aber es bleibt noch ein zweiter Weg, Konjunkturabschwünge zu verhindern oder zu lindern: die Geldpolitik der Notenbank.

5.8 Konjunkturpolitik der Notenbank

Die Notenbank kann den Geldumlauf erhöhen oder verringern. Wichtig ist, dass das Geld auf den Geldmärkten dadurch billiger oder teurer wird:

- Wenn die Notenbank sehr viel mehr Geld herausgibt, fallen die Zinsen für kurzfristige Kredite von einer Laufzeit von einem Tag bis etwa einem Jahr.
- Umgekehrt steigen bei einer Geldverknappung die kurzfristigen Zinsen. Die Schweizerische Nationalbank achtet nun darauf, dass sie so viel Geld herausgibt, dass die Kurzfristzinsen auf den freien Geldmärkten auf einem Niveau liegen, das sie für ihre Ziele anstrebt.

Aber Entscheidungen von Konsumenten und Investoren hängen hauptsächlich von den langfristigen Zinsen ab. Oft aber gelingt es den Notenbanken, über die kurzfristigen Zinsen auch die langfristigen zu beeinflussen – d. h., ohne mit grossen Geldmengen auf den riesigen Märkten für langfristiges Kapital intervenieren zu müssen. So bewirkt eine lockere Geldpolitik in der Regel ein niedrigeres Zinsniveau und eine restriktive Geldpolitik ein höheres Zinsniveau.

Doch in der tiefen Krise ab 2008 wagten die Notenbanken der USA, Englands und Japans sowie ab 2015 auch die EZB solche Interventionen auf den Obligationenmärkten. Unter dem Titel **Quantitative Lockerung** (engl. Quantitative Easing) kauften sie in riesigen Mengen Obligationen von Regierungen und Firmen, um direkt die **langfristigen Zinsen** zu senken.

Die Notenbank hat auch einen Einfluss auf die **Wechselkurse** – und damit auf die Exporte und Importe.

Und welches Ziel verfolgt die Notenbank mit ihrer Zinspolitik? «Die **Geldpolitik der Nationalbank** soll der Wirtschaft ermöglichen, ihr Produktionspotenzial auszuschöpfen, ohne dass mittelfristig die Preisstabilität gefährdet wird.» Auf der Website www.snb.ch, Rubrik Geldpolitik, finden Sie Angaben zu den offiziellen Zielen und den Massnahmen der Schweizerischen Nationalbank.

Im Abschwung expansive Geldpolitik

Verfolgen wir zuerst, wie niedrigere Zinsen die Gesamtnachfrage ankurbeln:

- Die **Notenbank erhöht ihre Geldmenge** mit dem Ziel, das Zinsniveau zu senken.
- Niedrige Zinsen können zu **höheren Investitionen** führen: Wer ein Haus bauen, seine Geschäftsräume erweitern oder neue Maschinen kaufen will, kann mit günstigeren Zinsen rechnen. Mit billigerem Geld wird in der Regel mehr investiert.
- Niedrige Zinsen können das **Sparen verleiden** und zu **höheren Konsumausgaben** verlocken. Tiefere Zinsen verbilligen die Abzahlungs- und Leasinggeschäfte und so steigt vor allem die Nachfrage nach Autos und Möbeln, die oft auf Kredit gekauft werden. Wird mit tieferen Zinsen mehr investiert und konsumiert, steigt die Gesamtnachfrage.
- Wie wiederum reagieren die Unternehmen auf die steigende Nachfrage? Sie **produzieren mehr,** unausgelastete Kapazitäten werden wieder genutzt, mehr Leute werden angestellt, die **Arbeitslosigkeit sinkt.**

Allerdings droht die Gefahr, dass die **Notenbank die Zinsen zu lange tief** lässt. Dann könnte die Gesamtnachfrage so stark ansteigen, dass die meisten Anbieter mit ihrer Produktion nicht mehr nachkommen, dass viele Unternehmen nur noch mit Überstunden mehr produzieren können und ihre Kunden mit langen Lieferfristen hinhalten. In einer solchen Hochkonjunktur steigen die Preise auf breiter Front, das bedeutet **Inflation.** Hier wird die Notenbank auf eine restriktive Konjunkturpolitik umschwenken:

Abb. [5-10]   Expansive Konjunkturpolitik (ohne Auslandeinflüsse)

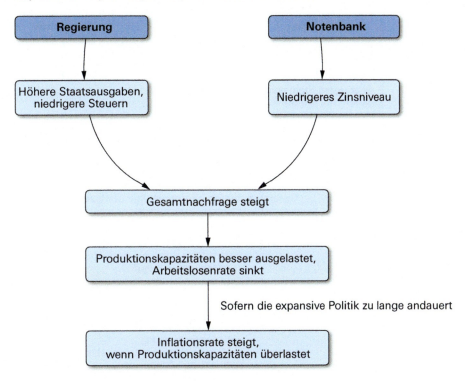

Erfolg einer expansiven Geldpolitik unsicher

Wie in der lang anhaltenden Krise seit 2008 sichtbar wurde, ist der Erfolg einer expansiven Geldpolitik nicht garantiert. Folgende Gründe stechen hervor:

- Die **Wirkung niedriger Zinsen ist beschränkt,** falls die Banken in einer Rezession aus Risikoscheu die Kreditvergabe einschränken und höhere Risikoprämien verlangen.
- Sind die Zinsen schon zu Beginn der Rezession nahe bei null, können sie kaum mehr gesenkt werden. Die **zinspolitischen Massnahmen sind dann ausgeschöpft.**
- Und gerät die Wirtschaft sogar in eine **Deflation,** können selbst bei Nominalzinsen von null die Realzinsen so hoch werden, dass viele Haushalte und Unternehmen ihre Schulden zurückzahlen und ihre Konsum- und Investitionsausgaben verringern (z. B. ergeben Nominalzinsen von 0% bei einer Deflation von 3% Realzinsen von 3%).
- Schliesslich können in einer tiefen Rezession die **Absatzerwartungen der Unternehmen** derart sinken, dass selbst sehr niedrige Zinsen kaum zu mehr Investitionen verleiten. Wenn Schulden zu stark drücken und Enttäuschung und Pessimismus vorherrschen, gibt es keine Garantie dafür, dass wegen tieferer Zinsen wieder mehr investiert wird.

In der Hochkonjunktur restriktive Geldpolitik

Eine restriktive Geldpolitik funktioniert analog der expansiven – nur in die andere Richtung:

- Die Notenbank **verringert ihre Geldmenge,** damit die Zinsen steigen.
- Mit höheren Zinsen fallen viele Berechnungen von Investitionsvorhaben weniger rentabel aus und es wird **weniger investiert.** Es wird weniger gebaut und auch viele andere Investitionspläne werden wegen steigender Zinsen verschoben.
- Durch höhere Zinsen wird auch etwas mehr gespart und dementsprechend **weniger konsumiert.** Auto- oder Möbelverkäufe werden gedrosselt.
- Gebremster Konsum und gebremste Investitionen ergeben zusammen eine **weniger stark ansteigende Gesamtnachfrage.** Sobald die Gesamtnachfrage unter das Produktionspotenzial fällt, füllen sich die Lager. Es wird weniger gearbeitet, die Zahl der Arbeitslosen steigt. Grössere Verkaufsanstrengungen werden nötig. Der Wettbewerb wird härter. Da und dort werden Kunden mit tieferen Preisen angelockt. Sobald die Gesamtnachfrage unter das Produktionspotenzial fällt, könnte sich der Preisanstieg wieder verringern.

Abb. [5-11]   Restriktive Konjunkturpolitik (ohne Auslandeinflüsse)

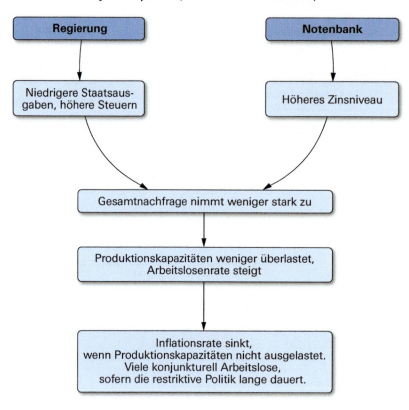

Inflationsbekämpfung und die Lohn-Preis-Spirale

Eine Inflationsbekämpfung mit geldpolitischen Mitteln kann **lange und schmerzhaft** sein, wenn zuvor eine Lohn-Preis-Spirale in Gang gekommen ist. Dann werden marktmächtige Unternehmen und Gewerkschaften versuchen, selbst dann noch höhere Preise und Löhne durchzusetzen, wenn die Verkäufe sinken und die Arbeitslosigkeit steigt.

Gibt aber auch die Notenbank nicht nach und hält sie die Zinsen weiterhin hoch, **schwächt** sich die Gesamtnachfrage weiter ab. Wir sind dann sowohl von drastisch ansteigender Arbeitslosigkeit wie auch von Inflation geplagt. Diese Kombination von Stagnation und Inflation bezeichnet man mit dem furchterregenden Ausdruck **Stagflation**.

Die Automatismen der **Preis-Lohn-Spirale** werden oft erst dann durchbrochen, wenn die Gesamtnachfrage stark gedrosselt ist. Erst wenn die Verkäufe stark gesunken sind und durch Entlassungen die Arbeitslosigkeit stark angestiegen ist, reicht die Marktmacht nicht mehr aus, um höhere Preise und Löhne durchzusetzen.

Zusammenfassung

Unter dem **Produktionspotenzial** versteht man die Produktionsmöglichkeiten von Unternehmen und Staat bei voller Kapazitätsauslastung. Das Produktionspotenzial wächst recht gleichmässig.

Unregelmässig wächst dagegen die Gesamtnachfrage, und damit wächst auch die Produktion unregelmässig. Es entstehen **Konjunkturschwankungen**:

- Sinken die Gesamtnachfrage und das BIP unter das Produktionspotenzial, kommt es zu einem **Konjunkturabschwung**. Man spricht auch von **Rezession** und in ganz starken Fällen von **Depression**.
- Steigt die Gesamtnachfrage wieder an, kommt es zu einem **Konjunkturaufschwung**. Steigt die Gesamtnachfrage sogar über das Produktionspotenzial, spricht man von einer **Hochkonjunktur**. Dann versuchen die Unternehmen ihre Kapazitäten zu überdehnen, sodass das BIP für kurze Zeit sogar über das Produktionspotenzial ansteigen kann.
- **Auslöser** für Konjunkturabschwünge können sein: Kriegs- und andere Zukunftsängste, Bauspekulationskrisen, Börsencrashs und Rezessionen in anderen Volkswirtschaften.

Für die Erklärung von Arbeitslosigkeit und Inflationsschüben in der Schweiz (und auch in ganz Europa, in den USA oder in Japan) ist das Verhältnis von **Gesamtnachfrage und Produktionspotenzial** zentral:

- Wird die **Gesamtnachfrage kleiner als das Produktionspotenzial**, entsteht **konjunkturelle Arbeitslosigkeit** und die **Inflationsrate** sinkt.
- Wächst die **Gesamtnachfrage über das Produktionspotenzial hinaus**, steigt die Inflationsrate.

Neben der konjunkturellen Arbeitslosigkeit gibt es **Sucharbeitslosigkeit** und **strukturelle Arbeitslosigkeit**, die sich beide nicht mit Konjunkturschwankungen erklären lassen:

- **Sucharbeitslosigkeit** ergibt sich, weil man beim Stellenwechsel wegen fehlender Transparenz nicht immer sofort wieder eine neue Stelle findet.
- **Strukturelle Arbeitslosigkeit** ergibt sich, wenn auf den Arbeitsmärkten das Angebot an Arbeitskräften in qualitativer oder regionaler Hinsicht nicht mit der Nachfrage übereinstimmt.

Konjunkturschwankungen haben die Tendenz, sich **selbst zu verstärken**. Psychologische Faktoren spielen eine grosse Rolle. Im **Abschwung** sind alle **pessimistisch** und glauben nicht, dass wieder gute Zeiten kommen werden, im **Aufschwung** sind alle **optimistisch** und können sich ein Ende des Aufschwungs gar nicht vorstellen.

Mit einer **antizyklischen Konjunkturpolitik** versucht der Staat, die Gesamtnachfrage zu beeinflussen und so Konjunkturschwankungen zu glätten:

- Mit einer **expansiven** Konjunkturpolitik stimuliert er eine schwache Gesamtnachfrage.
- Mit einer **restriktiven** Konjunkturpolitik dämpft er eine zu stark wachsende Gesamtnachfrage.

Die **Regierung** stimuliert mit einer expansiven Konjunkturpolitik die Gesamtnachfrage, indem sie die Steuern senkt, die Staatsausgaben erhöht und so Defizite macht. Mit einer restriktiven Konjunkturpolitik dämpft sie die Gesamtnachfrage, indem sie die Steuern erhöht, die Staatsausgaben senkt und damit die Defizite aus dem letzten Konjunkturabschwung ausgleicht.

Die **Zentralbank** betreibt eine expansive Konjunkturpolitik, indem sie mit tiefen Zinsen Anreize für Investitionen schafft. Bei einer restriktiven Konjunkturpolitik erhöht sie dagegen die Zinsen, sodass Investitionen teurer und damit weniger attraktiv werden.

Repetitionsfragen

40 Für das Verständnis von Konjunkturschwankungen sind die Begriffe Produktionspotenzial und Gesamtnachfrage zentral.

A] Was verstehen Ökonomen unter der Gesamtnachfrage?

B] Was verstehen Ökonomen unter dem Produktionspotenzial?

C] Was können Sie über das Wachstum dieser beiden Grössen aussagen?

41 Wie stark nimmt in der Schweiz das Produktionspotenzial von Unternehmen und Staat zu?

42 In konjunkturellen Abschwüngen nimmt die Gesamtnachfrage ab. Ursache dafür können Schocks sein. Nennen Sie Beispiele von Schocks, die einen solchen Abschwung einleiten können. Wenn Sie zwei Beispiele nennen, können Sie zufrieden sein, bei drei Beispielen sind Sie gut und bei vier sehr gut.

43 Die vier Arten von Arbeitslosigkeit haben verschiedene Ursachen. In den folgenden Sätzen sind einige solche Ursachen aufgezählt. Schreiben Sie im freien Platz hin, um welche Art der Arbeitslosigkeit es sich handelt.

Wegen technologischer Errungenschaften benötigen Unternehmen weniger Personal.

_____

Die Gesamtnachfrage ist rückläufig und die Produktion wird gedrosselt. Überflüssiges Personal wird entlassen.

_____

Wegen unübersichtlichem Arbeitsmarkt finden Stellensuchende nicht gleich ihre neue Stelle.

_____

Unternehmen, die CDs herstellen, entlassen Leute, weil Musik heute aus dem Netz heruntergeladen wird.

_____

Zu hohe gesetzliche Mindestlöhne werden für die hohe Jugendarbeitslosigkeit in Frankreich verantwortlich gemacht.

_____

44 A] Was versteht man unter einer «Rezession» und was unter einer «Hochkonjunktur»? Erklären Sie die beiden Begriffe mit je einem Satz.

B] Warum kann Deflation schädlich sein? Bitte nennen Sie den wichtigsten Grund.

45 Ein Grund für zunehmende oder abnehmende Arbeitslosigkeit sind Wachstumsschwankungen des BIP.

A] Bei welcher Art der Arbeitslosigkeit steht diese im Vordergrund?

B] Erläutern Sie mit eigenen Worten, wie BIP und Arbeitslosigkeit zusammenhängen. (Ein bis zwei Sätze genügen.)

C] Welche Wachstumsrate des BIP ist in der Schweiz mindestens notwendig, damit sich die hier zur Diskussion stehende Art der Arbeitslosigkeit nicht vergrössert? Kreuzen Sie an.

0% ☐   10–12% ☐   1–3% ☐   5–7% ☐

46 Im folgenden Diagramm ist schwarz das Produktionspotenzial und rot das tatsächliche BIP schematisch abgebildet. Die Pfeile 1–3 bezeichnen drei typische Phasen eines Konjunkturverlaufs. In der folgenden Liste von zwölf Begriffen gehören je vier zu einer dieser drei Phasen. Ordnen Sie diese zu, indem Sie die Buchstaben (a–l) richtig platzieren:

(a) Hochkonjunktur, (b) Konjunkturabschwung, (c) Konjunkturaufschwung, (d) Gesamtnachfrage (GN) über Produktionspotenzial, (e) GN steigt stark, (f) GN steigt schwach oder sinkt, (g) Arbeitslosigkeit steigt, (h) Arbeitslosigkeit sinkt, (i) Arbeitskräftemangel, (j) Inflation nimmt zu, (k) Inflation nimmt ab, (l) Inflation sinkt oder bleibt tief.

	Name der Phase	Gesamtnachfrage (GN)	Arbeitslosigkeit	Inflation
1				
2				
3				

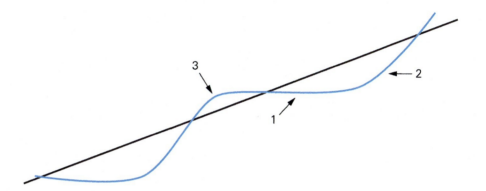

47 Eine berühmte Form der Angebotsinflation ist die Preis-Lohn-Spirale.

A] Beschreiben Sie, weshalb Marktmacht eine wesentliche Voraussetzung ist, damit es zu Angebotsinflation kommen kann.

B] Ergänzen Sie die fehlenden Begriffe, sodass der Mechanismus der Preis-Lohn-Spirale erkennbar wird:

- Die Preise ....
- Die Löhne .... (wegen des Teuerungsausgleichs).
- Dem Unternehmen entstehen .... -kosten.
- Dank Marktmacht werden diese dem Konsumenten ....
- Die Preise ....

48 Mit einer antizyklischen Konjunkturpolitik versucht der Staat (die Regierung und die Notenbank), die Konjunkturschwankungen zu glätten.

A] Nennen Sie die zwei Hauptgründe, weshalb der Staat auf die Idee kommt, dies zu tun.

B] Wann betreibt der Staat eine expansive und wann eine restriktive Konjunkturpolitik?

C] Die Regierung hat vor allem zwei Instrumente zur Inflationsbekämpfung zur Verfügung, die Zentralbank eines. Nennen Sie die drei Instrumente.

49 Kreuzen Sie an, in welchen der folgenden Fälle von einer expansiven und in welchen Fällen von einer restriktiven Konjunkturpolitik die Rede ist.

Expansiv	Restriktiv	Aussage
☐	☐	Der Staat riskiert Defizite.
☐	☐	Der Staat forciert Investitionen.
☐	☐	Der Staat zahlt Schulden ab.
☐	☐	Der Staat verschiebt seine Investitionen auf später.
☐	☐	Die Zentralbank verknappt das Geld, sodass die Zinsen steigen.
☐	☐	Steuern werden erhöht.
☐	☐	Öffentliche Defizite werden vermieden.
☐	☐	Öffentliche Investitionen werden vorgezogen.
☐	☐	Der Staat senkt Steuern.
☐	☐	Die Zentralbank kauft mit ihrem Geld Obligationen.

50 Steuersenkungen und -erhöhungen als Mittel der Konjunkturpolitik sind – vor allem in unserer föderalistischen, direkten Demokratie – schwierig zu realisieren. Erklären Sie, weshalb.

51 Bekämpft die Notenbank die Inflation, kann das auf dem Arbeitsmarkt schnell eine unerwünschte Wirkung hervorrufen. Erklären Sie.

6 Wechselkurse und Konjunkturpolitik

Lernziele Nach der Bearbeitung dieses Kapitels können Sie ...

- erklären, was ein Wechselkurs ist und wie er sich auf den Devisenmärkten bildet.
- erläutern, weshalb Wechselkurse schwanken und welche Auswirkungen das hat.
- beschreiben, wie die Notenbank den Wechselkurs beeinflussen kann und welche Möglichkeiten der Wechselkurspolitik es gibt.
- zeigen, wie die Notenbank über die Wechselkurse eine expansive oder restriktive Konjunkturpolitik betreiben kann.
- die tieferen Gründe hinter der Eurokrise erläutern.

Schlüsselbegriffe Devisen, Devisenmärkte, Euro, Europäische Zentralbank (EZB), Kaufkraftparität / KKP, Wechselkurs

6.1 Was ist ein Wechselkurs?

Stellen Sie sich vor, dass Sie amerikanische Schuhe kaufen: Der Importeur in der Schweiz verfügt über Franken, die er von seinen Kunden erhält. Caterpillar in den USA aber möchte Dollars haben. Denn nur diese **Währung** wird in den USA verwendet. Ob nun der Importeur sich Dollars beschafft, um Caterpillar zu bezahlen, oder ob Caterpillar die Franken annimmt und sich damit selbst Dollars beschafft, in beiden Fällen wird es eine Wechselstelle, eine Bank, geben müssen, die Dollars gegen Franken verkauft.

Für diese Wechselstelle ist nun wichtig, wie viele Franken nötig sind, um Dollars zu kaufen, d. h., zu welchem **Wechselkurs** Dollars gegen Franken eingetauscht werden. Der Wechselkurs ist das Austauschverhältnis zweier Währungen.

In der **Schweiz** ist es gebräuchlich, den Preis einer ausländischen Währung in inländischer Währung auszudrücken: So kostete US$ 1 in den letzten 10 Jahren um CHF 1.10. Insbesondere in angelsächsischen Ländern wird umgekehrt der Preis der eigenen Währung in ausländischer Währung ausgedrückt. CHF 1 kostet somit etwa US$ 0.90.

Devisenmärkte

Wie bilden sich die Wechselkurse? Schauen wir zuerst, was die Banken mit den eingetauschten fremden Währungen machen: Sie bringen überschüssige Währungen auf eigens dafür organisierte Märkte und fragen dort fehlende nach. Man nennt sie **Devisenmärkte,** denn ausländische Zahlungsmittel nennt man auch Devisen.

Wie auf jedem anderen Markt bestimmen auch auf den Devisenmärkten **Angebot und Nachfrage** den Preis. Das heisst, das Angebot und die Nachfrage nach den einzelnen Währungen bestimmen den Wechselkurs:

- Ist eine Währung begehrt, steigt ihr Kurs.
- Wird viel von ihr angeboten, aber wenig nachgefragt, fällt ihr Kurs.

Devisenmärkte gibt es in allen **Finanzzentren.** Dabei kann man von einem einzigen Weltmarkt für Devisen sprechen; die Höhe des Wechselkurses ist unabhängig davon, ob in London, Zürich oder Hongkong gehandelt wird.

Bei der Analyse der Wechselkursentwicklungen gehen wir in zwei Schritten vor. Zuerst fragen wir, warum die Wechselkurse eine bestimmte **Höhe** haben, und dann, warum sie **schwanken.**

6.2 Warum kostet der Dollar etwa einen Franken?

Kehren wir zurück zu Ihren amerikanischen Schuhen. Stellen Sie sich vor, es gäbe nur die Schweiz und die USA. Zudem würden etwa gleich viele Güter von der Schweiz nach Amerika wie in umgekehrter Richtung geschickt. Bezahlt würde in Dollars wie in Schweizer Franken.

Zum Beispiel schweizerischer Exportüberschuss

Stellen wir uns nun vor, in der Schweiz kämen amerikanische Schuhe und alle möglichen amerikanischen Produkte stark aus der Mode. Die Geschäfte der US-Firmen mit der Schweiz laufen schlecht. Umgekehrt kaufen die Amerikaner deshalb nicht weniger schweizerische Güter und sie kommen deshalb auch nicht seltener in die Ferien zu uns. So exportiert die Schweiz mehr Waren und Dienstleistungen in die USA, als sie aus den USA importiert.

Auswirkung auf die Wechselkurse

Kaufen wir weniger amerikanische Güter als die Amerikaner unsere, gehen bei den Amerikanern die Frankenvorräte zu Ende, während sich bei uns Dollars anhäufen, wenn Amerikaner mit Dollars bezahlen. Auf den Devisenmärkten werden nun überschüssige Dollar angeboten und Franken nachgefragt. Als Folge davon wird der Franken gegenüber dem Dollar teurer.

Rückwirkung auf den Aussenhandel

Damit werden aber die amerikanischen Güter in der Schweiz billiger. Deshalb kaufen wir wieder mehr amerikanische Produkte. Zudem werden schweizerische Güter für die Amerikaner teurer. Jetzt haben die Amerikaner weniger Grund, schweizerische Güter zu kaufen, und jetzt können sie sich Skiferien bei uns weniger leisten. Der teurere Franken bewirkt also, dass sich das amerikanische Defizit im Aussenhandel gegenüber der Schweiz zurückbildet.

Diese Wechselwirkung zwischen Aussenhandel und Wechselkursen funktioniert natürlich auch im umgekehrten Fall, d. h. bei einem Exportüberschuss der USA.

Abb. [6-1] Flexible Wechselkurse bringen den Aussenhandel ins Gleichgewicht

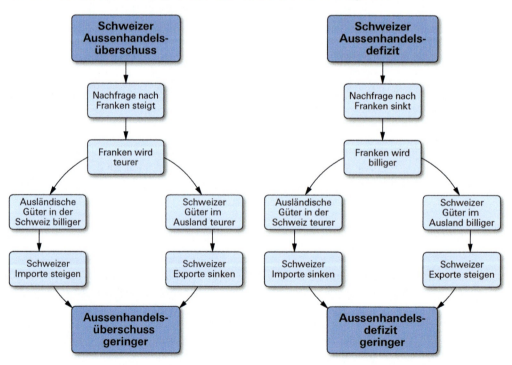

Kaufkraftparität

Nach unseren bisherigen Überlegungen bewegt sich der Wechselkurs zwischen zwei Währungen längerfristig dorthin, wo Importe und Exporte gleich gross sind. Aber wo liegt dieser Wechselkurs? Warum kostet ein Dollar etwa CHF 0.90 bis CHF 1.30?

- Liegt der **Dollar am unteren Ende** dieser Spanne, sind in Amerika wie in der Schweiz die amerikanischen Güter generell billiger als die schweizerischen, und damit verkaufen sie sich besser: Mit dem amerikanischen Exportüberschuss steigt der Dollarkurs.
- Liegt der **Dollar am oberen Ende** dieser Spanne, sind in beiden Ländern die amerikanischen Güter zu teuer und verkaufen sich schlechter. Wir brauchen weniger Dollars und der Dollarkurs sinkt.
- Liegt der **Dollarkurs ungefähr bei CHF 1.10,** sind die international handelbaren Güter in beiden Ländern etwa gleich teuer. Zu diesem Kurs kann sich der Handel zwischen den beiden Ländern in etwa ausgleichen und der Wechselkurs sich einpendeln.

Den Wechselkurs, der Güter in zwei Ländern **gleich teuer** macht, nennt man **Kaufkraftparität,** abgekürzt KKP. Nach der Theorie der Kaufkraftparität pendelt sich der Dollarkurs längerfristig dort ein, wo die amerikanischen und schweizerischen Exportgüter etwa gleich teuer sind.

6.3 Warum schwankt der Dollarkurs?

Wir verstehen nun, warum eine Währung über Jahre hinweg eine bestimmte Höhe hat. Aufgeregt diskutiert werden aber die kurzfristigen Schwankungen! Warum dieses Auf und Ab?

Internationale Kapitalströme fliessen unregelmässig

Die heftigen Wechselkursfluktuationen sind eine Folge von riesigen **Kapitalexporten und -importen:** Schweizer Haushalte und Unternehmen kaufen für Milliarden von Dollars ausländische Wertpapiere und investieren direkt in Unternehmen im Ausland. Umgekehrt wird auch aus dem Ausland Geld in der Schweiz angelegt und in schweizerische Unternehmen und Liegenschaften investiert. Die Bedeutung des **internationalen Kapitalverkehrs** nahm in den vergangenen zwei Jahrzehnten stark zu, weil in den 1980er- und 1990er-Jahren die meisten Länder ihre Grenzen für ausländisches Kapital öffneten.

Entscheidend für das Entstehen dieser **Wechselkursschwankungen** ist nun, dass vor allem die Wertpapierkäufe sehr viel unregelmässiger fliessen als die bisher besprochenen Zahlungen für Waren und Dienstleistungen. Ausländische Wertpapiere sind spekulative Anlagen, sie werden heute in Milliardenhöhe nachgefragt und schon morgen wieder abgestossen.

Die Grundbedingung für Spekulationsblasen erfüllt

Spekulationsblasen haben uns schon oft beschäftigt, und zwar immer dann, wenn das Angebot limitiert ist. Verändert sich die Nachfrage, kann sich die Angebotsmenge weder massgeblich vergrössern noch verkleinern. So kann die Nachfrage den Preis hinaufschrauben oder ihn absacken lassen. Diese Grundbedingung erfüllen nun auch viele Währungen. Nämlich dann, **wenn die Notenbanken ihr Geldangebot beschränken.**

Was könnte sich ein Anleger überlegen?

Wer im Ausland investiert oder Wertpapiere in einer fremden Währung kauft, trägt also auch ein **Wechselkursrisiko.**

Kauft z. B. ein Holländer amerikanische Wertpapiere, so verliert er in Euro ausgedrückt Geld, wenn der Dollar in der Folgezeit sinkt – und er gewinnt, wenn der Dollar steigt. Wer sich also für Wertpapiere in ausländischen Währungen interessiert, muss versuchen, die künftige **Wechselkursentwicklung** vorauszuahnen. Er kauft, wenn er mit einem Ansteigen der Fremdwährung rechnet, und er verkauft, wenn er sich vor ihrem Absacken fürchtet.

Wann wird unser holländischer Anleger den Eindruck haben, der Dollarkurs könnte ansteigen? Hier eine kleine Auswahl von Vermutungen:

- **Zinsen:** Er vergleicht die europäische und die amerikanische Geldpolitik. Vielleicht führt die amerikanische Notenbank eine restriktivere Geldpolitik. Das könnte er an höheren amerikanischen Zinsen ablesen. So locken ihn die höheren Zinsen für Dollarpapiere.
- **Exportentwicklung:** Möglicherweise kennt er Prognosen, wonach die amerikanischen Exporte steigen werden. So könnte der Dollar auf den Devisenmärkten knapper werden.
- **Investitionen:** Vielleicht wird in den USA mehr investiert. Die Investitionen würden zum Teil mit ausländischen Geldern finanziert. Auch damit könnte der Dollar auf den Devisenmärkten gesuchter werden.
- **Erwartungen:** Schliesslich verlässt er sich kaum ausschliesslich auf eigene Einschätzungen. Er beobachtet auch, wie sich andere um ihn herum verhalten, er blickt «seitwärts»:

Wird der zu tief geglaubte Dollar auch noch von anderen nachgefragt, die in die gleiche Richtung spekulieren, dann steigt der Dollarkurs. Ist dann der Dollarkurs so hoch, dass viele nicht mehr an ein weiteres Ansteigen denken, sondern eher an ein Fallen, dann ist es höchste Zeit, aus dem Dollar auszusteigen und den Gewinn der Spielrunde in Euro zu zählen. Verkaufen viele Europäer ihre Dollarpapiere und tauschen ihre Dollars in Euro um (und kaufen jetzt viele Amerikaner Europapiere), dann sinkt der Dollar so schnell, wie er gestiegen ist.

6.4 Wechselkurspolitik

Wie beeinflussen die Notenbanken die Wechselkurse?

Die **Devisenmärkte** bestimmen die Wechselkurse nicht allein. Mitentscheidend sind die **Notenbanken.** Sie sind ja die alleinigen Produzenten der jeweiligen Währung. Sie haben ein Monopol über die Herausgabe ihres Gelds.

Die Notenbank gibt Geld heraus, indem sie Wertpapiere oder ausländische Währungen kauft oder indem sie ihr Geld gegen Zins ausleiht:

- Ein Weg führt also direkt zu den Devisenbörsen. Dort **kauft und verkauft** die Notenbank **fremde Währungen** gegen eigenes Geld. Betreibt die schweizerische Notenbank eine expansive Geldpolitik, bietet sie vermehrt Franken an. Sein Wert gegenüber den anderen Währungen sinkt. Nimmt dagegen die Notenbank Franken zurück, steigt sein Wert.
- Und wie wirkt die Notenbankpolitik über die **Zinsen?** Bei einer expansiven Geldpolitik sinkt in der Regel das schweizerische Zinsniveau gegenüber dem ausländischen. **Sinken die schweizerischen Zinsen, werden die ausländischen Zinssätze für Anleger attraktiver.** Schweizerische wie ausländische Spargelder werden vermehrt in Euro oder Dollar angelegt. Die Nachfrage nach dem Franken sinkt und er wird billiger. Verknappt hingegen die Notenbank ihr Geld, steigt das schweizerische Zinsniveau. Frankenpapiere werden damit attraktiver als Euro- und Dollarpapiere. Auf den Devisenmärkten wird der Franken stärker nachgefragt, und damit wird er teurer.

Auf welchen Wegen auch immer eine Notenbank Geld in Umlauf bringt oder aus dem Verkehr zieht – **mit einer lockeren Geldpolitik wird die eigene Währung billiger, während sie mit einer restriktiven Geldpolitik teurer wird.** Mit dem Angebot von eigenem Geld bestimmen die Notenbanken den Wechselkurs mit.

Je nachdem, wie sich die Notenbanken nun gegenüber den Bewegungen ihrer Wechselkurse verhalten, unterscheiden wir drei verschiedene Währungssysteme: frei flexible, gelenkt flexible oder feste Wechselkurse.

Frei flexible Wechselkurse

Es gibt Notenbanken, die genau so viel Geld herausgeben, wie sie es für nötig halten. Sie bieten zwar eigenes Geld auf den Devisenmärkten an, ihr Ziel ist es aber, die kurzfristigen Zinssätze auf einer gewünschten Höhe zu halten. Welche Wechselkurse sich dabei bilden, bleibt Nebensache, den Wert ihrer Währung überlässt die Notenbank dem oft spekulativen Spiel von **Angebot** und **Nachfrage.**

Gelenkt flexible Wechselkurse

Viele Notenbanken lassen ihre Währung flexibel schwanken, greifen aber ein, um den Wechselkurs zu beeinflussen. So erhöht z. B. die Notenbank von Kanada ihr Geldangebot, sobald der Wert ihrer Währung gegenüber dem US-Dollar zu stark steigt. Umgekehrt verknappt sie ihr Geld, wenn der Wert ihrer Währung zu stark fällt. Das Gleiche tat die **schweizerische Notenbank gegenüber dem Euro.** Von September 2011 bis Januar 2015 bot sie so viele Franken an, dass der Wert des Euro nicht mehr unter CHF 1.20 fiel. So erhöhte sich die Notenbankgeldmenge in diesen drei Jahren von CHF 80 Mrd. auf CHF 400 Mrd.

Feste / fixe Wechselkurse

Einige Notenbanken gehen so weit, dass sie ihre Währung **fest** an die Währung eines wichtigen Handelspartners anbinden. So sorgt z. B. Hongkong seit drei Jahrzehnten dafür, dass HKD 7.80 genau USD 1 entsprechen. Um dieses Ziel zu erreichen, muss die Notenbank Hongkongs auf den Devisenmärkten ständig präsent sein: Droht dort der Hongkong-Dollar teurer zu werden, bietet die Notenbank **sofort** so viel ihrer Währung an, dass USD 1 weiterhin HKD 7.80 kostet. Und wenn der Hongkong-Dollar fällt? Dann wird die Notenbank Hongkongs restriktiver und kauft ihre Währung zurück.

Bei fixen Wechselkursen müssen die Notenbanken **jede angebotene oder nachgefragte Menge der Partnerwährungen zum gewünschten Preis gegen eigenes Geld kaufen oder verkaufen.** Sonst kann sich auf den Devisenmärkten ein anderer Kurs bilden.

Der Euro

Die letzte Konsequenz von festen Wechselkursen ist eine **Währungsunion:**

- 11 europäische Länder (Deutschland, Frankreich, Italien, Niederlande, Belgien, Luxemburg, Spanien, Portugal, Irland, Finnland und Österreich), die in den 1990er-Jahren ähnliche Inflationsraten und geringe gegenseitige Wechselkursänderungen ausweisen, haben sich am 1. Januar 1999 definitiv gebunden. Aus einem Vertrag über feste Wechselkurse ist eine gemeinsame Währung, der Euro, gewachsen.
- Heute gehören **19 Länder zur Europäischen Währungsunion** (zusätzlich Griechenland, Slowenien, Malta, Zypern, die Slowakei, Estland, Lettland und Litauen).

Der **Euro** wird von der **Europäischen Zentralbank (EZB)** in Frankfurt herausgegeben. Sie wird von allen Ländern, die an der Währungsunion teilnehmen, kontrolliert. Sie ist aber im Prinzip von Regierungsweisungen unabhängig.

6.5 Wechselkurse und Konjunkturpolitik

Geldpolitik, Investitionen und Konsum

Betreibt die Notenbank Konjunkturpolitik, geht sie wie folgt vor:

- In einer Rezession senkt sie das **Zinsniveau.** Niedrige Zinsen können zu **höheren Investitionen** führen und zu **höheren Konsumausgaben** verlocken.
- Umgekehrt hebt sie in einer Hochkonjunktur die **Zinsen an.** Damit wird in der Regel **weniger investiert,** etwas mehr gespart und **weniger konsumiert.**

Nun wirkt aber die Politik der Notenbank nicht nur auf Investitionen und Konsum. Geldpolitik hat auch einen Einfluss auf Importe und Exporte, und zwar über die Wechselkurse:

Expansive Konjunkturpolitik über die Wechselkurse

Senkt in einer Rezession die Notenbank die schweizerischen Zinsen, werden Geldanlagen in Schweizer Franken weniger attraktiv. Spargelder werden jetzt vermehrt in ausländischen Währungen angelegt. Der **Franken** ist weniger gefragt und damit **billiger:**

- Damit werden die schweizerischen Güter im Ausland billiger und finden dort besseren Absatz, die **Exporte steigen.**
- Zudem werden die ausländischen Güter in der Schweiz teurer, die **Importe gehen zurück,** die Nachfrage nach inländischen Gütern steigt.

Dass ein tieferer Frankenkurs die Nachfrage nach schweizerischen Gütern kurzfristig erhöht, ist vielfach nachgewiesen und erprobt.

Abb. [6-2] Expansive Konjunkturpolitik in der Schweiz – einer offenen Volkswirtschaft

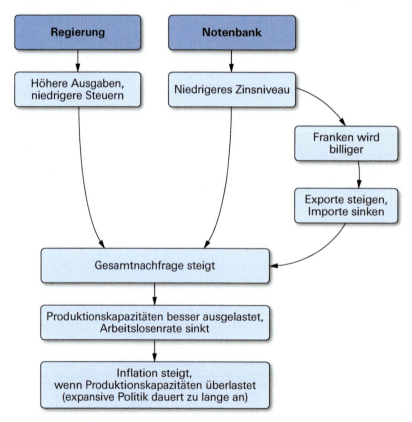

Restriktive Konjunkturpolitik über die Wechselkurse

Auch die restriktive Geldpolitik wird über die Wechselkurse unterstützt: Das schweizerische Zinsniveau steigt. Frankenpapiere werden damit attraktiver als ausländische. Die Nachfrage nach dem Franken steigt und der Franken wird teurer. (Und nehmen Spekulanten an, dass mit der restriktiveren Geldpolitik der Franken in Zukunft noch mehr an Wert gewinnen wird, kaufen sie noch mehr Franken und sein Kurs steigt noch stärker.)

- Mit steigendem Frankenkurs werden unsere Güter im Ausland teurer, die Exporte gehen zurück.
- Zudem werden die ausländischen Güter bei uns billiger, die Importe steigen.

Mit sinkenden Exporten und steigenden Importen leidet die Gesamtnachfrage nach schweizerischen Gütern.

Abb. [6-3]   Restriktive Konjunkturpolitik in der Schweiz – einer offenen Volkswirtschaft

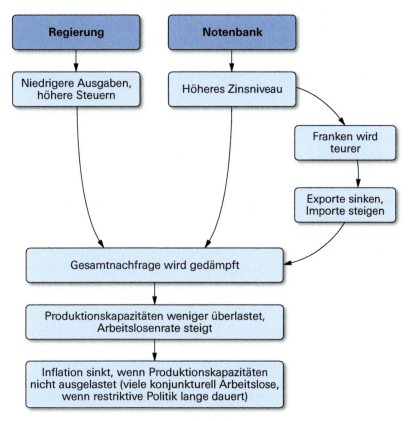

Zusammenfassung   Der Wechselkurs ist das Umtauschverhältnis zwischen zwei Währungen. In der Schweiz ist es gebräuchlich, den Wert einer Einheit ausländischer Währung in Schweizer Franken auszudrücken (wir sagen also: Ein Dollar kostet CHF 0.97).

Wechselkurse werden an den Devisenmärkten gebildet. Dort treffen die Schweizer Banken, die für ihre Schweizer Kunden fremde Währung kaufen wollen, auf ausländische Banken, die für ihre Kunden Franken kaufen wollen. Die Höhe des Wechselkurses bestimmt sich nach dem Gesetz von Angebot und Nachfrage:

- Längerfristig liegt der Wechselkurs zwischen zwei Währungen dort, wo international handelbare Güter in beiden Ländern etwa gleich teuer sind (Kaufkraftparität).
- Kurzfristig können Wechselkurse stark schwanken. Hauptursache dafür sind die internationalen Kapitalströme, die aus spekulativen Gründen unregelmässig fliessen.

Die **Notenbank / Zentralbank** kann den Wechselkurs ihrer Währung mitgestalten. Bietet sie mehr eigenes Geld an, sinkt der Wert ihrer Währung. Fragt sie mehr eigenes Geld nach, steigt der Wert ihrer Währung. Es gibt verschiedene Konzepte, wie sich Zentralbanken gegenüber Wechselkursschwankungen verhalten:

- **Frei flexible Wechselkurse:** Die Zentralbank kümmert sich nicht um die Wechselkurse, sondern überlässt die Preisbestimmung den Devisenmärkten.
- **Gelenkte flexible Wechselkurse:** Die Zentralbank lässt den Wechselkurs in einer bestimmten Bandbreite frei spielen. Sobald der Wechselkurs diese Bandbreite zu verlassen droht, greift sie ein.
- **Feste / fixe Wechselkurse:** Hier bindet die Zentralbank ihre Währung an die Währung eines wichtigen Handelspartners. Dann muss sie jederzeit eigene Währung zum festgesetzten Kurs kaufen oder verkaufen.

Die letzte Konsequenz von festen Wechselkursen ist eine **Währungsunion,** wie das 19 europäische Länder mit dem Euro gemacht haben.

Wechselkurse und Konjunkturpolitik haben einen Zusammenhang. Betreibt die Zentralbank eine expansive Konjunkturpolitik, weitet sich die Geldmenge aus und die Zinsen sinken. Da die eigene Währung nun für Ausländer weniger interessant ist, sinkt auch ihr Wechselkurs. Die Exporte nehmen zu, die Importe ab. Betreibt die Zentralbank umgekehrt eine restriktive Konjunkturpolitik, steigt der Wechselkurs der eigenen Währung. Die Exporte nehmen ab, die Importe zu.

Feste Wechselkurse und noch verbindlicher eine gemeinsame Währung entziehen den Mitgliedsländern eine eigenständige, spezifisch auf ihr Land ausgerichtete Geldpolitik:

- Auf regional **asynchrone Konjunkturschwankungen** kann nicht mehr reagiert werden.
- Langfristig problematisch daran ist, dass der Wechselkursmechanismus, der den Aussenhandel ins Gleichgewicht bringen könnte, ausser Kraft gesetzt ist. Deshalb muss man sich zwingend auf Massnahmen einigen, welche die **Inflationsraten harmonisieren.**

Repetitionsfragen

52 Im Flughafen Kloten können Sie lesen, dass der Wechselkurs zwischen CHF und Euro in Zürich bei 1.05 liegt. Im Flughafen Frankfurt dagegen beträgt der Wechselkurs 0.95! Wie erklären Sie sich das?

53 Nehmen Sie an, der Schweizer Franken gewinne gegenüber ausländischen Währungen an Wert. Kreuzen Sie an, welche der folgenden Aussagen richtig bzw. falsch sind.

Richtig	Falsch	Aussage
☐	☐	Importe werden für uns billiger.
☐	☐	Auslandsferien werden für uns billiger.
☐	☐	Die Schweiz wird für ausländische Touristen teurer.
☐	☐	Güter, die in Dollar oder Euro bezahlt werden, werden billiger.
☐	☐	Unsere Exporte werden erschwert.
☐	☐	Unsere Importe nehmen zu.

54 Was geschieht mit dem Schweizer Franken gegenüber dem Euro, wenn folgende Ereignisse eintreten (und sich jeweils sonst nichts ändert). Gewinnt der Franken an Wert oder verliert er?

Gewinnt an Wert	Verliert an Wert	Aussage
☐	☐	Verunsicherte Sparer aus ganz Europa legen einen grösseren Teil ihrer Ersparnisse in Franken an.
☐	☐	In der Schweiz wird viel weniger investiert als letztes Jahr, sodass Spargelder in Europa lohnende Anlagen suchen.
☐	☐	Die schweizerische Aktienbörse boomt, was viele ausländische Anleger anzieht.
☐	☐	Ausländische Anleger verkaufen in Panik schweizerische Aktien und ziehen ihr Geld in ihre Heimatländer zurück.

55 Angenommen, das Vertrauen in den Euro steigt und der Schweizer Franken verliert etwas von seiner Position als Fluchtwährung. Damit werden Gelder, die bisher in Schweizer Franken angelegt waren, wieder verstärkt in Euro angelegt.

A] Was wird auf dem Devisenmarkt zwischen Euro und Franken geschehen?

B] Welche Folgen hätte dies für die schweizerische Exportwirtschaft?

C] Wer in der Schweiz könnte am wirkungsvollsten korrigierend eingreifen? Wie?

56 Wie kann die Schweizerische Nationalbank einem zu starken Schweizer Franken gegenüber dem Euro begegnen?

57 Was trifft zu? Niedrigere Zinsen der Notenbank

☐ erhöhen den Wert der eigenen Währung.
☐ erhöhen die Investitionstätigkeit.
☐ senken den Wert der eigenen Währung.
☐ erhöhen den Export.
☐ senken den Export.
☐ erhöhen den Import.
☐ senken den Import.
☐ senken die Gesamtnachfrage.

58 Wählen Sie die richtigen Varianten aus und streichen Sie die falschen durch.

Betreibt eine Notenbank in der Rezession eine antizyklische Konjunkturpolitik,

- senkt / hebt sie die Zinsen, um die Investitionstätigkeit zu dämpfen / beleben,
- lässt sie zu, dass der Wert der eigenen Währung steigt / sinkt,
- um Exporte zu erschweren / erleichtern und Importe zu erschweren / erleichtern.

Betreibt eine Notenbank in der Hochkonjunktur eine antizyklische Konjunkturpolitik,

- hebt / senkt sie die Zinsen, um die Investitionen und den Konsum zu beleben / dämpfen.
- lässt sie zu, dass der Wert der eigenen Währung sinkt / steigt,
- um Exporte zu erschweren / erleichtern und die Importe zu erleichtern / erschweren.

Teil B
Haftpflichtrecht und Vertragsrecht

7 Entstehung von Obligationen

Lernziele	Nach der Bearbeitung dieses Kapitels können Sie ... • die Begriffe Obligation, Forderung, Schuld, Gläubiger und Schuldner definieren und ihre Zusammenhänge aufzeigen. • den Vertrag, die unerlaubte Handlung und die ungerechtfertigte Bereicherung als Entstehungsgründe von Obligationen benennen.
Schlüsselbegriffe	Forderung, Gläubiger, Obligation, Schadenersatz, Schuld, Schuldner, unerlaubte Handlung, ungerechtfertigte Bereicherung, Vertrag

7.1 Definition Obligation

Das Wort **Obligation** kommt vom lateinischen «obligatio» und heisst **Verpflichtung.** Eine Person ist verpflichtet, einer anderen Person eine Leistung zu erbringen. An einer Obligation sind zwei Personen beteiligt, ein Gläubiger und ein Schuldner:

Gläubiger ist, wer vom anderen eine Leistung verlangen kann. Der Gläubiger hat also das Recht auf eine Leistung. Von der Gläubigerseite aus betrachtet, heisst die Obligation **Forderung,** weil der Gläubiger berechtigt ist, vom Schuldner eine bestimmte Leistung zu **fordern.** Der Gläubiger sagt: «Ich habe eine Forderung gegenüber dem Schuldner.»

Schuldner ist, wer einem anderen eine Leistung erbringen muss. Der Schuldner hat also die Pflicht zu einer Leistung. Von der Schuldnerseite aus betrachtet, heisst die Obligation **Schuld,** weil der Schuldner eine bestimmte Leistung schuldet. Der Schuldner sagt: «Ich habe eine Schuld beim Gläubiger.»

Abb. [7-1] Die Rechtsbeziehung zwischen Gläubiger und Schuldner

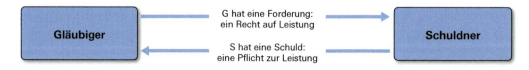

Beispiel	Anlässlich der letzten Projektteamsitzung hatte Lorenzo Arioli kein Bargeld auf sich und hat deshalb von seiner Kollegin Karin Scheuchzer CHF 50 ausgeliehen. Wer ist Gläubiger und wer Schuldner? • **Karin Scheuchzer ist Gläubigerin.** Sie darf von Lorenzo Arioli das Geld verlangen. Sie hat eine Forderung ihm gegenüber auf Zahlung von CHF 50. Wäre Karin Scheuchzer Juristin, würde sie zu Lorenzo sagen: «Ich habe eine Forderung gegen dich.» • **Lorenzo Arioli ist Schuldner.** Er muss seiner Kollegin CHF 50 bezahlen. Er hat eine Schuld gegenüber Karin Scheuchzer auf Zahlung von CHF 50. Lorenzo sagt zu Karin: «Ich habe eine Schuld bei dir.»

7.2 Die drei Entstehungsgründe für Obligationen

Nun fragt sich natürlich, wie es überhaupt zu einer Obligation zwischen zwei Personen kommt. Damit befasst sich das OR ganz am Anfang, nämlich in den Artikeln OR 1–67. Dort werden drei Entstehungsgründe für Obligationen genannt: der Vertrag (OR 1–40), die unerlaubte Handlung (OR 41–61) und die ungerechtfertigte Bereicherung (OR 62–67).

7.2.1 Was ist ein Vertrag?

Viele meinen, dass Verträge komplizierte Schriftstücke sind, die von bedeutenden Persönlichkeiten mit feierlicher Miene unterzeichnet und besiegelt werden. Natürlich gibt es solche Verträge. Für das OR ist ein **Vertrag** aber etwas viel Einfacheres, Alltäglicheres, nämlich ein **Versprechen zweier Vertragspartner.**

Mit dem Abschluss eines Vertrags versprechen sich zwei (oder mehrere) Personen bestimmte Leistungen (OR 1). Nun müssen sie sich an ihr Versprechen halten. Sie sind aus Vertrag zur Leistung verpflichtet. Meistens beinhaltet ein solches Versprechen **eine Leistung und eine Gegenleistung.** Das heisst, durch einen Vertragsabschluss entstehen meistens zwei oder mehr Obligationen. Denn nur in den seltensten Fällen verspricht jemand eine Leistung, ohne sich dafür auch eine Gegenleistung versprechen zu lassen.

Beispiel

Julian Kamber sucht eine neue Stelle als Sachbearbeiter. Er bewirbt sich bei der Firma Powernet Management. Die Personalchefin Sonja Suter und Julian Kamber werden sich handelseinig und schliessen miteinander einen Arbeitsvertrag ab. Dieser enthält im Wesentlichen zwei Obligationen:

- **Julian Kamber verspricht, bei der Firma Powernet Management zu arbeiten.** Durch dieses Versprechen entsteht eine Obligation auf Arbeitsleistung. Julian Kamber ist Schuldner der Arbeitsleistung und Powernet Gläubigerin. Oder anders formuliert: Powernet hat eine Forderung auf Erbringung der Arbeitsleistung durch Julian Kamber; Julian Kamber hat eine Schuld auf Erbringung der Arbeitsleistung an Powernet.
- **Die Firma Powernet Management verspricht als Gegenleistung Lohnzahlung.** Die Powernet verpflichtet sich, den vereinbarten Lohn zu bezahlen. Sie ist Schuldnerin dieser Obligation und Julian Kamber Gläubiger. Oder anders formuliert: Julian Kamber hat eine Forderung auf die Zahlung des Lohns. Die Powernet hat eine Schuld auf Bezahlung an Julian Kamber.

Was wir am Beispiel des Arbeitsvertrags beschrieben haben, gilt für fast alle Vertragsverhältnisse. Sie enthalten mindestens zwei Obligationen, weil sich die Vertragspartner gegenseitig etwas versprechen. Dazu gibt es nur wenige Ausnahmen wie z. B. die Schenkung. Hier verspricht jemand etwas, ohne dafür eine Gegenleistung zu verlangen und zu erhalten (OR 239).

7.2.2 Was ist eine unerlaubte Handlung?

Wenn jemand einem anderen widerrechtlich einen Schaden zufügt, so hat er diesen Schaden zu ersetzen. Entstehungsgrund für die Obligation ist hier die unerlaubte Schädigung einer anderen Person, eben die **unerlaubte Handlung.** Sie lässt eine **Obligation auf Schadenersatz entstehen.** Gläubiger ist der Geschädigte, Schuldner der Schädiger. Der Schädiger haftet für den entstandenen Schaden; wir sprechen hier auch von der ausservertraglichen Haftung.

Beispiel

Max Forrer ist bei der Familie Schneebeli zum Nachtessen eingeladen. Aus Unachtsamkeit verschüttet er ein Glas Wein auf den weissen Teppich. Dieser muss für CHF 200 gereinigt werden. Max Forrer muss den Schaden bezahlen. Er hat fremdes Eigentum beschädigt, und damit ist eine Obligation aus unerlaubter Handlung entstanden, die ihn zur Übernahme der Reinigungskosten verpflichtet.

Möglicherweise hat Max Forrer eine Haftpflichtversicherung. In diesem Fall kann er den Schaden auf die Versicherung abwälzen, soweit der Schaden den vorgesehenen Selbstbehalt übersteigt.

Frage am Rande: Weshalb besteht eigentlich eine Obligation zwischen Max Forrer und der Versicherungsgesellschaft auf Bezahlung des Schadens? Max Forrer und die Gesellschaft haben einen Vertrag abgeschlossen. Max Forrer verpflichtet sich, die Prämien zu bezahlen, und die Versicherungsgesellschaft, Schäden zu bezahlen, für die Max Forrer haftpflichtig wird.

Abb. [7-2]   Rechtsbeziehung zwischen Schädiger und Geschädigtem bei unerlaubter Handlung

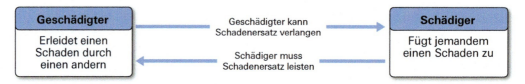

Damit eine Obligation aus unerlaubter Handlung entsteht, müssen **vier Voraussetzungen** erfüllt sein, so steht es in OR 41: «Wer einem anderen **widerrechtlich Schaden zufügt,** sei es mit **Absicht, sei es aus Fahrlässigkeit,** wird ihm zum **Ersatz** verpflichtet.»

Hinweis   Die Haftung aus unerlaubter Handlung behandeln wir ausführlich in Kapitel Haftpflichtrecht.

7.2.3 Entstehung einer Obligation aus ungerechtfertigter Bereicherung

Die **ungerechtfertigte Bereicherung** ist die dritte Möglichkeit, wie nach OR eine Obligation entstehen kann. Dabei geht es um Folgendes: Oftmals werden aus Irrtum oder aus einem Vertragsverhältnis, das nie in Kraft getreten ist bzw. rückgängig gemacht wurde, Vermögensverschiebungen (Geld- oder Sachleistungen) gemacht. Derjenige, der die Leistung erhalten hat, ist aus dem Vermögen des anderen grundlos – ungerechtfertigt – **bereichert** (OR 62). Somit ist die Obligation aus ungerechtfertigter Bereicherung entstanden: Der ungerechtfertigt Bereicherte ist der Schuldner. Er muss den erlangten Vermögensvorteil an den «Entreicherten» – den Gläubiger – zurückgeben.

Beispiel
- Adrian Kull zahlt aus Versehen seine Handyrechnung im Betrag von CHF 90 zweimal. Damit ist die Telefongesellschaft im Betrag von CHF 90 grundlos bereichert. Adrian Kull kann die zu viel bezahlten CHF 90 gestützt auf OR 62 zurückverlangen.
- Corina Calanda zahlt im Hinblick auf den Abschluss eines Mietvertrags das vorgesehene Mietdepot ein; der Vertrag wird danach aber nicht abgeschlossen. Daher besteht auch kein Rechtsgrund für ein Mietdepot. Corina Calanda hat eine Forderung aus ungerechtfertigter Bereicherung gegen den Hauseigentümer auf Rückgabe des deponierten Geldes.

Grundsätzlich muss der Bereicherte alles wieder herausgeben, was er ungerechtfertigt erhalten hat. Eine Ausnahme macht aber OR 64: Soweit er gutgläubig war, hat er nur noch das zurückzugeben, um was er noch bereichert ist zum Zeitpunkt, wo der andere die Rückerstattung verlangt. Gutgläubig ist jemand nur in den seltensten Fällen, dann nämlich, wenn er überhaupt nicht wusste oder auch nicht wissen konnte, dass die Vermögenszuwendung ohne Rechtsgrund erfolgte.

Zusammenfassung   Im OR geht es um **Obligationen**. Obligationen haben drei **Entstehungsgründe**:

Repetitionsfragen

59 Weil Lorenzo Arioli kein Bargeld auf sich hat, hilft seine Kollegin Karin Scheuchzer ihm mit CHF 50 aus. Nun behauptet Karin Scheuchzer, dass eine Obligation zwischen ihr und Lorenzo Arioli bestehe.

A] Worin besteht diese Obligation?

B] Wer ist Gläubiger und wer Schuldner der Obligation?

60 Lorenzo Arioli sagt zu Karin: «Warum soll ich dir CHF 50 bezahlen?», und spielt damit auf den Rechtsgrund für seine Leistungspflicht an.

A] Auf welchen Rechtsgrund stützt sich Karin Scheuchzer ab, wenn sie davon ausgeht, dass sie Lorenzo mit CHF 50 ausgeholfen hat, weil er kein Geld dabeihatte?

B] Welcher Rechtsgrund würde vorliegen, wenn Karin Scheuchzer auf Lorenzo Ariolis Frage «Warum soll ich dir CHF 50 bezahlen?» antworten würde: «Du hast, ohne mich zu fragen, meinen Waterman-Kugelschreiber genommen und ihn verloren.»

C] Nennen Sie die vier Voraussetzungen, die im Fall B] erfüllt sein müssen, damit Karin Scheuchzer die geforderten CHF 50 tatsächlich von Lorenzo Arioli verlangen kann.

D] Auf welchen Rechtsgrund würde sich Karin Scheuchzer abstützen, wenn sie Folgendes antworten würde: «Als ich dir das Geld gegeben habe, habe ich dir aus Versehen eine 100er-Note anstatt eine 50er-Note gegeben. Nun will ich auch die zu viel bezahlten CHF 50 zurück.»

61 Ist in den nachfolgenden Fällen eine Obligation entstanden und, falls ja, welche? Kreuzen Sie die zutreffende Spalte an.

Vertrag	Unerlaubte Handlung	Ungerechtfertigte Bereicherung	
☐	☐	☐	Fredi Flammer borgt sich von Susi Schedler ohne zu fragen das Auto und verbraucht 10 l Benzin.
☐	☐	☐	Jan Lieberherr hilft dem Bauern Kalbermatten beim Melken der Kühe und erhält dafür 20 l Milch.
☐	☐	☐	Toni Stoll wirft versehentlich die Vase von Claudia Kunz um.
☐	☐	☐	Bruno Bell touchiert mit seinem Fahrrad eine Fussgängerin und verletzt sie.
☐	☐	☐	Der Onkel verspricht seinem Neffen, ihm ein Auto zu schenken, wenn dieser bis zu seiner Volljährigkeit nicht raucht.
☐	☐	☐	Anton Ruoss verkauft dem 16-jährigen Ahmed ein Mofa. Als Ahmeds Eltern dem Kauf nicht zustimmen wollen, verlangt Anton Ruoss das Mofa zurück.

8 Haftpflichtrecht

Lernziele

Nach der Bearbeitung dieses Kapitels können Sie …

- erklären, was man unter dem Haftpflichtrecht versteht.
- zwischen vertraglicher und ausservertraglicher Haftung unterscheiden.
- zwischen Verschuldenshaftungen, milden Kausalhaftungen und scharfen Kausalhaftungen unterscheiden.
- anhand einfacher Beispiele entscheiden, ob die Voraussetzungen der Verschuldenshaftung (OR 41) erfüllt sind.
- die milden Kausalhaftungen, die Geschäftsherrenhaftung (OR 55), Haftung des Tierhalters (OR 56), Werkeigentümerhaftung (OR 58), Haftung des Familienhauptes (ZGB 333) und die Produktehaftpflicht (PrHG) beschreiben und anhand einfacher Beispiele anwenden.

Schlüsselbegriffe

Absicht, adäquater Kausalzusammenhang, ausservertragliche Haftung, Entstehungsgrund, Fahrlässigkeit, Geschäftsherrenhaftung, Haftpflicht, Haftung des Familienhauptes, Haftung des Motorfahrzeughalters, Kausalhaftung, Kausalzusammenhang, milde Kausalhaftung, Produktehaftpflicht, Rechtfertigungsgrund, Schaden, Schadenersatz, scharfe Kausalhaftung, unerlaubte Handlung, Urteilsfähigkeit, Verschulden, Verschuldenshaftung, vertragliche Haftung, Werkeigentümerhaftung, Widerrechtlichkeit

8.1 Haftpflicht bedeutet: Für einen Schaden haften müssen

Obligationen entstehen aus Vertrag, aus unerlaubter Handlung oder aus ungerechtfertigter Bereicherung. Die ersten zwei Entstehungsgründe für Obligationen nehmen wir in diesem Kapitel genauer unter die Lupe, denn das Haftpflichtrecht befasst sich mit der Frage, unter welchen Voraussetzungen jemand für Schäden haften muss, die bei einer anderen Person entstanden sind. Dafür kann es zwei Gründe geben:

- **Ausservertragliche Haftpflicht.** Entstehungsgrund für die Forderung auf Schadenersatz ist eine unerlaubte Handlung. Dabei kann es sich um eine **Verschuldenshaftung** nach OR 41 handeln oder um eine **Kausalhaftung** nach einer besonderen Gesetzesbestimmung.
- **Vertragliche Haftpflicht.** Entstehungsgrund für die Schadenersatzforderung ist eine Vertragsbeziehung zwischen dem Schädiger und dem Geschädigten. Der Schädiger verletzt seine Vertragspflichten und verursacht so einen Schaden beim Geschädigten.

Beispiel

Ausservertragliche Haftpflicht

- **Verschuldenshaftung nach OR 41.** Lara Grond ist auf Besuch bei Lisa, ihrer Freundin. Diese zeigt ihr ein Porzellangeschirr, das sie von ihrer Grossmutter geerbt hat. Die beiden Freundinnen beschliessen, ihren Kaffee aus diesem Porzellan zu geniessen. Lara hilft Lisa beim Abräumen des Geschirrs. Als sie die Kaffeekanne in die Küche trägt, stolpert sie über eine Schwelle und lässt die Kanne fallen. Das Erbstück geht zu Bruch. Lisa verlangt, dass Lara ihr den Schaden vergütet.
- **Kausalhaftung – hier des Tierhalters nach OR 56.** Lara Grond fährt mit ihrem Fahrrad zur Arbeit. Plötzlich taucht ein Hund auf. Er rennt dem Fahrrad nach und schnappt nach Laras Bein. Vor lauter Schreck fällt sie vom Fahrrad und verletzt sich. Dabei zerreisst auch ihr Hosenanzug. Lara weiss, dass der Hund Stefan Baumann gehört. Sie stellt ihm den Schaden in Rechnung. Stefan Baumann möchte die Rechnung nicht bezahlen mit folgender Begründung: Er habe nur schnell das Gartentor offen gelassen, da sei ihm der Hund davongelaufen. Er könne nichts dafür. Der Hund habe bestimmt nur mit Lara Grond spielen wollen. Es sei Laras Schuld, wenn sie so unsicher Fahrrad fahre.

Vertragliche Haftpflicht

- Lara Grond zieht in eine neue Wohnung. Sie schliesst mit einer Umzugsfirma einen Vertrag ab. Beim Zerlegen des Schranks beschädigt ein Mitarbeiter eine Schranktür. Die Umzugsfirma muss für diesen Schaden aufkommen. Sie haftet dabei aus Vertrag, weil sie sich verpflichtet hat, den Umzug sorgfältig und ohne Beschädigung von Sachen des Auftraggebers zu erledigen.

Sie werden jetzt vielleicht sagen: «Kein Problem, das zahlt doch alles die Versicherung!» So einfach ist die Sache nicht: Eine Haftpflichtversicherung schliessen wir ab, damit wir vor grossen Schadenszahlungen aus Haftpflicht geschützt sind. Die Haftpflichtversicherung übernimmt an unserer Stelle den Schaden, den wir eigentlich selbst bezahlen müssten, weil wir haftpflichtig geworden sind.

8.2 Ohne Vertrag haften: die ausservertragliche Haftung

Wie bereits erwähnt: Dort, wo keine vertragliche Beziehung zwischen schädigender und geschädigter Person besteht, sprechen wir von **ausservertraglicher Haftung** und wir unterscheiden die Verschuldenshaftung und die Kausalhaftungen.

8.2.1 Aus Verschulden haften

OR 41 I beschreibt den Grundsatz der **Verschuldenshaftung:** «Wer einem anderen widerrechtlich Schaden zufügt, sei es mit Absicht, sei es aus Fahrlässigkeit, wird ihm zum Ersatze verpflichtet.» Die Verschuldenshaftung ist die Grundform der ausservertraglichen Haftung. Sie entsteht, wenn durch eine schädigende Handlung oder durch eine Unterlassung einer Person einer anderen Person ein Schaden zugefügt wird.

Damit jemand aus Verschulden haftet, müssen **vier Voraussetzungen** (Tatbestandsmerkmale) erfüllt sein: Schaden, Widerrechtlichkeit, adäquater Kausalzusammenhang und Verschulden.

Abb. [8-1]   Die vier Tatbestandsmerkmale der Verschuldenshaftung

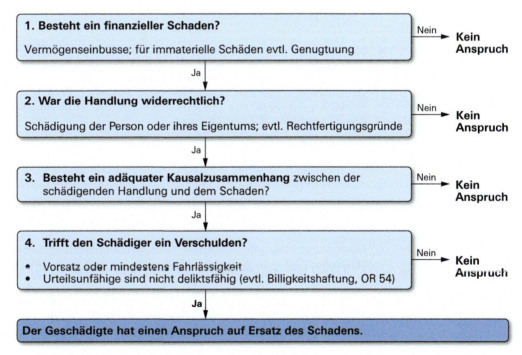

A] Erste Voraussetzung: finanzieller Schaden

Mit einem finanziellen Schaden ist eine **Vermögenseinbusse** beim Geschädigten gemeint; meistens handelt es sich um Sachschäden oder andere Vermögensschäden, nicht selten aber auch um Personenschäden (OR 45 f.). Liegt kein solcher Schaden vor, gibt es auch keine Schadenersatzpflicht. Allerdings kann der Geschädigte für nicht finanziell messbare Schäden unter Umständen eine **Genugtuung** (OR 47 und 49) verlangen. Man spricht in diesem Zusammenhang auch von Schmerzensgeld.

Beispiel

- **Schadenersatz bei Sachschaden:** Serge Strasser ist mit dem Fahrrad unterwegs. Aus Unachtsamkeit fährt er in den Marktstand von Hanna Glaser und beschädigt einen grossen Teil von Hanna Glasers angebotener Ware (OR 41). Er muss Hanna Glaser den Gegenwert der beschädigten Ware ersetzen; allerdings nur dann, wenn alle vier Voraussetzungen der unerlaubten Handlung erfüllt sind.
- **Schadenersatz bei Personenschaden:** Tanja Bieri ist morgens wieder einmal spät dran. Der Zug fährt in zwei Minuten ab. Sie rennt, so schnell sie kann, durch die Bahnhofshalle. Aus Versehen rempelt sie Luc Nardon an, der so ungeschickt hinfällt, dass er sich den Arm bricht. Luc Nardon ist selbstständig erwerbend und muss deshalb den Lohnausfall selbst tragen. Sein Schaden umfasst unter anderem sämtliche Arzt-, Spital- und Heilungskosten und den gesamten Lohnausfall (OR 46).
- **Genugtuung** (Schmerzensgeld): Ein Raser fährt mit über 70 km/h durch eine Wohnstrasse. Er übersieht die spielenden Kinder und überfährt die 5-jährige Claudia. Claudia ist sofort tot. Die Eltern und Geschwister von Claudia sind natürlich verzweifelt. Verzweiflung allein ist aber kein finanzieller Schaden. Der einzige finanzielle Schaden, der entsteht, sind die Begräbniskosten. Nun sieht aber OR 47 vor, dass die Angehörigen eine angemessene Geldsumme als Genugtuung verlangen können, wenn dies unter Würdigung der Umstände als angemessen erscheint. In einem Streitfall wird der Richter dabei vor allem berücksichtigen, wie schwer der Verlust die Angehörigen trifft und wie schwer das Verschulden des Schädigers wiegt.

Nicht verwechseln! Eine unerlaubte Handlung kann gleichzeitig auch eine Straftat sein (OR 53). Je nach Situation sind also zwei Rechtsgebiete für ein und dieselbe Tat zuständig. Das Strafrecht entscheidet, ob ein Schädiger mit Busse oder Gefängnis bestraft wird; das OR, ob und wie viel Schadenersatz der Schädiger dem Geschädigten zu leisten hat.

B] Zweite Voraussetzung: widerrechtliches Verhalten des Schädigers

Widerrechtlich ist jeder unerlaubte Eingriff in die **Persönlichkeit** eines Menschen sowie in sein **Eigentum** und seinen **Besitz.**

Beispiel

- **Verletzung der Persönlichkeit** (Verletzung der Gesundheit, Privatsphäre oder Ehre eines andern): Jemand verletzt oder tötet eine Person; ein Voyeur beobachtet in der Nacht regelmässig das Schlafzimmer der Nachbarwohnung und verletzt damit die Privatsphäre der Nachbarn; jemand verbreitet verleumderische Unwahrheiten über eine andere Person usw.
- **Verletzung des Eigentums:** Jemand bricht die Antenne an einem Auto ab; ein Einbrecher stiehlt den Schmuck und die Barschaft.

Ausnahmsweise sind Eingriffe in geschützte Rechtsgüter zulässig, dann nämlich, wenn es einen **Rechtfertigungsgrund** gibt. Das sind: Einwilligung des Geschädigten, rechtlich zulässige Amtshandlung einer Behörde, Notwehr des Geschädigten (OR 52).

C] Dritte Voraussetzung: adäquater Kausalzusammenhang zwischen schädigender Handlung und Schaden

Zwischen der schädigenden Handlung und dem Schaden muss ein Verhältnis von **Ursache und Wirkung** bestehen. Dabei prüfen die Gerichte nach der folgenden Formel: Ist eine Handlung nach dem **normalen Lauf der Dinge** geeignet, ein bestimmtes Resultat – eben den Schaden – zu bewirken? Nur wenn diese Frage bejaht werden kann, ist der adäquate Kausalzusammenhang gegeben.

Beispiel

- Sie erinnern sich an Lara, die über die Schwelle stolperte und die Kaffeekanne fallen liess. Weil sie stolperte und die Kanne fallen liess, entstand der Schaden. Zwischen der Ursache (das Stolpern) und der Wirkung (defekte Kaffeekanne) entsteht ein direkter Zusammenhang.
- Marcel Diesbach wird auf dem Weg zum Bahnhof vom Velofahrer Jonas Zähringer angefahren; er zerreisst sich bei dem Unfall die Hose und verletzt sich geringfügig am Knie. Durch den Unfall aufgehalten, versäumt Marcel Diesbach jedoch seinen Zug und nimmt den nächsten. Dieser Zug entgleist und Marcel Diesbach bricht sich bei dem Zugunglück nun auch noch den Arm. Im Spital holt er sich am zweiten Tag eine Lebensmittelvergiftung. Muss Jonas Zähringer nun für alle Kosten, die Marcel Diesbach aufgrund des Velounfalls entstanden sind (Sachschaden an der Hose, Heilungskosten für den gebrochenen Arm, Schmerzensgeld für die Lebensmittelvergiftung), aufkommen? Vernünftigerweise kann die Antwort nur «Nein» lauten, denn eine solche Haftung würde ins Uferlose führen. Daher verlangen die Gerichte einen sogenannten adäquaten Kausalzusammenhang, d. h. eine minimale Nähe von Ursache und Wirkung. Nach dem normalen Lauf der Dinge muss eine bestimmte Ursache geeignet sein, eine bestimmte Wirkung zu erzielen. Das ist für die zerrissene Hose und das aufgeschürfte Knie zweifellos der Fall, nicht aber für den gebrochenen Arm und die Lebensmittelvergiftung.

D] Vierte Voraussetzung: Verschulden des Schädigers

Der Schädiger muss die Schädigung **schuldhaft** verursacht haben. Schuld im Sinne von OR 41 hat zwei Komponenten:

Der Schädiger muss absichtlich oder zumindest fahrlässig gehandelt haben. Wer mit Absicht handelt, will einen Schaden bewusst (mit Vorsatz) herbeiführen – oder er nimmt zumindest bewusst in Kauf, dass es zu einem Schaden kommt (Eventualvorsatz). Wer mit Fahrlässigkeit handelt, sieht pflichtwidrig einen Schaden nicht voraus. Man kann zum Schädiger sagen: «Das hätte nicht passieren dürfen, du hättest unbedingt besser aufpassen müssen!» Der Dieb handelt absichtlich. Er will ja stehlen. Wer in Eile jemanden umrempelt, handelt dagegen fahrlässig. Es ist ja nicht sein Ziel, jemanden zu schädigen. Er handelt bloss unvorsichtig.

Zudem muss der Schädiger urteilsfähig sein, d. h. fähig sein, vernunftgemäss zu handeln und das mögliche Resultat einer Handlung abzuschätzen (ZGB 16). Wer urteilsunfähig ist, kann auch keine unerlaubte Handlung begehen (ZGB 17, evtl. Billigkeitshaftung, OR 54).

8.2.2 Auch ohne eigenes Verschulden haften: die Kausalhaftungen

Die **Kausalhaftungen** sind die Ausnahmen vom Grundsatz der Verschuldenshaftung. Wir können zwischen der milden (oder gewöhnlichen) Kausalhaftung und der scharfen Kausalhaftung (oder Gefährdungshaftung) unterscheiden. Die Kausalhaftungen sind in besonderen Gesetzesbestimmungen geregelt.

A] Milde Kausalhaftungen

Denken Sie zurück an Stefan Baumann, dessen Hund nach Lara Gronds Bein geschnappt hat. Der Halter eines Hunds ist verantwortlich dafür, dass sein Hund keinen Schaden anrichtet. Das heisst, er muss den Hund erziehen, richtig beaufsichtigen und halten und alle notwendigen Massnahmen treffen, dass nichts passiert. Unterlässt er diese Sorgfaltspflichten, so wird er haftpflichtig, sofern auch die anderen Voraussetzungen für die Haftung erfüllt sind.

Drei der Voraussetzungen, die Sie bereits aus der Verschuldenshaftung kennen, müssen folglich bei der milden Kausalhaftung ebenfalls erfüllt sein: Schaden, Widerrechtlichkeit und adäquater Kausalzusammenhang. Die milde Kausalhaftung unterscheidet sich somit nur in der **vierten Voraussetzung,** nämlich in der Frage, ob die vom Gesetz verlangte **Aufsichts- bzw. Sorgfaltspflicht verletzt** wurde. Bei einem Teil der Kausalhaftungen ist es möglich, sich von der Haftung zu befreien. Dazu muss der Haftpflichtige beweisen, dass er keine Aufsichts- und Sorgfaltspflichten verletzt hat.

Zur milden Kausalhaftung gehören insbesondere die folgenden Fälle:

Abb. [8-2]   Milde Kausalhaftung

Haftung des Geschäftsherrn (OR 55)	
Voraussetzung	Der Geschäftsherr haftet für die Handlung einer Hilfsperson, wenn diese in Ausübung dienstlicher oder geschäftlicher Verrichtungen einen Schaden anrichtet. Die Geschäftsherrenhaftung setzt ein Unterordnungsverhältnis zwischen der Hilfsperson und dem Geschäftsherrn voraus.
Befreiung von der Haftung	Der Geschäftsherr kann sich von der Haftung befreien, wenn er beweist, dass er seine Sorgfaltspflichten bei Auswahl, Instruktion und Kontrolle der Hilfsperson nicht verletzt hat oder dass der Schaden trotz gehöriger Sorgfalt eingetreten wäre.
Beispiel	Bei der Erfüllung eines Malauftrags in einer Mietwohnung schüttet der Mitarbeiter des Malergeschäfts beim Kunden versehentlich Lösungsmittel auf den Parkettboden.
Haftung des Tierhalters (OR 56)	
Voraussetzung	Der Tierhalter haftet für Schäden, die sein Tier anrichtet. Als Halter eines Tiers gilt, wer z. B. über das Tier verfügen kann, für das Tier sorgt und das Tier nutzt. Ob jemand Halter ist, beurteilt sich nach den konkreten Umständen des Falls. Halter eines Pferds ist z. B. die Person, der das Pferd gehört und die das Pferd trainiert und reitet, nicht aber die Person, bei der das Pferd untergebracht ist und die es – im Auftrag des Besitzers – allenfalls füttert und den Stall ausmistet.
Befreiung von der Haftung	Auch der Tierhalter kann sich von der Haftung befreien, wenn er beweist, dass er alle gebotene Sorgfalt angewendet hat oder dass der Schaden trotz gehöriger Sorgfalt eingetreten wäre.
Beispiel	Stefan Baumanns Hund greift Lara Grond auf ihrem Weg zur Arbeit an, worauf sie stürzt und sich ihren Hosenanzug zerreisst.
Haftung des Werkeigentümers (OR 58)	
Voraussetzung	Der Werkeigentümer haftet für den mangelhaften Unterhalt und die fehlerhafte Anlage. Fehlerhaft ist ein Werk, das keine genügende Sicherheit für den bestimmungsgemässen Gebrauch bietet. Von einem Werk spricht man, wenn eine Sache stabil und mit der Erde direkt oder indirekt verbunden und von Menschenhand geschaffen wurde (z. B. Bauten, Strassen, Plätze, Leitungen usw.).
Befreiung von der Haftung	Ob der Mangel durch Unsorgfalt, Zufall oder durch das Verhalten von Drittpersonen entstand, spielt für die Haftung keine Rolle: Der Werkeigentümer kann sich nicht von der Haftung befreien.
Beispiel	Die Kinder spielen beaufsichtigt von ihren Müttern im Garten von Hannes Meyer. In einem kurzen unbeaufsichtigten Moment entfernt sich ein Kind und ertrinkt in dem als Biotop angelegten Teich des Nachbarn, der ungenügend gesichert ist.
Haftung des Familienhauptes (ZGB 333)	
Voraussetzung	Das Familienhaupt haftet für Personen, die aufsichtsbedürftig sind und im gleichen Haushalt leben. Aufsichtsbedürftig sind Minderjährige, verbeiständete Geisteskranke oder Geistesschwache. Die Aufsichtsbedürftigen stehen in einem Unterordnungsverhältnis zum Familienhaupt.
Befreiung von der Haftung	Das Familienhaupt kann sich befreien, indem es den Sorgfaltsbeweis erbringt: Es muss beweisen, dass es das durch die Umstände gebotene Mass an Sorgfalt in der Beaufsichtigung der aufsichtsbedürftigen Person angewendet hatte oder dass der Schaden trotzdem eingetreten wäre.
Beispiel	Ein 11-jähriger Knabe nimmt das Jagdgewehr seines Vaters. Als sich ein Schuss löst, wird sein Freund schwer verletzt. Der Vater wird haftpflichtig. Er hat weder verhindert, dass die Kinder auf das Gewehr Zugriff hatten, noch hat er ein Verbot, damit zu spielen, ausgesprochen.
Produktehaftpflicht (PrHG)	
Voraussetzung	Die Produktehaftpflicht ist im Bundesgesetz über die Produktehaftpflicht (PrHG) geregelt: • Der Produkthersteller haftet für Sach- oder Personenschäden, die durch ein fehlerhaftes Produkt entstehen. Der Hersteller haftet allerdings nur für die Mangelfolgeschäden, nicht für Schäden am Produkt selbst. Als Produkte gelten bewegliche Sachen. • Der Produkthersteller haftet, wenn das Produkt nicht die Sicherheit bietet, die der Benutzer nach den Umständen erwarten darf.
Befreiung von der Haftung	Der Produkthersteller kann sich in einzelnen vom Gesetz (PrHG 5) genannten Fällen von der Haftung befreien, wenn er z. B. beweist, dass der Fehler nach dem aktuellen Stand der Wissenschaft nicht erkannt werden konnte.
Beispiel	Olga Hirt stellt den Christbaum in einem neuen Christbaumständer auf. Als die Kerzen angezündet sind, fällt der Christbaum plötzlich um. Ein Plastikteil, das den Christbaum hätte halten sollen, hat nachgegeben. Durch den nachfolgenden Wohnungsbrand wird Olga Hirts Mobiliar zerstört.

B] Scharfe Kausalhaftung (Gefährdungshaftung)

Von Gefährdungshaftungen spricht man, wenn der Halter für eine **Vorrichtung** oder für eine **Sache** verantwortlich ist, die eine **besondere Gefährdung** für die Umwelt darstellt. Die besondere Gefährdung kann im Gefahrenpotenzial liegen, besonders schwere Schäden herbeizuführen.

Beispiel	Typische Gefährdungshaftungen sind die Motorfahrzeughaftung, die Haftung des Luftfahrzeughalters, des Eisenbahnbetreibers oder der Inhaber einer Atomanlage oder einer Rohrleitungsanlage.

Die Voraussetzungen für eine Haftpflicht sind in den einzelnen **Spezialgesetzen** umschrieben. Eine Entlastung von der Haftpflicht ist in der Regel nach Gesetz einzig durch folgende Gründe, die den kausalen Zusammenhang unterbrechen, möglich:

- Grobes Drittverschulden
- Höhere Gewalt, namentlich ein Naturereignis
- Grobes Selbstverschulden des Geschädigten

Drei der Voraussetzungen, die Sie bereits aus der Verschuldenshaftung kennen, müssen also auch bei der scharfen Kausalhaftung erfüllt sein: Schaden, Widerrechtlichkeit und adäquater Kausalzusammenhang. Auch die scharfen Kausalhaftungen unterscheiden sich somit nur in der **vierten Voraussetzung** von der Verschuldenshaftung: im Betreiben einer Vorrichtung oder einer Sache, die als besonders gefährlich gilt.

8.3 Zur Vertiefung: die vertragliche Haftung

Die **vertragliche Haftung** kommt dann zum Zug, wenn zwischen der geschädigten und der schädigenden Partei eine **vertragliche Beziehung** besteht. Wir sprechen in zwei Fällen von vertraglicher Haftung, nämlich

- wenn eine Vertragspartei die von ihr **versprochene Leistung** aus diesem Vertrag nicht oder unvollständig erbringt und daraus ein Schaden entsteht (OR 97 I);
- wenn ein Unternehmen (ein Geschäftsherr) eine **Hilfsperson** einsetzt und diese eine Vertragsverletzung begeht (OR 101). Die schädigende Partei haftet für die Fehler der Mitarbeitenden.

In diesen Fällen muss der Schuldner der geschädigten Vertragspartei den Schaden ersetzen.

Zusammenfassung

Man unterscheidet die folgenden Haftungsarten:

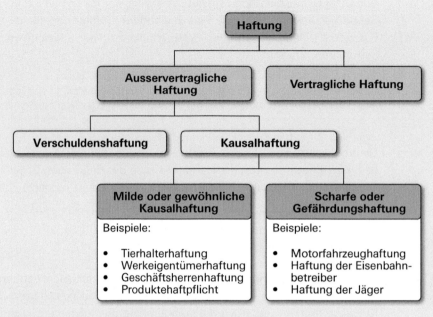

Die vier Voraussetzungen der Verschuldenshaftung:

1. **Finanzieller Schaden** (Vermögenseinbusse, evtl. Genugtuung)
2. **Widerrechtliche Handlung** (Eingriff in Persönlichkeit, Eigentum oder Besitz)
3. **Adäquater Kausalzusammenhang** (zwischen schädigender Handlung und Schaden)
4. **Verschulden des Schädigers** (absichtliches, fahrlässiges Handeln und Urteilsfähigkeit des Schädigers)

Die milde und die scharfe Kausalhaftung stellen Ausnahmen vom Grundsatz der Verschuldenshaftung dar; die Regelungen sind zum Teil im OR und zum Teil in Spezialgesetzen festgehalten:

- Bei der **milden Kausalhaftung** lautet die vierte Voraussetzung: «Wurden die vom Gesetz verlangten Aufsichts- und Sorgfaltspflichten verletzt?» Sie kommt insbesondere bei der Haftung des Geschäftsherrn, des Tierhalters, des Werkeigentümers und des Familienoberhaupts sowie bei der Produktehaftpflicht zur Anwendung.
- Bei der **scharfen Kausalhaftung** lautet die vierte Voraussetzung: «Schuf der Halter durch eine Vorrichtung oder eine Sache eine besondere Gefährdung?» Sie kommt zum Tragen, wenn der Halter für eine Vorrichtung oder eine Sache verantwortlich ist, die ein besonderes Gefährdungspotenzial für die Umwelt darstellt.

Repetitionsfragen

62 Ein Gast muss im Restaurant Sonne auf die Toilette. Dazu muss er eine steile, schlecht beleuchtete Treppe ohne Treppengeländer hinabsteigen. Auf dem untersten Treppenabsatz stürzt er so unglücklich, dass er querschnittgelähmt liegen bleibt. Wer haftet aus welchem Grund für den Unfall?

63 Eine Autofahrerin ist sehr in Eile, um zu einer wichtigen Sitzung zu gelangen. An einer Kreuzung übersieht sie das Rotlicht. Es kommt zu einer heftigen Kollision mit einem anderen Fahrzeug.

A] Welche Art von Haftung liegt hier vor?

B] Kann sich die Autofahrerin von der Haftung befreien, wenn sie geltend macht, die Sonne habe sie derart geblendet, dass sie das Rotlicht nicht erkennen konnte?

64 Ein Automobilist versucht während der Fahrt, eine Wespe zu erschlagen, die ihn belästigt. Dabei gerät er auf die Gegenfahrbahn und kollidiert mit einem entgegenkommenden Fahrzeug, dessen Lenker glücklicherweise nur leicht verletzt wird. Als die Mutter des verletzten Lenkers vom Unfall erfährt, erleidet sie einen Herzinfarkt.

A] Ist der unfallverursachende Automobilist am Unfall schuld?

B] Ist der unfallverursachende Automobilist am Herzinfarkt der Mutter des verletzten Lenkers schuld?

65 Der 17-jährige Erwin Kugler fährt mit dem Skateboard auf dem Trottoir. Er verliert die Kontrolle und rast in eine Schaufensterscheibe. Diese zerbricht. Der Ladenbesitzer ist der Meinung, Kugler müsse den Schaden von insgesamt CHF 2 500 bezahlen. Prüfen Sie, ob die vier Voraussetzungen für eine unerlaubte Handlung erfüllt sind.

66 Für bestimmte Fälle ist die Haftung eines Schädigers schärfer geregelt als nach OR 41.

A] Wie nennt man solche Haftungen?

B] Welcher Unterschied zur Haftung nach OR 41 ist zentral? (Tipp: Denken Sie an die Voraussetzungen für die Haftung.)

C] Nennen Sie zwei Beispiele von solchen Haftungen.

9 Vertragsentstehung

Lernziele	Nach der Bearbeitung dieses Kapitels können Sie …
	• die vier Voraussetzungen für die Entstehung von Obligationen aus Vertrag aufzeigen und ihre Bedeutung an Beispielen beschreiben.
	• den Einigungsprozess der Vertragspartner umschreiben und an Beispielen aufzeigen, ob es zu einer Einigung gekommen ist.
	• beurteilen, ob eine Person fähig ist, gültig einen Vertrag abzuschliessen.
	• ermitteln, wann welche Art von Formvorschrift für einen Vertragsabschluss nötig ist.
	• erklären, unter welchen Voraussetzungen ein Vertragsinhalt unzulässig ist und welche Folgen das für die Vertragsentstehung hat.
Schlüsselbegriffe	allgemeine Geschäftsbedingungen (AGB), Annahme, Antrag, einfache Schriftlichkeit, Einigung, Entstehung, Form, Geschäftsfähigkeit, Handlungsfähigkeit, Hauptpunkt, Nebenpunkt, Nichtigkeit, öffentliche Beurkundung, Offerte, Schaufensterauslage, Schriftform, Unmöglichkeit, Unsittlichkeit, Urteilsfähigkeit, Vertragsfähigkeit, Vertragsinhalt, Volljährigkeit, Werbeprospekt, Widerrechtlichkeit, Widerruf

Ein **Vertrag** ist ein gegenseitiges Leistungsversprechen zweier Vertragspartner. Damit ein Vertrag entsteht, müssen **vier Voraussetzungen** erfüllt sein:

1. **Einigung** über den Vertragsinhalt
2. **Vertragsfähigkeit** des Vertragspartners
3. **Richtige Form** des Vertrags
4. **Zulässiger Inhalt** des Vertrags

9.1 Die Einigung über den Vertragsinhalt

Damit ein Vertrag entsteht, müssen sich die beiden Parteien einigen. Einigen heisst: Beide **äussern** den Willen, miteinander einen **Vertrag** mit einem **bestimmten Inhalt** einzugehen.

Beispiel	Mario möchte ein Handy. Sabrina hat zum Geburtstag ein neues Modell erhalten, obwohl ihr altes Handy noch tadellos funktioniert. Daraufhin spielt sich folgendes Gespräch ab:
	Mario: «Du, Sabrina, würdest du mir dein altes Handy verkaufen?»
	Sabrina: «Warum nicht? Ich will CHF 230 dafür.»
	Mario: «Das ist zu viel. Für CHF 190 würde ich es nehmen.»
	Sabrina: «Abgemacht.»
	Damit haben sich die beiden über einen Vertrag geeinigt. Sabrina verspricht Mario das Handy. Mario verspricht Sabrina als Gegenleistung CHF 190.

Die Willensäusserungen bestehen im **Antrag** der einen und in der **Annahme** der anderen Partei. Anstatt «Antrag» sagt man heute «Offerte».

9.1.1 Was ist eine verbindliche Offerte?

Eine verbindliche **Offerte** liegt vor, wenn ein Verhandlungspartner dem anderen einen konkreten Vorschlag für einen Vertragsabschluss macht. Er sagt sinngemäss: «Willst du mit mir einen Vertrag zu den Bedingungen XY abschliessen?»

Darauf hat der Angesprochene **drei** Reaktionsmöglichkeiten:

- «Einverstanden!» – Resultat: übereinstimmende Willensäusserung – Offerte und damit **Vertrag angenommen**
- «Nein!» – Resultat: **keine** übereinstimmende Willensäusserung – Offerte und damit **Vertrag abgelehnt**
- «**Ja, aber** nicht zu den vorgeschlagenen Bedingungen, sondern ...» – **Gegenofferte,** auf die der Partner nun wieder reagieren kann

Ob jemand eine verbindliche Offerte unterbreitet, ergibt sich aus den Umständen. Sobald für den Verhandlungspartner erkennbar ist, dass der andere einen ernst gemeinten Vorschlag für einen Vertrag macht, liegt eine verbindliche Offerte vor. Das kann ausdrücklich geschehen, manchmal aber auch stillschweigend durch die konkreten Umstände.

Beispiel

- **Ausdrückliche Offerte:** Willi Kunz will 5 000 Liter Heizöl beschaffen. Er erkundigt sich bei verschiedenen Lieferanten unverbindlich nach den Preisen. Er stellt fest, dass die Firma Rossi am günstigsten ist. Er ruft an und bestellt die 5 000 Liter Heizöl zu CHF 0.80 je Liter. Daraus ist eindeutig zu erkennen, dass er nun einen Vertrag abschliessen will. Es handelt sich um eine verbindliche Offerte, die Rossi annehmen oder ablehnen bzw. auf die er mit einer Gegenofferte reagieren kann.
- **Stillschweigende Offerte:** Zu einem Vertragsabschluss kann es kommen, ohne dass einer der beiden Partner ein Wort sagt: Sylvia Albin stöbert in der Zeitschriftenauslage eines Kiosks. Sie nimmt eine Wochenzeitschrift heraus und legt den Kaufpreis von CHF 5 hin. Für den Verkäufer ist klar, was damit gemeint ist. Er nimmt wortlos die CHF 5 entgegen. Damit ist der Vertrag gültig zustande gekommen und gleichzeitig auch erfüllt worden (Kaufpreis gegen Kaufgegenstand).

9.1.2 Bindungsdauer einer Offerte

Der Offerierende kann die Gültigkeitsdauer seiner Offerte **zeitlich befristen** (OR 3 I). So sagt er, wie lange er gebunden sein will (z. B. mit dem Zusatz: «Verbindlich bis 30. Juni 20xx»). Trifft die Annahme innert dieser Zeit bei ihm ein, kommt der Vertrag gültig zustande.

Ohne zeitliche Befristung der Offerte gelten OR 4 und 5:

- OR 4 regelt die **direkte Kommunikation,** d. h. das Livegespräch unter Anwesenden oder per Telefon. Die Bindungsdauer einer Offerte ist kurz. Sie muss **sofort** im gleichen Gespräch angenommen werden.
- OR 5 regelt die **indirekte Kommunikation** (Brief, Mail usw.). In diesem Fall ist eine Offerte so lange verbindlich, wie ein Austausch der Mitteilungen im Normalfall dauert:
  - **Briefwechsel:** Als Faustregel gehen die Gerichte davon aus, dass dies etwa **fünf Tage** sind (je zwei Tage für die Post und ein Tag für die Entscheidung).
  - **Fax oder E-Mail: ein Tag** Entscheidungsfrist (die Zeit für den Weg entfällt).

Abb. [9-1]   Die Gültigkeitsdauer von Offerten

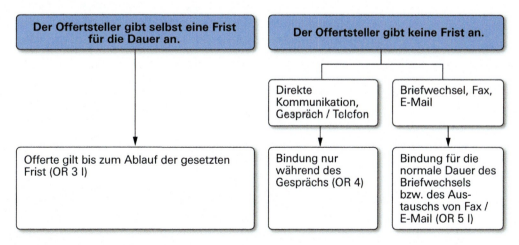

9.1.3 Minimaler Inhalt einer Offerte

Die Parteien müssen sich über die **gegenseitigen Leistungen** einigen. Es geht um das «Was» und das «Wie viel». Das OR spricht von den **Hauptpunkten** des Vertrags. Das sind beim Kaufvertrag der **Kaufpreis** und der **Kaufgegenstand,** beim Mietvertrag das **Mietobjekt** und der **Mietzins,** beim Arbeitsvertrag die **Arbeitsleistung** und der **Lohn.**

Beispiel Matthias Meier hat ein altes VW-Käfer-Cabriolet. Kurt Fehr möchte dieses schon lange haben. Bei einem Treffen sagt Fehr unvermittelt: «Ich kaufe dein Cabriolet.» Darauf Matthias Meier sofort: «Einverstanden!» Auf den ersten Blick scheint eine Einigung zustande gekommen zu sein. Ein wesentliches Element fehlt: der Preis. Vielleicht meint Kurt Fehr: «Ich kaufe für CHF 3500», Matthias Meier hingegen: «Ich verkaufe für CHF 10 000.» Da sich die beiden über ein wesentliches Element des Handels nicht geäussert haben, besteht auch keine Einigung. Ein Vertrag kommt so nicht zustande.

Alle anderen Vertragspunkte – z. B. Lieferfristen, Zahlungsmodalitäten, Garantie – sind aus Sicht des OR **Nebenpunkte.** Darüber können sich die Vertragspartner einigen, sie müssen dies aber nicht. Für fehlende Abmachungen hält das OR Regeln bereit, die dann gelten.

9.1.4 Nebenpunkte in allgemeinen Geschäftsbedingungen (AGB)

Nebenpunkte werden heute oft in **«allgemeinen Geschäftsbedingungen»** (AGB) geregelt. Das sind vorformulierte Vertragspunkte einer Partei. Die andere Partei muss ihnen **zustimmen.** Nur dann haben sich die Parteien über die darin enthaltenen Nebenpunkte geeinigt.

Man kann den AGB auch **blind** zustimmen, ohne sie gelesen zu haben. Man muss aber die Möglichkeit gehabt haben, sie **vor Vertragsabschluss einzusehen,** sonst sind sie ungültig.

Beispiel Paolo Visca kauft eine neue Hi-Fi-Anlage für CHF 2000. Der Verkäufer der Sound Paradies AG legt ihm einen Vertrag vor, in dem die einzelnen Teile der Anlage und der Preis aufgelistet sind. Als letzter Punkt steht im Vertrag: «Im Übrigen gelten unsere allgemeinen Geschäftsbedingungen.»

Paolo Visca unterzeichnet, ohne nach den AGB zu fragen. Nun kommt es wegen einer darin enthaltenen Regelung über die Garantie zum Streit. Will sich die Sound Paradies AG auf diese Regelung berufen, muss sie belegen, dass Paolo Visca die Möglichkeit hatte, vor Vertragsabschluss die AGB zu lesen. Gelingt ihr das nicht, gelten die Regeln, die das OR beim Kaufvertrag über die Garantie aufstellt.

Zum Schutz des Zustimmenden vor ungünstigen AGB gibt es weitere Regeln. Wichtig sind:

- **Ungewöhnlichkeitsregel:** Nach der Gerichtspraxis muss ein **blind Zustimmender** nicht damit rechnen, dass die Regeln der AGB weit vom Standard abweichen, der für die betreffenden Geschäfte üblich ist. Solche Abweichungen sind nur wirksam, wenn der Zustimmende sie bewusst zur Kenntnis nimmt. Ungewöhnlich ist z. B., wenn der Verkäufer in einem regulären Kaufgeschäft seine Haftung für Mängel des Kaufgegenstands wegbedingen will. Dazu muss der Käufer bewusst zustimmen.
- **Missbräuchliche AGB:** Nach dem Gesetz gegen den unlauteren Wettbewerb sind AGB **zum Nachteil von Konsumenten** ungültig, wenn sie ein erhebliches und ungerechtfertigtes Missverhältnis zwischen den vertraglichen Rechten und Pflichten vorsehen (UWG 8).

9.1.5 Sonderfälle von verbindlichen bzw. unverbindlichen Offerten

Unbestellt zugesandte Waren sind keine Offerten (OR 6a). Man kann die betreffende Ware brauchen, aufbewahren oder fortwerfen – den Preis muss man nicht bezahlen.

Beispiel Ein Unternehmer kommt auf die Idee, an alle Haushalte Weihnachtskarten mit Rechnung und Einzahlungsschein zu verschicken. Auf der Rechnung steht: «Wenn Sie die Karten benützen, nehmen Sie unsere Offerte an und sind zur Zahlung verpflichtet.» OR 6a verhindert solche Machenschaften.

Zusätze wie «unverbindlich» oder «freibleibend». Mit dem Zusatz «unverbindlich», «freibleibend», «Änderungen vorbehalten» usw. verliert eine Offerte ihre Bindungskraft (OR 7 I). Der Offertsteller sagt ja ausdrücklich, dass er keine bindende Offerte abgeben will.

Die Versendung von **Werbeprospekten, Preislisten** und die Werbung in Medien (Zeitungen, Fernsehen, Internet) sind **keine verbindlichen Offerten** (OR 7 II). Begründung: Der «Offerent» wäre bei Massenwerbung gar nicht in der Lage, alle seine Ansprechpartner zu beliefern.

Schaufensterauslagen mit Preisangaben sind bindende Offerten (OR 7 III). Wenn ein Gegenstand, mit Preisanschrift versehen, im Schaufenster steht, liegt eine verbindliche Offerte vor. Das heisst: Jeder Passant kann in den Laden gehen und die Offerte annehmen. Das hat folgende Konsequenz: Falls das Geschäft nur noch das Ausstellungsstück hat, muss das Personal es aus dem Fenster nehmen und hergeben.

9.1.6 Widerruf einer Offerte oder eine Annahme

Wer eine bindende Offerte gemacht oder seine Annahme erklärt hat, ist daran gebunden. Sobald sie beim Adressaten eingegangen ist, kann man sie nicht mehr widerrufen. **Widerrufe** sind nur gültig, wenn sie gleichzeitig oder vor der Offerte bzw. der Annahme beim Adressaten eintreffen (OR 9).

Beispiel — Viktor Zülle schickt eine verbindliche Offerte für einen Restposten Bürotische an das Architekturbüro Kuhn. Eine Stunde später bietet ihm ein anderes Unternehmen CHF 200 mehr pro Tisch. Zülle kann die Offerte an Kuhn sofort widerrufen (z. B. per Telefon, Fax oder Mail). Der Widerruf ist aber nur wirksam, wenn er vor der Offerte bei Kuhn ankommt.

9.2 Die Handlungsfähigkeit der Parteien

Um gültige Verträge abzuschliessen, braucht es die **Handlungsfähigkeit** (auch **Geschäftsfähigkeit** oder **Vertragsfähigkeit**). Sie ist im **Zivilgesetzbuch** geregelt, in ZGB 12–19d. Gegenstück zur Handlungsfähigkeit ist die **Handlungsunfähigkeit.** Es gibt Abstufungen, **eingeschränkte** Handlungsfähigkeit sowie **beschränkte** und **vollständige** Handlungsunfähigkeit.

Abb. [9-2] — Handlungsfähigkeit bzw. Handlungsunfähigkeit einer Person

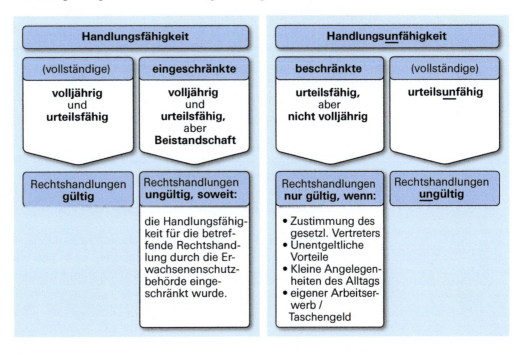

9.2.1 Handlungsfähige Personen

Handlungsfähig ist, wer **volljährig** und **urteilsfähig** ist (ZGB 13):

- **Volljährig** ist, wer das **18. Lebensjahr** vollendet (ZGB 14).
- **Urteilsfähig** ist eine Person, wenn sie in der Lage ist, die Bedeutung und die Konsequenz einer bestimmten Handlung zu erkennen und entsprechend dieser Erkenntnis zu handeln (ZGB 16). Die Urteilsfähigkeit ist immer anhand eines konkreten Geschäfts zu beurteilen. Die Person muss in der Lage sein, sich ein eigenes Urteil über den Vertrag und seine Folgen zu machen. Sie muss abschätzen können, was die vertraglichen Pflichten bei diesem konkreten Vertrag für sie bedeuten. Eine Person kann also urteilsfähig sein bei einem einfachen Vertrag, bei einem komplizierten Vertragsabschluss ist sie es vielleicht nicht.

9.2.2 Handlungsunfähige Personen

Urteilsunfähige Personen sind **vollkommen handlungsunfähig** (ZGB 18). Wer urteilsunfähig ist, vermag durch seine Handlungen keinerlei rechtliche Wirkungen herbeizuführen, denn es fehlt ihm die erforderliche Vernunft. Dabei ist es egal, ob die urteilsunfähige Person **volljährig** oder **minderjährig** ist.

Beispiel

Vollkommen urteilsunfähig sind Kleinkinder. Recht schnell werden Kinder aber in der Lage sein, die Konsequenzen einfacher Geschäfte zu durchschauen:

- So kann man sicher annehmen, dass ein 6-jähriges Kind urteilsfähig ist, was den Kauf von Süssigkeiten am Kiosk angeht.
- Und ein 14-Jähriger kann durchschauen, was es bedeutet, wenn er von seinem ersparten Sackgeld ein Smartphone kauft.
- Dagegen wird man nicht davon ausgehen können, dass ein 14-Jähriger urteilsfähig ist im Hinblick auf den Verkauf einer geerbten Liegenschaft.

Auch Erwachsene können urteilsunfähig sein, z. B. wegen geistiger Behinderung, psychischer Störung, Rausch (Alkohol, Drogen, Medikamente) usw. Auch solche Menschen sind schutzbedürftig. Solange sie urteilsunfähig sind, sind von ihnen abgeschlossene Verträge ungültig.

9.2.3 Beschränkt handlungsunfähige Personen

Urteilsfähige minderjährige Personen und urteilsfähige volljährige Personen unter umfassender Beistandschaft sind beschränkt handlungsunfähig.

A] Urteilsfähige Minderjährige

Urteilsfähige Minderjährige können grundsätzlich nur mit **Zustimmung ihres gesetzlichen Vertreters** (Eltern oder Beistand) gültige Verträge abschliessen (ZGB 19 I). Wenn ein urteilsfähiger Minderjähriger allein einen Vertrag abschliesst, ist der Vertrag **ungültig,** sofern der gesetzliche Vertreter nicht im Nachhinein seine Zustimmung gibt. Bereits ausgetauschte Leistungen müssen zurückgegeben werden (ZGB 19b).

In drei Fällen können urteilsfähige Minderjährige **allein** handeln:

- Beim **eigenen Arbeitserwerb** bzw. Taschengeld
- Bei **unentgeltlichen Vorteilen**
- Bei **geringfügigen Angelegenheiten** des täglichen Lebens

Eigener Arbeitserwerb oder Taschengeld. Jugendliche und Kinder können darüber frei verfügen. Ebenso ist es mit Geld, das ein Jugendlicher von seinen Eltern zur Ausübung eines Berufs oder eines eigenen Gewerbes aus seinem Vermögen bekommt (ZGB 323).

Beispiel	Der 16-jährige Peter schliesst mit dem Bike-Händler einen Kaufvertrag ab. Bezahlt Peter das Bike aus seinem Lehrlingslohn, dann ist dieser Kaufvertrag gültig. Muss er dagegen auf sein Jugendsparkonto zugreifen, weil der Lohn nicht reicht, dann ist der Kaufvertrag nicht ohne Weiteres gültig. Die Eltern können ihre Zustimmung verweigern und damit das Geschäft rückgängig machen.
	Übrigens: Der Händler kann sich nicht damit herausreden, er habe nicht gewusst, dass Peter noch nicht volljährig sei oder dass Peter gehandelt habe, ohne die Eltern zu fragen.
	Wenn er sicher sein will, dass das Geschäft gültig ist, muss er sich über Peters Alter vergewissern und die Zustimmung der Eltern einholen (aus Beweisgründen am besten schriftlich, indem er die Eltern auf dem Vertrag mitunterschreiben lässt). Tut er das nicht, muss er damit rechnen, dass die Eltern das Geschäft wieder rückgängig machen.
	Der Händler kann Schadenersatz verlangen, wenn Peter ihn zur irrtümlichen Annahme der Handlungsfähigkeit verleitet hat (ZGB 19b II), wenn Peter z. B. einen gefälschten Schülerausweis vorlegt.

Unentgeltliche Vorteile. Einen Vertrag, der nur Vorteile, aber keine Pflichten bringt, kann ein urteilsfähiger Minderjähriger allein unterschreiben (ZGB 19 II). Hauptfall ist die Schenkung.

Geringfügige Angelegenheiten des täglichen Lebens. Solche Geschäfte können allein getätigt werden (z. B. der Kauf einer Zeitung oder eines Kaugummis).

Hinweis	**Handlungsfähigkeit und Deliktsfähigkeit**
	Urteilsfähige Minderjährige sind zwar nur ausnahmsweise fähig, allein gültige Verträge abzuschliessen. Aus **unerlaubten Handlungen** (OR 41) werden sie aber voll **schadenersatzpflichtig**. Für die **Deliktfähigkeit** genügt Urteilsfähigkeit; Volljährigkeit ist nicht nötig.

B] Urteilsfähige (volljährige) Personen unter umfassender Beistandschaft

Umfassende Beistandschaft bedeutet **Entzug der Handlungsfähigkeit.** Diese schwerwiegende Massnahme soll nach dem Erwachsenenschutzrecht (vgl. ZGB 360 ff.) nur in Ausnahmefällen ergriffen werden, wenn es nicht anders geht. Umfassend verbeiständet wird eine Person z. B., wenn sie dauernd urteilsunfähig ist (vgl. ZGB 398).

Sollte eine Person unter umfassender Beistandschaft ausnahmsweise trotzdem urteilsfähig sein, so gilt im Prinzip das Gleiche wie für minderjährige Personen. Um Verträge abzuschliessen, benötigt sie die **Zustimmung** des Beistands. Allein handeln kann sie bei **unentgeltlichen Vorteilen** und bei **geringfügigen Angelegenheiten** des täglichen Lebens.

9.2.4 (Volljährige) Personen mit eingeschränkter Handlungsfähigkeit

Es gibt volljährige Personen mit eingeschränkter Handlungsfähigkeit. Die Erwachsenenschutzbehörde hat einer solchen Person die Fähigkeit zu **bestimmten Rechtshandlungen** entzogen und einen Beistand dafür bestimmt. Für die bezeichneten Rechtshandlungen ist die betroffene Person nicht handlungsfähig, für alle anderen dagegen schon.

Beispiel	Frau Zeller ist medikamentensüchtig und verschwendet ihr Geld sinnlos. Die Erwachsenenschutzbehörde bestimmt einen Beistand zur Vermögensverwaltung, um Frau Zeller vor dem Absturz in die Armut zu bewahren. Gleichzeitig wird Frau Zellers Handlungsfähigkeit eingeschränkt.

Früher wurde der Entzug der Handlungsfähigkeit publiziert. Das ist für die betroffenen Personen belastend. Nach heutigem Recht werden weder der Entzug noch die Einschränkung der Handlungsfähigkeit publiziert. Wirksam sind diese Massnahmen trotzdem (vgl. ZGB 452). Der **Schutz** der betroffenen Person geht den Interessen des Geschäftsverkehrs vor.

9.3 Die Form eines Vertrags

9.3.1 Grundsatz: Form frei wählbar

Viele meinen, dass ein Vertrag nur verbindlich ist, wenn er schriftlich abgeschlossen wurde. Richtig ist, dass mündliche Verträge im Normalfall die gleiche Geltungskraft haben wie schriftliche, denn Verträge müssen **nur dann schriftlich** abgeschlossen werden, wenn das **Gesetz es verlangt**. Im OR besteht der Grundsatz der **Formfreiheit** (OR 11). Die Vertragspartner sind im Allgemeinen frei, in welcher Form sie ihren Vertrag abschliessen wollen. Sie können sich **mündlich, schriftlich** oder sogar **stillschweigend (z. B. mit Gesten)** einigen.

Beispiel

- **Stillschweigender Vertragsabschluss:** Sylvia Albisser geht zum Kiosk, nimmt wortlos die Tageszeitung und legt dem Verkäufer das Geld hin, der es wortlos entgegennimmt. Dieser Vertrag ist stillschweigend durch Gesten abgeschlossen worden.
- **Mündlicher Vertragsabschluss:** Willi Kunz und Alberto Rossi schliessen telefonisch einen Vertrag ab. Sein Gegenstand: Lieferung von 5 000 Litern Heizöl durch Alberto Rossi.
- **Schriftlicher Vertragsabschluss:** Tamara Rohrer kauft ein neues Auto. Sobald sie mit dem Garagisten handelseinig ist, setzt der Garagist einen Vertrag auf, den beide unterschreiben.

9.3.2 Ausnahme: Das Gesetz verlangt eine Formvorschrift

Bei folgenschweren Geschäften gelten Formvorschriften. Sie haben zwei Funktionen:

- **Warnfunktion:** Schutz der Vertragspartner vor übereilten Entscheiden.
- **Beweisfunktion:** In einem schriftlichen Vertrag steht, was die Parteien vereinbart haben. Bei einem allfälligen Streit kann man darum den Vertragsinhalt leicht beweisen.

Es gibt **drei** Arten der Schriftlichkeit: die **einfache Schriftlichkeit,** die **qualifizierte Schriftlichkeit** und die **öffentliche Beurkundung.**

Abb. [9-3] Die gesetzlichen Formvorschriften

	Was muss man tun, damit die Formvorschrift erfüllt ist?
Einfache Schriftlichkeit	**Schriftliches Dokument** plus **eigenhändige Unterschrift:** • Schreibmaschine, Computer, Handschrift usw. • Unterschreiben müssen alle Personen, die durch den Vertrag verpflichtet werden (OR 13 f.). Beispiele, wo das Gesetz einfache Schriftlichkeit verlangt: • Konkurrenzverbot im Arbeitsvertrag (OR 340 I) • Schenkungsversprechen (OR 243 I) Der eigenhändigen Unterschrift gleichgestellt ist die **elektronische Signatur,** die auf einem qualifizierten **Zertifikat** eines **behördlich anerkannten Zertifizierungsdiensts** beruht (OR 14 IIbis; vgl. auch Bundesgesetz über die elektronische Signatur ZertES).
Qualifizierte Schriftlichkeit	**Schriftliches Dokument** plus **eigenhändige Unterschrift** plus **weitere Vorgaben** Zusätzlich wird verlangt, dass im Schriftstück gewisse Vertragspunkte unbedingt enthalten sein müssen oder dass nicht nur die Unterschrift, sondern auch andere Vertragsbestandteile von Hand geschrieben sein müssen. Beispiele: • Lehrvertrag (OR 344a I und II) • Konsumkreditvertrag (gemäss Konsumkreditgesetz) • Bürgschaftsvertrag, wenn der Bürge eine natürliche Person ist und die Bürgschaft weniger als CHF 2 000 beträgt (OR 493 I und II)
Öffentliche Beurkundung	**Schriftliches Dokument** plus **eigenhändige Unterschrift** plus **Mitwirkung einer Urkundsperson** (Notar). Beispiele: • Kaufvertrag über ein Grundstück (OR 216 I) • Bürgschaftsvertrag, wenn der Bürge eine natürliche Person ist und die Bürgschaftssumme mehr als CHF 2 000 beträgt (OR 493 II)

9.3.3 Verstoss gegen Formvorschriften

A] Grundsatz: Vertrag nichtig

Wenn die vorgeschriebenen Formvorschriften bei einem Vertragsabschluss nicht eingehalten werden, ist das ganze **Geschäft nichtig, d. h., der Vertrag ist unwirksam.**

B] Ausnahme: Nichtigkeit eines Vertragspunkts, Rest des Vertrags gültig

Manchmal verlangt das Gesetz die Schriftform nur für einzelne Vertragspunkte. Wenn man sie vereinbaren will, dann muss man das in der verlangten Form tun. Ist die Form nicht eingehalten, ist nicht der ganze Vertrag ungültig, sondern nur die formbedürftige Klausel.

Beispiel — Der Arbeitsvertrag ist auch formlos gültig. Vereinbart ein Arbeitgeber jedoch mit einem Arbeitnehmer ein Konkurrenzverbot, muss dieses schriftlich sein (OR 340 I). Ist die Schriftform nicht erfüllt, dann ist das Konkurrenzverbot ungültig und der Rest des Arbeitsvertrags gültig.

9.3.4 Schriftliche Verträge sind empfehlenswert

Die meisten Verträge können mündlich abgeschlossen werden. Aus **Beweisgründen** empfiehlt sich aber immer die Schriftform. Wer keinen unterschriebenen Vertrag hat, kann seine Rechte nicht durchsetzen, wenn der Vertragspartner den ganzen Vertrag oder einzelne Vertragspunkte abstreitet. Vor Gericht steht dann Aussage gegen Aussage und nach der Beweisregel von ZGB 8 muss der Richter die Klage abweisen.

Abb. [9-4] Einfachstes Muster für einen schriftlichen Vertrag

---

Vertrag

Thomas Muster, Altaustrasse 9, 8000 Zürich

Denise Echantillon, Pfarrhausgasse 12, 3000 Bern

vereinbaren Folgendes:

1. Gegenstand

1.1 Thomas Muster verpflichtet sich, [… exakte Umschreibung der Leistung von T. Muster …]

1.2 Denise Echantillon verpflichtet sich, [… exakte Umschreibung der Leistung von D. Echantillon …]

2. Weitere Vereinbarungen

[… sofern abgemacht, können, müssen aber nicht, weitere Punkte aufgeführt werden

Ort und Datum,   Ort und Datum,

[… eigenhändige Unterschrift …]   [… eigenhändige Unterschrift …]

Thomas Muster   Denise Echantillon

9.4 Der Inhalt eines Vertrags

Es gilt **Vertragsfreiheit,** d. h., man kann einen Vertrag mit **beliebigem Inhalt** abschliessen. OR 20 I setzt Schranken. Ein Vertrag ist **nichtig,** wenn er einen

- **unmöglichen** oder
- **widerrechtlichen Inhalt** hat oder
- gegen die **guten Sitten verstösst.**

A] Verträge mit (objektiv) unmöglichem Vertragsinhalt

Unmöglich ist der Vertragsinhalt immer dann, wenn schon bei Vertragsabschluss feststeht, dass eine der versprochenen Leistungen objektiv nicht erbringbar ist. Oder anders formuliert: Die versprochene Leistung gibt es gar nicht und deshalb könnte niemand sie erbringen.

Keine Unmöglichkeit liegt vor, wenn eine Person ein Versprechen abgibt, das sie persönlich nicht einhalten kann. Blosses Unvermögen des Schuldners ist subjektive Unmöglichkeit und macht einen Vertrag nicht (objektiv) unmöglich.

Beispiel
- Remo Wild verkauft Lea Fuchsberger das Rennpferd «Arrow». Kurz vor Vertragsabschluss ist das Pferd aber unglücklich gestürzt und gestorben. Bei Vertragsabschluss war Remo Wild darüber noch nicht informiert. Weil man nicht etwas verkaufen kann, das gar nicht mehr existiert, ist dieser Vertragsabschluss ungültig; er hat einen unmöglichen Inhalt.
- Lea Fuchsberger kauft das Rennpferd «Arrow», obwohl sie kein Geld hat. Dieser Vertrag ist nicht ungültig, denn die Zahlungsunfähigkeit ist ein persönliches Unvermögen von Lea Fuchsberger. Deshalb ist der Vertrag rechtsgültig zustande gekommen.

B] Verträge mit widerrechtlichem oder unsittlichem Inhalt

Ein Vertrag hat dann einen **widerrechtlichen** Inhalt, wenn er **gegen eine zwingende Vorschrift** des Privatrechts und des öffentlichen Rechts verstösst.

Recht selten sind Verträge, die gegen die **guten Sitten** verstossen. Nach dem Bundesgericht ist ein Vertrag dann sittenwidrig, wenn er **krass gegen die herrschende Moral,** d. h. gegen das allgemeine Anstandsgefühl oder gegen die ethischen Vorstellungen der Allgemeinheit verstösst.

Beispiel
Unsittlich wären Schmiergeldverträge oder Schweigegeldverträge, bei denen sich jemand gegen Entgelt verpflichtet, eine strafbare Handlung nicht anzuzeigen.

C] Folgen eines unzulässigen Vertragsinhalts

Unmögliche, widerrechtliche oder unsittliche Verträge sind **nichtig** (OR 20 I). Sie haben **keine rechtliche Wirkung;** die Ansprüche der Vertragsparteien werden von keinem Gericht geschützt. Ein nichtiger Vertrag gilt eben als nicht entstanden. Sind nur einzelne Teile eines Vertrags nichtig, kann ein Richter auf **Teilnichtigkeit** entscheiden (OR 20 II).

Beispiel
Der Arbeitsvertrag der Direktorin Katharina Stucki enthält folgende Klausel: «Für allfällige Absenzen wegen Schwangerschaft schuldet der Arbeitgeber keinen Lohn.» Diese Abrede verstösst gegen die zwingende Bestimmung von OR 324a III; hier liegt Teilnichtigkeit des Vertrags vor. Die Klausel ist ungültig, weil rechtswidrig; der Rest des Vertrags bleibt aber bestehen.

Zusammenfassung

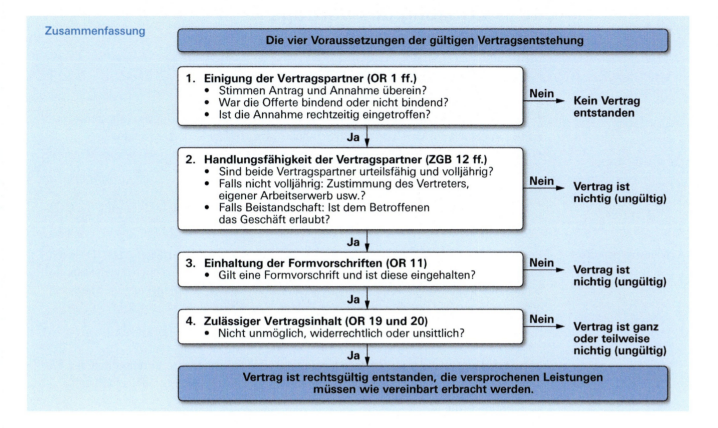

Repetitionsfragen

67

A] Marianne Schild bucht im Internet eine Reise bei der Sun + Fun AG. Ist das Angebot der Sun + Fun AG im Internet eine verbindliche Offerte?

B] Zwei Tage nach der Buchung hat Marianne Schild ihre Reise annulliert. Weshalb ist das kein Widerruf im Sinne von OR 9?

C] Marianne Schild hat per Internet einen Vertrag abgeschlossen. Begründen Sie, aus welchem Grund dieser Internetvertrag das Erfordernis der Schriftform nicht erfüllt.

68

A] Laura Jacobi hat vor drei Wochen ihren 18. Geburtstag gefeiert. Unter welcher Voraussetzung kann sie Verträge gültig abschliessen?

B] Was wäre anders, wenn Laura Jacobi vor drei Wochen den 17. gefeiert hätte?

69

Am Telefon spielt sich folgender Wortwechsel ab:

A: «Du, ich hätte dir ein Bike zu verkaufen.» B: «Ach ja? Wie viel willst du denn dafür?» A: «Ich gebe es dir für CHF 1 000.» B: «Das ist mir zu viel.» Eine Stunde später ruft B nochmals an. B: «Du, dein Angebot mit dem Bike, ich nehme es doch an.» A: «Ich hab es mir nochmals überlegt: Ich will CHF 1 200 dafür.» B: «Nein, du musst mir das Bike für CHF 1 000 geben.»

Ist hier ein Vertrag entstanden? Wenn ja, zu welchem Preis? – Geben Sie den Gesetzesartikel an, auf den Sie sich abstützen.

70

Frau Rossi interessiert sich für einen Perserteppich. Der Händler offeriert zu CHF 8 000. Frau Rossi sagt: «Mit dem Preis bin ich einverstanden, ich möchte aber eine Nacht darüber schlafen. Morgen erhalten Sie Bescheid.» Der Händler antwortet: «Einverstanden.»

A] Hat Frau Rossi den Antrag des Händlers angenommen?

B] Über Nacht merkt der Händler, dass er zu tief kalkuliert hat. Als Frau Rossi anruft, teilt er ihr mit, der Teppich koste nun CHF 8 500. Muss Frau Rossi sich das gefallen lassen?

10 Erfüllung des Vertrags

Lernziele

Nach der Bearbeitung dieses Kapitels können Sie ...

- die dispositiven Regeln des OR zur richtigen Erfüllung erklären.
- bei den Erfüllungsfehlern zwischen Nichterfüllung und Schlechterfüllung unterscheiden.
- das Vorgehen des Gläubigers beim Schuldnerverzug erklären und anwenden.
- die nachträgliche objektive Unmöglichkeit und den Gläubigerverzug als zwei weitere Fälle der Nichterfüllung beschreiben.
- zeigen, wann Forderungen verjähren und welche Folgen dies hat.
- die Verrechnung in den Grundzügen erklären und ihre Bedeutung für den Untergang der Forderung aufzeigen.

Schlüsselbegriffe

Bringschuld, Dienstleistung, Erfüllungsort, Erfüllungsreihenfolge, Erfüllungszeit, Fälligkeit, Fixgeschäft, Gattungssache, Geldschuld, Gläubigerverzug, Holschuld, Lieferschein, Mahngeschäft, Nachfrist, Nichterfüllung, Quittung, Schlechterfüllung, Schuldnerverzug, Speziessache, Teilleistung, Verfalltagsgeschäft, Verjährung, Verrechnung, Wahlrecht, Zug um Zug

In der Erfüllungsphase eines Vertrags **lösen die Vertragspartner ihre Versprechen ein.** Sie erbringen Leistung und Gegenleistung. Folgende Probleme gibt es aus rechtlicher Sicht:

- **Richtige Erfüllung**
- **Fehler bei der Vertragserfüllung**
- **Erlöschen der Obligationen**

10.1 Richtige Erfüllung

Für die Erfüllungsmodalitäten hält das OR in den Artikeln 68–96 dispositive Regeln bereit. Der folgende Merksatz veranschaulicht sie: **Wer** muss **was wem wann** und **wo** leisten?

Abb. [10-1]   Erfüllungsmodalitäten: Wer muss was wem wann und wo leisten?

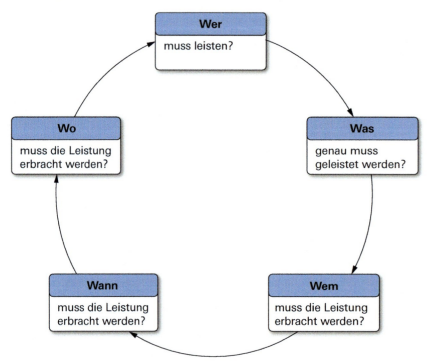

10.1.1 Wer muss erfüllen?

Im Wirtschaftsalltag ist es oft so, dass jemand eine Leistung verspricht und sie dann durch jemand anderen erfüllen lässt. Kurz: Der Schuldner erfüllt nicht persönlich.

Beispiel
- Jean Berndorf schliesst mit Gärtner Luc Mudry einen Vertrag über die Pflege des Gartens ab. Luc Mudry soll im Frühling und im Herbst im Garten für Ordnung sorgen zum Festpreis von CHF 3 000:
- Luc Mudry wird wohl seine Mitarbeitenden schicken.
- Luc Mudry und seine Mitarbeitenden sind in diesem Herbst stark ausgelastet. Darf nun Mudry den Gartenbauunternehmer Luc Plant beauftragen, in diesem Herbst den Garten zu pflegen?

In der Regel darf der Schuldner seine Leistungspflicht an eine andere Person übertragen. Etwas anderes gilt nur, wenn die Vertragspartner eine persönliche Leistung des Schuldners **vereinbart** haben oder – auch ohne Vereinbarung – wenn es bei der vereinbarten Leistung gerade auf die **persönlichen Fähigkeiten** des Schuldners ankommt (OR 68).

Beispiel
Ein Anwendungsfall für die persönliche Leistungspflicht ist der Arbeitsvertrag. OR 321 schreibt sogar vor, dass der Arbeitnehmer persönlich arbeiten muss. Das heisst: Der Arbeitnehmer darf keinen Stellvertreter für seine Arbeitsleistung schicken, wenn er einmal nicht arbeiten möchte.

Persönliche Arbeitspflicht sehen OR 364 II auch für den Werkvertrag und OR 364 II und OR 398 III für den Auftrag vor. Im Wirtschaftsleben wird dort vertraglich oft genau abgemacht, unter welchen Voraussetzungen der Schuldner Mitarbeitende oder andere Unternehmen zur Erfüllung beiziehen darf.

10.1.2 Was muss geleistet werden?

Das Gesetz teilt die Leistungen ein in **Dienstleistungen** und **Sachleistungen** und die Sachleistungen wiederum in **Gattungssachen** und **Speziessachen.**

Bei der **Dienstleistung** werden **körperliche oder geistige Kräfte** eingesetzt, um ein Resultat zu erzielen.

Bei der **Sachleistung** geht es um ein Objekt, das der andere zu Eigentum (z. B. beim Kaufvertrag) oder zum Gebrauch (z. B. beim Mietvertrag) erhält. Auch Geldschulden sind eine Sachleistung. Wichtig ist die Unterscheidung zwischen **Gattungssache** und **Speziessache:**

Bei **Speziessachen** besteht die Leistung in einem individuell bestimmten Gegenstand. Genau dieser muss geliefert werden und kein anderer.

Bei **Gattungssachen** ist der Gegenstand nur der Art, der Menge und der Qualität nach bestimmt. Zu den Gattungssachen gehören auch Geldleistungen. Wenn eine Gattungssache zu liefern ist, darf der Schuldner die Ware aussuchen. Er muss mindestens Ware von mittlerer Qualität anbieten (OR 71).

Beispiel
Ein Occasionsfahrrad ist eine Speziessache, weil es das betreffende Fahrrad nur einmal gibt. Bestellt man dagegen ein neues Fahrrad, dann geht es um einen Gattungskauf. Man bestellt z. B. ein Fahrrad der Marke «Power Bike» mit einer ganz bestimmten Ausrüstung. Davon gibt es mehrere und eines davon will man haben.

Das Fahrrad wird zur Speziessache, wenn sich die Parteien über ein ganz bestimmtes Stück einigen. Das wäre z. B. der Fall, wenn der Verkäufer fragt: «Wollen Sie das Fahrrad, das wir hier im Showroom ausgestellt haben?», und der Käufer sagt: «Okay, wann kann ich es abholen?» Hier haben sich die Parteien in ihrem Vertrag auf ein ganz bestimmtes Fahrrad geeinigt, das der Verkäufer hergeben muss.

A] Muss der Gläubiger Teilleistungen des Schuldners annehmen?

Grundsätzlich muss der Empfänger eine Teilleistung nicht akzeptieren (OR 69 I). Der Schuldner ist folglich nicht berechtigt, seine Leistung in «Raten» zu erbringen. Etwas anderes gilt nur, wenn dies vertraglich vereinbart ist oder wenn der Gläubiger es akzeptiert. Diese Regel bezieht sich nicht nur auf Geldzahlungen, wie man beim Durchlesen von OR 69 vielleicht meinen könnte, sondern sie gilt für Leistungen jeder Art.

B] Quittungen (Lieferscheine, Rapporte) als Beweisstücke

Der Schuldner, der seine Leistung ganz oder teilweise erbracht hat, darf eine Quittung verlangen (OR 88). Mit der **Quittung** – bei Sachleistungen spricht man auch vom **Lieferschein** und bei Dienstleistungen vom **Rapport** – bestätigt der Gläubiger mit seiner Unterschrift, dass er die Leistung empfangen hat.

Quittungen, Lieferscheine und Rapporte haben praktisch eine grosse Bedeutung. Denn sie belegen, dass der Schuldner die Leistung tatsächlich erbracht hat. Der Gläubiger kann dann nicht mehr behaupten, er habe die Leistung überhaupt nicht erhalten.

C] Besonderheiten bei Geldschulden

Geldschulden in der Schweiz sind in **Schweizer Franken** zu bezahlen. Lautet der Betrag auf eine **ausländische Währung,** kann der Schuldner wählen, ob er umgerechnet in Franken oder in der ausländischen Währung zahlen will (OR 84 II).

Werden **Zinsen** vereinbart, ohne den Zinssatz zu bestimmen, dann beträgt der Zins 5% (OR 73).

Hinweis	**Barzahlung und bargeldlose Zahlung**
	Grundsätzlich gilt nach OR die **Pflicht zur Barzahlung**. Bargeldlose Zahlungen muss der Gläubiger nur annehmen, wenn es **vereinbart** ist. Das kann auch stillschweigend geschehen:
	• Die Gerichte nehmen an, dass das Einverständnis zur bargeldlosen Bezahlung erteilt ist, sobald jemand auf seinem Briefpapier oder auf der Rechnung eine Bankverbindung angibt. Dann darf der Schuldner auf das betreffende Konto überweisen.
	• Ebenso kann ein Schuldner auf Bezahlung mit Kreditkarte nur beharren, wenn der Gläubiger damit einverstanden ist. Das Einverständnis liegt vor, wenn ein Aufkleber der betreffenden Kreditkartenorganisation an der Tür oder an der Kasse angebracht ist.

10.1.3 Wem muss geleistet werden?

Der Vertrag wird nur dann richtig erfüllt, wenn die Leistung **an die richtige Person** geht. Im Normalfall ist das der **Vertragspartner,** also derjenige, dem die Leistung beim Abschluss des Vertrags versprochen worden ist. Manchmal wird im Vertrag aber vereinbart, dass der Schuldner an einen **Dritten** leisten muss.

Beispiel	Rudolf Keller, Möbelschreiner in Bern, bekommt vom Möbelhaus M (Zürich) einen Auftrag für die Einzelanfertigung eines Tischs. Per Zufall erfährt er, dass der Tisch letztlich für einen Kunden in Bern bestimmt ist. Er darf den Tisch aber nicht direkt dem Kunden in Bern abliefern, obwohl er sich damit die Transportkosten sparen könnte. Denn Gläubiger der vertraglichen Forderung ist nicht der Kunde in Bern, sondern das Möbelhaus in Zürich. Allerdings kann im Vertrag vereinbart werden, dass Rudolf Keller den Tisch direkt dem Endabnehmer liefern darf.

10.1.4 Wann muss die Leistung erbracht werden?

A] Die Erfüllungsreihenfolge

Wenn die Vertragspartner nichts über die **Erfüllungsreihenfolge** abgemacht haben, gilt die **«Zug um Zug»**-Regel von OR 82. Beide Vertragspartner müssen gleichzeitig erfüllen. Wer die Leistung vom anderen verlangt, muss selbst auch seine eigene Leistung anbieten.

Beispiel	Nora Gregori fragt Iwan Niggli: «Willst du mein Fahrrad für CHF 500 kaufen?» Iwan Niggli zu Nora Gregori: «Ja, abgemacht.» – Die Willensäusserungen stimmen überein, der Vertrag ist entstanden.
	Da nichts über die Erfüllung abgemacht ist, gilt die Zug-um-Zug-Regel und OR 82. Nora darf die CHF 500 verlangen, wenn sie das Fahrrad übergibt.

Dass überhaupt nichts über die Erfüllungszeit abgemacht wird, ist relativ selten. Oft verabreden sich die Parteien mindestens über die Reihenfolge der Erfüllung (z. B. «Zahlung nach Lieferung auf Rechnung» oder «Zahlung sofort, Lieferung später»). Mit solchen Vereinbarungen heben die Parteien die Zug-um-Zug-Regel von OR 82 auf. Ein Vertragspartner ist **vorleistungspflichtig.** Er muss leisten, bevor er die Leistung des andern verlangen kann.

Beispiel	… Iwan Niggli zu Nora Gregori: «Ja, abgemacht, wenn ich es gleich mitnehmen und dann später bezahlen kann.» Nora Gregori sagt zu Iwan Niggli: «Einverstanden.»
	Nora Gregori wird mit dieser Abmachung vorleistungspflichtig. Die Zug-um-Zug-Regel gilt nicht mehr.

B] Der genaue Erfüllungszeitpunkt (Fälligkeit)

Die Erfüllungsreihenfolge sagt noch nichts aus über den **Zeitpunkt,** in dem die Leistungen erbracht werden müssen. Man spricht von der **Fälligkeit** und meint damit den Zeitpunkt, an dem der Schuldner eine Leistung erbringen muss bzw. der Gläubiger sie verlangen darf. Hier muss man unterscheiden zwischen einem **Mahngeschäft** und einem **Verfalltagsgeschäft.**

Mahngeschäft

Beim **Mahngeschäft** ist für eine Leistung **kein Erfüllungszeitpunkt** abgemacht. Der Gläubiger kann die Leistung sofort nach Vertragsabschluss verlangen – oder mit dem Fachbegriff: Die Leistung ist mit Vertragsabschluss fällig. Der Schuldner muss leisten, wenn ihn der Gläubiger dazu auffordert – daher der Name «Mahngeschäft» (OR 75).

Beispiel	… Iwan Niggli nimmt das Fahrrad mit. Damit hat Nora Gregori ihre Schuld erfüllt. Da nichts über den Zeitpunkt der Zahlung abgemacht ist, muss sie diese von Iwan Niggli ausdrücklich verlangen. Daher handelt es sich um ein Mahngeschäft.

Verfalltagsgeschäft

Beim **Verfalltagsgeschäft** ist der Erfüllungszeitpunkt der Leistung vereinbart. Der Schuldner muss bis spätestens zum **vereinbarten Zeitpunkt** geleistet haben. Eine Aufforderung des Gläubigers ist nicht nötig:

- Die **Frist** gilt als eingehalten, wenn der Gläubiger die Leistung am letzten Tag erhalten hat; es genügt also nicht, dass der Schuldner die Sache fristgerecht abgesandt hat (OR 77 III).
- Ist der letzte Tag der Frist ein **Samstag, Sonntag oder Feiertag,** wird die Frist bis zum nächsten Werktag verlängert (OR 78 I). Die Leistung muss zudem zu den gewöhnlichen Büro- oder Geschäftszeiten erfolgen (OR 79).

Beispiel	… Nora Gregori zu Iwan Niggli: «Einverstanden. Du musst es aber Ende Monat bezahlen.» Iwan Niggli zu Nora Gregori: «Einverstanden.»
	Damit ist der Zahlungszeitpunkt exakt definiert. Es handelt sich um ein Verfalltagsgeschäft. Iwan Nigglis Zahlung muss bis spätestens Ende des betreffenden Monats eingetroffen sein, ohne dass Nora Gregori ihn speziell zur Leistung auffordern müsste.

Um ein Verfalltagsgeschäft handelt es sich auch, wenn der Zeitpunkt der Erfüllung nur indirekt umschrieben ist, wie beispielsweise mit den Worten «Lieferung Anfang Monat» oder

«Zahlung innert 30 Tagen». OR 76–78 enthalten genaue Bestimmungen, wie solche Umschreibungen einer Frist zu verstehen sind.

Das **Fixgeschäft** ist ein besonderes Verfalltagsgeschäft. Hier vereinbaren die Parteien ausdrücklich oder stillschweigend, dass eine bestimmte Leistung nur zu einem ganz bestimmten Zeitpunkt oder bis zu einer bestimmten Zeit erbracht werden kann. Der Schuldner muss punktgenau erfüllen.

Beispiel   Sonja Ericsson und Tobias Rutschmann engagieren für ihr Hochzeitsfest eine Band, und zwar am 24. Mai, von 20.00 bis 24.00 Uhr. Die Band muss genau zu dieser Zeit spielen (d. h. erfüllen). Es nützt Sonja und Tobias nichts, wenn die Band schon am Samstagmorgen dasteht.

10.1.5 Wo muss die Leistung erbracht werden?

Haben die Vertragspartner nichts abgemacht und ergibt sich auch nichts aus den Umständen, so kommt die Regelung von OR 74 zum Zuge. Diese unterscheidet, ob es sich bei der geschuldeten Leistung um eine **Gattungssache,** eine **Speziessache** oder um **Geld** handelt:

- **Gattungssachen sind Holschulden** (OR 74 II Ziff. 3). Der Gläubiger muss sie am Wohn- oder Geschäftssitz des Schuldners abholen oder anders formuliert: Erfüllungsort ist der Sitz des Schuldners.
- **Der Erfüllungsort einer Speziessache** ist dort, wo sich die Sache befunden hat, als der Vertrag abgeschlossen wurde (OR 74 II Ziff. 2). Die Sache muss dort übergeben bzw. abgeholt werden. Eine Speziessache ist also ebenfalls eine Holschuld.
- **Geldschulden sind Bringschulden.** Wer Geld bezahlen muss, muss es demjenigen bringen, der es zugut hat. Der Erfüllungsort für Geldschulden ist also der Wohnort oder der Geschäftssitz des Gläubigers (OR 74 II Ziff. 1).

Beispiel
- **Gattungsschuld:** Daniel Kubli bestellt telefonisch ein Handy Typ XY beim Fachhändler. Wenn nichts anderes abgemacht ist, muss er es beim Händler abholen. Es handelt sich um eine Gattungssache.
- **Speziesschuld:** Mara Kosic kauft an einer Vernissage eine Skulptur. Dabei wird vereinbart, dass sie diese erst nach Beendigung der Ausstellung, am 30. März, haben könne. Mara Kosic muss sie in der betreffenden Galerie abholen, es sei denn, sie habe mit dem Galeristen ausdrücklich Lieferung vereinbart.
- **Geldschuld:** Anna Aeppli hat ihrem Vermieter B den monatlichen Mietzins an dessen Wohn- oder Geschäftssitz zu überweisen (bzw. auf dessen Bank- oder Postscheckkonto).

10.2 Fehler bei der Vertragserfüllung – Überblick

Im letzten Abschnitt haben wir untersucht, wie ein Schuldner seine Verpflichtung richtig erfüllt. Nun fragt sich natürlich, was der Gläubiger unternehmen kann, wenn sein Schuldner nicht richtig erfüllt.

Das Gesetz unterscheidet **zwei Arten** von Erfüllungsfehlern: die **Nichterfüllung** und die **Schlechterfüllung.**

10.2.1 Die Nichterfüllung

Bei der **Nichterfüllung** bleibt die vereinbarte Leistung des Schuldners aus. Der Schuldner verspätet sich oder er ist zur Leistung nicht in der Lage. Wenn die Erfüllung ausbleibt, handelt es sich meistens um einen Fall des **Schuldnerverzugs.**

Beispiel	• Ursina Cathomen möchte ein ganz bestimmtes Snowboard kaufen, das nicht an Lager ist. Der Verkäufer erklärt ihr, dass er es bestellen werde und sie es spätestens in drei Wochen abholen könne. Drei Wochen später erklärt der Verkäufer, dass das Board leider noch immer nicht gekommen sei. Kurz: Die versprochene Leistung bleibt aus – ein Fall der Nichterfüllung. Man spricht vom Schuldnerverzug oder auch vom Lieferverzug. • Naomi Rohr hat ihre Handykosten nicht im Griff. Diesen Monat kann sie die Rechnung von CHF 650 auch nach Ablauf der 30-tägigen Zahlungsfrist nicht bezahlen. Auch hier liegt ein Fall der Nichterfüllung vor. Und wieder spricht man vom Schuldnerverzug oder – weil es sich um eine Geldschuld handelt – auch vom Zahlungsverzug.

10.2.2 Die Schlechterfüllung

Bei der **Schlechterfüllung** erbringt der Schuldner zwar die geschuldete Leistung, sie hat aber einen Fehler und ist in irgendeiner Form mangelhaft.

Beispiel	Das Snowboard ist endlich da. Als Ursina Cathomen das erste Mal darauf fährt, reisst die Bindung aus dem Board. Es hat einen Fehler – ein typischer Fall von Schlechterfüllung.

Die möglichen Folgen der Schlechterfüllung hängen von der Art der geschuldeten Leistung ab. So kann man einen mangelhaften Kaufgegenstand nicht gleich behandeln wie eine mangelhafte Arbeitsleistung. Das OR kennt deshalb für die einzelnen Verträge besondere Regeln. Wir untersuchen sie bei der Besprechung des jeweiligen Vertrags.

10.3 Der Schuldnerverzug

Versetzen wir uns in die Lage des Gläubigers: Er erwartet die versprochene Leistung, diese bleibt aber aus. Es besteht ein **Schuldnerverzug.** Was muss er jetzt tun?

Abb. [10-2]   Vorgehen des Gläubigers beim Schuldnerverzug

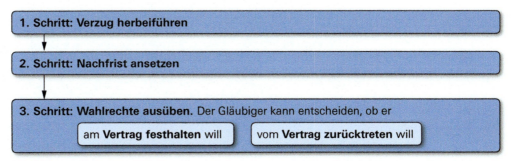

10.3.1 Verzug herbeiführen (Schritt 1)

A] Zeitpunkt der Leistung (Fälligkeit)

Der Schuldner muss mit **Fälligkeit** der Forderung leisten. Diese hängt von der vertraglichen Abmachung ab:

- Beim **Mahngeschäft** haben die Parteien nichts über den Erfüllungszeitpunkt abgemacht. Sofern sich auch nichts aus dem Wesen des vereinbarten Geschäfts ergibt, kann eine Leistung deshalb jederzeit nach Vertragsabschluss gefordert werden. Das heisst: Die Leistung ist vom **Moment des Vertragsabschlusses** an fällig.
- Beim **Verfalltagsgeschäft** ist für eine Leistung ein bestimmter Termin vereinbart worden. Die Leistung ist deshalb an diesem **Termin** fällig. Dasselbe gilt für das Fixgeschäft, das ja nur ein Sonderfall des Verfalltagsgeschäfts ist.

B] Verzug des Schuldners

Auch hier ist die Unterscheidung zwischen Mahngeschäft und Verfalltagsgeschäft wichtig:

- Beim **Mahngeschäft** muss der Gläubiger den Schuldner zur Leistung auffordern. Erst mit dieser **Aufforderung** gerät der Schuldner in **Schuldnerverzug** (OR 102 I). Anstatt «Aufforderung» sagt man auch **«Mahnung»**.
- Bei einem **Verfalltagsgeschäft** gerät der Schuldner **automatisch** in den Schuldnerverzug, wenn er am festgelegten Erfüllungstermin nicht erfüllt (OR 102 II). Das Gleiche gilt für das **Fixgeschäft**.

C] Die drei Folgen des Schuldnerverzugs

Der Schuldnerverzug bringt dem Gläubiger noch nicht die erwartete Leistung. Allerdings wird seine Stellung gegenüber dem Schuldner wesentlich verbessert:

- Der Schuldner **haftet für den Verspätungsschaden** und wird schadenersatzpflichtig, sofern er die Verspätung zu verantworten, d. h. verschuldet hat (OR 103 I).
- Der Schuldner **haftet für den zufälligen Untergang der Leistung,** sofern der Schuldner den Verzug zu verantworten, d. h. verschuldet hat (OR 103 I).
- Bei Geldschulden muss der Schuldner unabhängig vom Verschulden **Verzugszinsen** bezahlen (OR 104). Der Zinssatz bei Verzugszinsen beträgt im Allgemeinen 5% (OR 104 I). Wenn der Schuldner schon während der Dauer des Vertrags Zins zahlen musste und dieser Zins mehr als 5% betragen hat, gilt dieser höhere Zinssatz auch für den Verzugszins (OR 104 II). Unter Kaufleuten kann der Zinssatz höher sein (OR 104 III).

Beispiel

- **Haftung für Verspätungsschaden:** Die Landwirtin Agnes Ambauen mietet sich einen Kleinlaster und fährt zum Schreiner Heinz Bodmer, um die auf heute versprochene Lieferung Baubretter abzuholen. Die Bretter sind aber noch nicht fertig. Agnes Ambauen kann nun von Heinz Bodmer die Kosten für die vergebliche Miete des Kleinlasters und für die Hin- und Rückfahrt verlangen.
- **Haftung für den zufälligen Untergang der Leistung:** Agnes Ambauen bringt dem Schreiner Heinz Bodmer am 15. Mai eine wertvolle antike Truhe zur Restauration. Man vereinbart, dass die Truhe eine Woche später, also am 22. Mai an Agnes Ambauen geliefert wird. Am 25. Mai ist immer noch keine Lieferung erfolgt, weil Heinz Bodmer überlastet ist. Er befindet sich im Schuldnerverzug und hat diesen selbst zu vertreten. Am 26. Mai wird in seiner Werkstatt eingebrochen und unter anderem die antike Truhe gestohlen. Da Heinz Bodmer jedoch verschuldet in Verzug ist, haftet er für den zufälligen Untergang. Zufall bedeutet hier jeder weder vom Gläubiger noch vom Schuldner zu vertretende Umstand und beinhaltet auch die Fälle der höheren Gewalt, z. B. Erdbeben, Lawinen, aber auch den Diebstahl einer Sache. Wenn der Schuldner nicht beweisen kann, dass der Verzug ohne jedes Verschulden von seiner Seite eingetreten ist, dann haftet er auch für den zufälligen Untergang oder die zufällige Beschädigung der Sache.

10.3.2 Nachfrist zur nachträglichen Erfüllung (Schritt 2)

A] Nachfrist beim Mahngeschäft und beim Verfalltagsgeschäft

Beim Mahngeschäft und beim Verfalltagsgeschäft muss der Gläubiger dem Schuldner nochmals eine «Chance» geben und ihm eine letzte Frist für die Erfüllung einräumen. In der Fachsprache sagt man: Der Gläubiger muss dem Schuldner **eine Nachfrist ansetzen** (OR 107 I).

Sie muss **zeitlich eindeutig bestimmt** und **angemessen** lang sein. Das heisst, sie muss so bemessen sein, dass der Schuldner die Möglichkeit hat, innerhalb dieser Frist seine Leistung noch zu erbringen.

Die Ansetzung der Nachfrist ist an keine besondere Form gebunden (schriftlich oder mündlich möglich). Sie kann auch zusammen **mit der Mahnung erfolgen** (OR 102 I). Bei einem Mahngeschäft kann also der Gläubiger den Schuldner auffordern, zu leisten (Mahnung), und ihm gleichzeitig eine letzte Frist ansetzen (z. B. «Lieferung binnen 2 Wochen»).

Beispiel	Sie haben beim Schreiner ein Regal bestellt, ohne eine genaue Lieferzeit abzumachen. Als nach sechs Wochen keine Lieferung erfolgt, rufen Sie den Schreiner an und fordern ihn auf, zu liefern (= Mahnung), und zwar innerhalb der nächsten zwei Wochen (= Nachfristansetzung). Sie können dem Schreiner aber auch zunächst eine Mahnung ohne Nachfrist ansetzen. Dann kommt er in Verzug. Wenn Sie Ihr Wahlrecht ausüben wollen, dann müssen Sie aber auf jeden Fall nochmals mahnen, diesmal mit der Nachfrist.

B] Keine Nachfrist beim Fixgeschäft

Beim Fixgeschäft haben die Parteien ausdrücklich oder aus den Umständen klar ersichtlich abgemacht, dass der Gläubiger die Erfüllung **nur** zum vereinbarten Zeitpunkt bzw. innerhalb der vereinbarten Frist haben will. Eine Nachfrist wäre deshalb vollkommen sinnlos, weshalb das Gesetz beim Fixgeschäft auf die Nachfristsetzung verzichtet (OR 108 Ziff. 3).

Beispiel	«Im Vertrag heisst es: Falls der Verkäufer bis zum 1. März nicht liefert, darf der Käufer ohne Weiteres vom Vertrag zurücktreten.» – Hier liegt ein Fixgeschäft vor. Auch Ausdrücke wie «spätestens», «lieferbar per», «genau» usw. lassen auf ein Fixgeschäft schliessen. Nicht immer ist es eindeutig, ob es sich bei einem bestimmten Vertrag um ein Fixgeschäft oder ein Verfalltagsgeschäft handelt. Im Zweifelsfall empfiehlt es sich deshalb, dem Schuldner eine Nachfrist anzusetzen.

10.3.3 Wahlrechte ausüben (Schritt 3)

Wie bereits erwähnt hat der Gläubiger **Wahlrechte** zur Verfügung, mit denen er das weitere Schicksal des Vertrags beeinflussen kann. Der Gläubiger muss dem Schuldner mitteilen, welches er wählt, und zwar am besten schriftlich. Er kann seine Wahl bereits mit der Nachfristansetzung bekannt geben. Oder er kann damit zuwarten, bis die Nachfrist abgelaufen ist.

Abb. [10-3]   Die drei Wahlrechte

Festhalten am Vertrag		Rücktritt vom Vertrag
Wahlrecht 1 Festhalten an nachträglicher Erfüllung und Schadenersatz für Verspätung	**Wahlrecht 2** Verzicht auf nachträgliche Erfüllung und Schadenersatz wegen Nichterfüllung	**Wahlrecht 3** Schadenersatz wegen Dahinfallens

A] Wahlrecht 1: nachträgliche Vertragserfüllung und Verspätungsschaden (OR 107 II)

Bei dieser Wahl bleibt der Vertrag so bestehen, wie ihn die beiden Vertragspartner abgeschlossen haben. Deshalb bleibt auch die Gegenleistung des Gläubigers bestehen. Diese Möglichkeit scheidet natürlich aus, wenn klar ist, dass der Schuldner nicht erfüllen kann.

Über die geschuldete Leistung hinaus kann der Gläubiger Schadenersatz verlangen, wenn er durch die Verspätung des Schuldners einen finanziellen Schaden erlitten hat **(= Verspätungsschaden).** Die Schadenersatzpflicht entsteht aber nur, wenn der Schuldner die Verspätung zu verantworten hat (OR 103 II). Am Schluss soll der Gläubiger finanziell so gestellt sein, wie wenn der Schuldner rechtzeitig erfüllt hätte.

Wann ist das Wahlrecht 1 für den Gläubiger sinnvoll? Diese erste Möglichkeit wählt der Gläubiger, wenn er an der Leistung noch interessiert ist. Im Geschäftsleben bedeutet das: Es ist nicht möglich, die Leistung rascher von einem anderen Vertragspartner zu erhalten.

Beispiel

Der Grafiker Marco Galliker bestellte beim Computerhändler X einen neuen Computer samt Zeichnungsprogrammen zum Preis von CHF 8 000. X versprach Lieferung am 5. Mai (= Verfalltagsgeschäft). Bis zum 6. Mai erfolgte keine Lieferung, also geriet der Computerhändler mit Ablauf des 5. Mai in Schuldnerverzug. Marco Galliker setzt ihm eine Nachfrist von 10 Tagen. Nach unbenutztem Ablauf der Nachfrist erklärt Marco Galliker, er wolle an der Lieferung festhalten (Wahl), und fordert gleichzeitig den Verspätungsschaden (Miete eines Computers samt entsprechenden Zeichnungsprogrammen für die vergangenen 10 Tage). Er besteht auf der Lieferung, weil es derzeit keinen anderen Lieferanten für den betreffenden Computer gibt.

B] Wahlrecht 2: Verzicht auf die nachträgliche Erfüllung und Schadenersatz (OR 107 II)

Damit verzichtet der Gläubiger auf die nachträgliche Leistung des Schuldners. Er verlangt eine finanzielle Ersatzleistung. Der Vertrag bleibt bestehen, wird aber umgewandelt: Anstelle der ursprünglichen Leistung hat der Schuldner nun Schadenersatz zu bezahlen.

Dank dem Schadenersatz wird der Gläubiger finanziell so gestellt, wie wenn der Vertrag erfüllt worden wäre. Man sagt, der Gläubiger könne das **Erfüllungsinteresse** (= positives Vertragsinteresse) verlangen. Er erhält so viel, wie die ursprünglich geschuldete **Leistung objektiv wert** ist, und bekommt zusätzlich den **Verspätungsschaden** ersetzt. Da der Vertrag aufrechterhalten wird, ist der Gläubiger verpflichtet, seine eigene Leistung weiterhin zu erbringen.

Wann ist das Wahlrecht 2 für den Gläubiger sinnvoll? Diese zweite Möglichkeit wird der Gläubiger immer dann wählen, wenn er die ausgebliebene Leistung anderswo beschaffen kann und wenn **diese mehr kostet,** als er mit seinem Schuldner vereinbart hat. In diesem Fall muss der Schuldner nämlich den Aufpreis des Gläubigers bezahlen.

Beispiel

Sofort nach Ablauf der Nachfrist erklärt Marco Galliker, er wolle auf die Lieferung verzichten und Schadenersatz wegen Dahinfallens der Leistung verlangen. Er hat nämlich erfahren, dass ein anderer Lieferant den gleichen Computer sofort liefern kann, allerdings zu einem Mehrpreis von CHF 1 000:

- Marco Galliker muss die Rechnung für die Bestellung beim anderen Lieferanten im Betrag von CHF 9 000 bezahlen.
- Diese CHF 9 000 sind nun der Schaden von Marco Galliker, den er an den Computerhändler X weitergeben will. CHF 8 000 verrechnet er mit der Kaufpreisschuld, die er gegenüber X hat. Bleiben CHF 1 000 Mehrkosten, die Marco Galliker X zusätzlich in Rechnung stellt. Auf diese Weise wird Galliker so gestellt, wie wenn X rechtzeitig geliefert und damit den Vertrag richtig erfüllt hätte. Eventuell hat Marco Galliker weitere Verspätungsschäden, die zu den CHF 1 000 dazukommen.

C] Wahlrecht 3: Rücktritt vom Vertrag (OR 107 II und OR 109 II)

Wenn der Schuldner in Verzug ist und die Nachfrist abgelaufen ist, kann der Gläubiger auch vom Vertrag zurücktreten. Wie schon bei der zweiten Wahlmöglichkeit verzichtet er auf die nachträgliche Leistung. Während der Vertrag aber dort nur umgewandelt wird, erlischt er hier vollständig. Alle vertraglichen Pflichten gehen unter. Falls der Gläubiger seine Gegenleistung schon erbracht hat, kann er sie vom Schuldner zurückverlangen (OR 109 I).

Bei diesem Wahlrecht wird der Gläubiger so gestellt, «wie wenn vom Vertrag nie die Rede gewesen wäre». Man vergleicht hier den tatsächlichen Vermögensstand des Gläubigers mit dem, der bestünde, wenn der Vertrag nie abgeschlossen worden wäre. Der Schuldner muss dem Gläubiger das **negative Vertragsinteresse** ersetzen (OR 109 II).

Wann ist das Wahlrecht 3 für den Gläubiger sinnvoll? Immer dann, wenn der Gläubiger die ausgebliebene Leistung **anderswo billiger** erhält.

Beispiel

Sofort nach Ablauf der Nachfrist erklärt Marco Galliker, er wolle auf den Vertrag verzichten und Schadenersatz wegen Dahinfallens des Vertrags verlangen. Er hat erfahren, dass ein anderer Lieferant das gleiche Computersystem sofort liefern kann. Dieses kostet sogar CHF 800 weniger. Deshalb hat Marco Galliker gar kein Interesse mehr am alten Vertrag. Er spart die CHF 800 ein, wenn er den alten Vertrag auflöst und einen neuen mit dem billigeren Lieferanten eingeht.

10.4 Der Gläubigerverzug (Annahmeverzug)

Manchmal verhindert der Gläubiger die Vertragsabwicklung, indem er die ihm zustehende Leistung **nicht entgegennimmt** oder wenn er **nötige Vorbereitungshandlungen unterlässt,** sodass der Schuldner nicht rechtzeitig erfüllen kann.

In solchen Fällen kommt der Gläubiger in den **Gläubigerverzug** – man sagt auch Annahmeverzug. Das ist für den Schuldner ein Problem, wenn er vorleistungspflichtig ist. Weil er zuerst erfüllen muss, kann er seine eigene Forderung nicht verlangen. Nach dem OR hat der Schuldner im Gläubigerverzug folgende Möglichkeiten:

- Bei **Sachleistungen** kann der Schuldner die Ware **hinterlegen** (z. B. in einem Lagerhaus). Falls das nicht möglich ist, kann er die Sache **verkaufen** und den **Erlös daraus hinterlegen**. In der Regel ist dazu die Bewilligung des Richters notwendig (vgl. OR 91 f.).
- Bei **Dienstleistungen** kann der Schuldner vom Vertrag zurücktreten (OR 95).

Die Regeln des Annahmeverzugs für Sachleistungen sind unpraktisch. Oft vereinbaren die Vertragspartner deshalb wie bei Dienstleistungen ein **Rücktrittsrecht,** falls der eine Vertragspartner die ihm angebotene Leistung nicht annimmt. Manchmal wird auch eine **Konventionalstrafe** vereinbart (OR 160 ff.).

10.5 Erlöschen der Obligation

Mit der **Erfüllung** erlischt eine Obligation. Es gibt aber noch andere Fälle, in denen das Recht auf Einforderung einer Leistung entfällt. Hier sollen nur die wichtigsten genannt werden:

- Das Unmöglichwerden einer Leistung nach OR 119
- Die Verjährung nach OR 127 ff.
- Die Verrechnung nach OR 120 ff.

10.5.1 Die nachträgliche objektive Unmöglichkeit

In seltenen Fällen kommt es dazu, dass die vereinbarte Leistung während des Vertragsabschlusses und der Vertragserfüllung objektiv unmöglich wird, d. h., von niemandem mehr erbracht werden kann. Anschaulich ist dies, wenn eine Speziessache untergeht. Weil diese Sache nicht mehr besteht, kommen nicht die Regeln des Schuldnerverzugs zur Anwendung. OR 119 stellt für solche Fälle eigene Regeln auf:

- Geht die Sache durch **Zufall,** d. h. ohne Verschulden des Schuldners unter, wird der Vertrag ohne Weiteres ungültig (OR 119).
- Ist der Schuldner am Untergang der Sache schuld, wird er **schadenersatzpflichtig** (OR 97).

Beispiel   **Unverschuldete nachträgliche Unmöglichkeit:** Judith Feller fragt ihren Bekannten, ob er ihr und ihrem Freund sein Kleinflugzeug während dreier Stunden vermiete. Er ist einverstanden. Damit haben die beiden einen Mietvertrag abgeschlossen. Vertragsgegenstand ist das Kleinflugzeug, d. h. eine Speziessache. Wenn es nach Vertragsabschluss und vor der Übergabe durch einen Blitzschlag zerstört wird, dann ist die Leistung objektiv und unverschuldet unmöglich geworden. Der Vertragsgegenstand kann nicht mehr zur Verfügung gestellt werden. Die Forderung erlischt (OR 119 I). Falls Judith Feller die Miete schon bezahlt hat, kann sie diese wieder zurückverlangen (OR 119 II).

Aber Achtung! – Unmöglichkeitsfälle liegen nur vor, wenn die Leistung **objektiv** unmöglich wird und von niemandem mehr erbracht werden kann. Das blosse Unvermögen des Schuldners, seine Versprechungen einzuhalten, genügt dafür nicht. So kann sich etwa ein Schuldner, der zahlungsunfähig ist, nicht auf die Unmöglichkeit berufen.

Hinweis	Sonderregel für den Kaufvertrag: Wenn die Sachleistung in einem Kaufvertrag untergeht, dann gilt nach OR 119 III die Sonderregel von OR 185. Der Käufer erwirbt nämlich vor der Übergabe des Gegenstands das Risiko für den zufälligen Untergang der Kaufsache (OR 185). Deshalb muss der Käufer den Kaufpreis bezahlen, wenn der Kaufgegenstand nach Vertragsabschluss und vor der Lieferung untergeht (z. B. verbrennt), ohne dass dem Käufer daraus ein Vorwurf zu machen ist.

10.5.2 Die Verjährung

Forderungen verjähren nach einer bestimmten Zeit. Verjähren bedeutet aber nicht, dass eine Forderung nicht mehr existieren würde, sondern bloss, dass sie nicht mehr gegen den Willen des Schuldners eingetrieben werden kann. Gegen eine verjährte Forderung kann sich der Schuldner zur Wehr setzen, indem er die **Einrede der Verjährung** erhebt.

Die Verjährung ist zur Hauptsache in OR 127–142 geregelt. Daneben finden sich aber weitere Verjährungsvorschriften im OR, die nur für bestimmte Arten von Forderungen gelten.

A] Forderungen aus Vertrag

Bei Forderungen aus Vertrag beginnt die Verjährungsfrist in dem Moment zu laufen, in dem eine Forderung **fällig** ist. Beim Mahngeschäft im Moment des Vertragsabschlusses und beim Verfalltagsgeschäft am Erfüllungstermin (OR 130 I).

Für die Dauer der Verjährungsfrist gilt Folgendes:

- **zehn Jahre** als Normalfall (OR 127) bzw.
- **fünf Jahre,** wenn es sich um eine der in OR 128 aufgezählten Forderungen handelt (z. B. Kaufpreisforderung des Detailverkäufers, die Werklohnforderung des Handwerkers, die Lohnforderung des Arbeitnehmers oder die Mietzinsforderungen)
- **zwei Jahre** bei beweglichen Sachen für die **Sachmängelhaftung des Verkäufers** (OR 210) und des **Werkherstellers** (OR 371)

B] Forderungen aus unerlaubter Handlung und ungerechtfertigter Bereicherung

Forderungen aus **unerlaubter Handlung** verjähren nach **drei Jahren.** Die Verjährung beginnt, sobald der Geschädigte von seinem Schaden weiss und er den Schädiger kennt. Die Verjährung tritt aber **spätestens 10 Jahre** nach der schädigenden Handlung ein (OR 60 Abs. 1).[1]

Die Forderung aus **ungerechtfertigter Bereicherung** verjährt mit Ablauf **von drei Jahren,** nachdem der Betroffene von seinem Anspruch Kenntnis erhalten hat, in jedem Fall aber mit Ablauf von zehn Jahren seit der Entstehung des Anspruchs (OR 67).

C] Unterbrechung der Verjährung (OR 135 f.)

Die Verjährung kann **unterbrochen** werden. Nachher beginnt eine **neue Verjährungsfrist** zu laufen. Dieser Fall tritt ein, wenn der Schuldner durch irgendeine Handlung seine Schuld **anerkennt** (z. B. schriftliche Schuldanerkennung oder Teilleistung) oder wenn der Gläubiger ein **Betreibungsverfahren** oder einen **Prozess** gegen den Schuldner einleitet (OR 135 und 137). Blosse Mahnung durch den Gläubiger unterbricht die Verjährung nicht!

---

[1] Bei widerrechtlicher Körperverletzung oder Tötung verjährt der Anspruch mit Ablauf von 20 Jahren.

D] Stillstand der Verjährung (OR 134)

Die Verjährung kann stillstehen. Dies ist z. B. der Fall bei Forderungen zwischen Ehepartnern während der Dauer der Ehe (weitere Situationen in OR 134). Stillstand bedeutet, dass die Verjährungsfrist gestoppt wird und dann weiterläuft, wenn der Stillstandsgrund weggefallen ist.

Beispiel — Eine praktische Anwendung zur Berechnung des Verjährungseintritts

Felix Gut hatte bei einem Kollegen einen Kredit aufgenommen. Er sollte das Darlehen vertragsgemäss am Montag, 31.1.2005 zurückbezahlen. Da er dies nicht tat, wurde er von seinem Kollegen nach mehreren Mahnungen betrieben. Das Betreibungsamt stellte ihm den Zahlungsbefehl am Mittwoch, 15.6.2005 zu. Der Kollege verlangte aber vom Betreibungsamt keine weiteren Schritte, sondern er sandte nach mehreren telefonischen Mahnungen eine eingeschriebene Mahnung am Mittwoch, 6.7.2005. Daraufhin schrieb ihm Felix Gut am 22.7.2005 zurück, dass er das Geld zwar schulde, aber im Moment nicht zurückzahlen könne. Weiter geschah nichts.

Wir wollen nun berechnen, wann diese Schuld verjährt sein wird:

- Die Verjährung beginnt mit Fälligkeit der Schuld. Dies war gemäss Vertrag der 31.1.2005. Die Dauer der Verjährungsfrist beträgt zehn Jahre; nach OR 132 zählt für die Berechnung der Tag nach der Fälligkeit, also Dienstag, 1.2.2005. Das Darlehen ist ab dem 2.2.2015 verjährt (OR 132 II und OR 77 I Ziff. 3).
- Zu prüfen ist aber noch, ob die Verjährung stillgestanden hat oder unterbrochen worden ist. Ein Grund für einen Stillstand nach OR 134 ist nicht ersichtlich:
  – Die telefonischen Mahnungen und die eingeschriebene Mahnung haben keine Unterbrechung zur Folge.
  – Zur Unterbrechung der Verjährung führen aber die **Betreibung** und die **Schuldanerkennung** von Felix Gutknecht. Dies bedeutet, dass am 15.6.2005 eine Unterbrechung erfolgte. Die neue Frist (immer noch zehn Jahre) lief ab dem 16.6.2005 und wurde bereits am 22.7.2005 wieder unterbrochen durch die Anerkennung der Schuld durch Felix Gutknecht. Die neue zehnjährige Frist läuft ab dem 23.7.2005 und endet am 23.7.2015. Mit anderen Worten: Die Schuld ist ab dem 24.7.2015 verjährt.

Abb. [10-4] Unterbrechung der Verjährungsfrist durch Betreibung und Schuldanerkennung

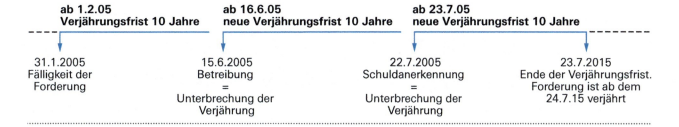

10.5.3 Die Verrechnung

Oft kommt es dort zur Situation, dass sich zwei Geschäftspartner gegenseitig gleichartige Leistungen schulden. Meistens geht es um Geldguthaben. Anstatt gegenseitig die Schulden zu begleichen, kann nun einer von ihnen erklären, dass er seine Forderung gegenüber dem anderen verrechnet.

Beispiel — Aus Geschäftsbeziehungen hat die X-AG ein Guthaben von CHF 3 500 bei der Y AG. Die Y AG hat umgekehrt ein Guthaben von CHF 2 750 bei der X-AG. Die X-AG fordert die Y AG auf, ihre Schuld von CHF 3 500 zu begleichen. Daraufhin erklärt die Y AG Verrechnung mit ihrer Gegenforderung von CHF 2 750. Tatsächlich muss sie der X-AG nun nur noch die Differenz, also CHF 750 überweisen.

Geregelt ist die Verrechnung in OR 120–126. Danach können Forderungen nur verrechnet werden, wenn sie **gleichartig** sind (meistens Geld gegen Geld) und wenn sie beide **fällig** sind. Für bestimmte Forderungen gilt ein Verrechnungsverbot. Sie sind in OR 125 aufgezählt. Die Verrechnung kann vertraglich ausgeschlossen werden.

Zusammenfassung

In OR 68 ff. geht es um **dispositive Regeln** zur Frage: Wer muss was wem wann und wo leisten?

- **Wer:** Schuldner bzw. die von ihm beauftragte Drittperson (Ausnahme: vereinbarte Leistung hängt von den persönlichen Fähigkeiten ab).
- **Was:** Dienstleistungen oder Sachleistungen (Speziessache, Gattungssache, Geldleistung).
- **Wem:** Leistung geht in der Regel an den Vertragspartner.
- **Wann:** Reihenfolge (Zug um Zug oder Vorleistungen), Fälligkeit (Mahngeschäft, Verfalltagsgeschäft).
- **Wo:** Speziessache: Holschuld, Gattungssache: Holschuld, Geldleistungen: Bringschuld.

Das Vorgehen des Gläubigers beim Schuldnerverzug:

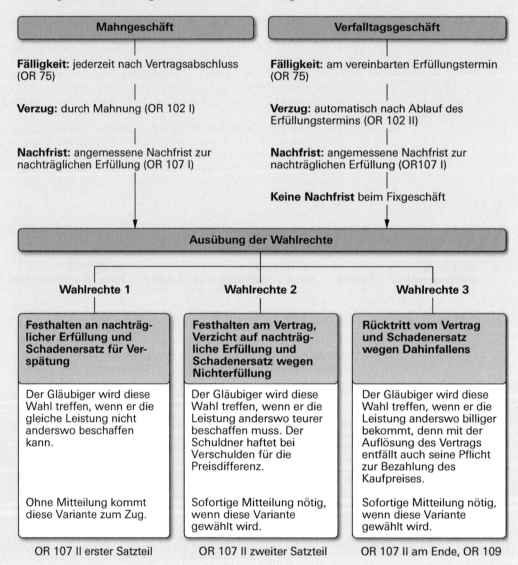

Mit der Erfüllung erlischt die Obligation. Andere Erlöschungsgründe sind die Verjährung und die Verrechnung:

- Eine **verjährte** Forderung ist nicht untergegangen, sie kann aber nicht mehr gegen den Willen des Schuldners eingetrieben werden (Einrede der Verjährung). Laut OR 127 und 128 betragen die Verjährungsfristen zehn Jahre (Normalfall) oder fünf Jahre (für namentlich genannte Fälle) für Verträge. Diverse spezielle Verjährungsfristen finden sich im Besonderen Teil des OR.
- **Verrechnung** ist die Aufrechnung von gleichartigen gegenseitigen Forderungen (meistens Geld) zweier Geschäftspartner.

Repetitionsfragen

71 Die richtige Vertragserfüllung kann man mit den fünf «W-Fragen» umschreiben. Wie lautet der entsprechende Satz?

72 Folgende Begriffe sind im Zusammenhang mit Erfüllungsfehlern zentral. Erklären Sie mit Stichworten, was diese bedeuten.

Begriff	Erklärung
a) Fälligkeit	
b) Verzug	
c) Mahngeschäft	
d) Verfalltagsgeschäft	
e) Fixgeschäft	
f) Nachfrist	

73 Richard Müggler aus Wallisellen hat am 23. März 20xx bei der Toro AG in Zürich Albisrieden einen neuen Rasenmäher zum Einführungspreis von CHF 320 bestellt. Der Verkäufer hat ihm versprochen, dass das gewünschte Modell am 30. April 20xx lieferbar sei.

A] Richard Müggler ist der Meinung, eigentlich müsste die Toro AG dafür sorgen, dass der Rasenmäher geliefert wird. Hat er recht?

B] Richard Müggler fährt am 30. April 20xx nach Zürich Albisrieden, um den Rasenmäher zu holen. Am Auslieferschalter hängt ein grosses Schild, auf dem es heisst: «Lieferung nur gegen Barzahlung». Richard Müggler ist der Meinung, er könne eine Rechnung verlangen, weil er ja auch mehr als einen Monat habe warten müssen. Hat er recht?

74 Um welche Art eines Erfüllungsfehlers handelt es sich in den folgenden Fällen?

Am 15. Oktober kauft Klara Bieri ein Ölgemälde in der Galerie G. Gemäss Abmachung soll G das Bild bis Ende Oktober in ihr Haus liefern und Frau Bieri soll den Kaufpreis bis zu diesem Tag auf ein Konto von G überwiesen haben.

A] Das Bild weist einen Transportschaden auf.

B] Bis zum 31. Oktober hat G das Bild noch nicht geliefert.

C] Am 17. Oktober verreist Klara Bieri für zwei Wochen in die Ferien, weswegen G das Bild nicht fristgemäss ausliefern kann.

D] Am 31. Oktober ist der Kaufpreis noch nicht auf das Konto überwiesen worden.

E] Bei einem Autounfall wird das Bild total zerstört.

75 Der Zeitpunkt, an dem Fälligkeit und Verzug eintreten, hängt davon ab, ob es sich um ein Mahngeschäft, ein Verfalltagsgeschäft oder ein Fixgeschäft handelt. Füllen Sie die folgende Tabelle aus:

	Art des Geschäfts	Fälligkeit	Verzug
Lieferung von 1 Tonne Heizöl am 12.3.20xx		12.3.20xx	
Lieferung des Apérogebäcks für das Personalfest am 22.11.20xx um 17.00 Uhr			
Sabrina zu Jonas: «Du kannst meine Playstation haben.»			
Lorenzo zu Sabrina: «Ich zahle dir CHF 150 für dein Handy.»			

76

Sie hätten eine Rechnung über CHF 150 bis zum 30. März bezahlen sollen. Leider haben Sie das vergessen. Deshalb erhalten Sie am 15. April ein Schreiben Ihres Gläubigers. Darin heisst es: «Sicher ist Ihnen entgangen, dass Sie uns noch CHF 150 schulden. Wir bitten Sie, uns diesen Betrag zu überweisen.»

A] Ist Ihre Schuld ein Mahngeschäft oder ein Verfalltagsgeschäft?

B] Aus juristischer Sicht fehlt in diesem Schreiben ein Element. Worum handelt es sich und in welcher Gesetzesbestimmung ist es geregelt?

C] Könnte Ihr Gläubiger Sie betreiben, wenn Sie nicht sofort auf sein Schreiben reagieren?

77

Für Ihren privaten Gebrauch bestellen Sie beim Computerhändler C ein Notebook zum Aktionspreis von CHF 1 990 (statt CHF 2 490). C versichert Ihnen, dass das Gerät bis Ende Mai ausgeliefert sei. Doch am 3. Juni haben Sie noch nichts erhalten.

A] Was müssen Sie unternehmen, um sich alle Möglichkeiten gegen C offenzuhalten?

B] Was können Sie von C verlangen? Beschreiben Sie die drei Varianten Ihres Wahlrechts.

C] Welche Variante kommt zur Anwendung, wenn Sie sich nicht ausdrücklich für eine andere Variante entscheiden?

11 Vertragsauflösung

Lernziele

Nach der Bearbeitung dieses Kapitels können Sie ...

- den Grundsatz «Verträge müssen erfüllt werden» und seine Ausnahmen Aufhebungsvertrag, Kündigung, Rücktritt und Anfechtung erklären.
- zwischen den Anfechtungsgründen Erklärungsirrtum, Grundlagenirrtum, absichtliche Täuschung, Furchterregung und Übervorteilung unterscheiden.
- den Irrtum über die Vertragsart, den Vertragsgegenstand, den Vertragspartner und den Leistungsumfang als wichtige Fälle von Erklärungsirrtümern benennen.

Schlüsselbegriffe

Anfechtung, Aufhebungsvertrag, Dauervertrag, Erklärungsirrtum, Furchterregung, Grundlagenirrtum, Irrtum, Kündigung, Motivirrtum, Rücktritt, Täuschung, Übervorteilung, Widerruf

11.1 Grundsatz: Verträge müssen erfüllt werden

Es kommt vor, dass jemand den Abschluss eines Vertrags bereut. Dann fragt sich, ob dieser unerwünschte Vertrag wieder aufgelöst werden kann. Die Antwort ist unmissverständlich: Verträge muss man so einhalten, wie sie geschlossen wurden. Wer einem anderen eine Leistung versprochen hat, muss diese auch erbringen.

Doch das Gesetz kennt **vier Ausnahmen** von diesem Grundsatz:

11.2 Vier Ausnahmen zum Grundsatz der Erfüllungspflicht

11.2.1 Der Aufhebungsvertrag

Die Parteien können vereinbaren, dass ein Vertrag wieder aufgelöst wird. Dies folgt direkt aus dem Prinzip der Vertragsfreiheit. Eine solche Vereinbarung heisst **Aufhebungsvertrag:**

- Zum Aufhebungsvertrag ist die **Zustimmung beider Vertragsparteien** notwendig.
- Die Parteien sind bei der Aufhebung an **keine Form** gebunden (OR 115). Mündlichkeit genügt, selbst bei Verträgen, für die Schriftform vorgeschrieben ist.

11.2.2 Kündigung von Dauerverträgen

Bei bestimmten Geschäften verpflichten sie die Parteien zu **Dauerleistungen.** Das sind **wiederkehrende Leistungen** wie z. B. monatliche Zahlung des Mietzinses gegen Überlassung der Wohnung. Solche Verträge enden gewöhnlich nicht automatisch. Sie können aber mit **Kündigung** aufgelöst werden.

Wichtige Dauerverträge sind Miet-, Pacht-, Darlehens- und Arbeitsvertrag. Kein Dauervertrag ist z. B. der Kaufvertrag, ihn kann man nicht kündigen.

11.2.3 Rücktritt vom Vertrag bzw. Widerruf des Vertrags

Rücktritt ist die einseitige Erklärung eines Vertragspartners, dass er den Vertrag auflösen will. Das ist in zwei Fällen möglich:

- Wenn es im Vertrag abgemacht ist **(vereinbartes Rücktrittsrecht)**
- Wenn es gesetzlich vorgesehen ist **(gesetzliches Rücktrittsrecht)**

Das Gesetz spricht vom Rücktritt und manchmal auch vom Widerruf.

Hinweis	In Reiseverträgen ist häufig ein solches Rücktrittsrecht vorgesehen, und zwar in den allgemeinen Geschäftsbedingungen. Meistens kann der Bucher einer Reise gegen eine Annullationsgebühr vom Vertrag zurücktreten.

In bestimmten Fällen gewährt das Gesetz einem Vertragspartner ein solches Rücktritts-/Widerrufsrecht. Zwei bekannte Fälle sind

- Haustürgeschäfte und ähnliche Verträge sowie
- Konsumkreditverträge.

A] Gesetzliches Widerrufsrecht bei Haustürgeschäften und ähnlichen Verträgen

Wenn jemand in ein Geschäft geht, ist er innerlich auf Verhandlungen vorbereitet und nicht so leicht manipulierbar. Findet aber ein Verkäufer eine Person unvorbereitet, kann er sie nicht selten zu einem **übereilten** Vertragsabschluss verführen.

Wer einen übereilten Vertrag abgeschlossen hat, bereut dies oft schon wenig später und möchte gern den Vertrag **widerrufen** (auflösen).

Die Bestimmungen von OR 40a–g geben für bestimmte Geschäfte ein solches Rücktrittsrecht. Das Gesetz spricht von **Haustürgeschäften und ähnlichen Verträgen.**

Damit ein solcher Widerruf möglich ist, müssen drei Voraussetzungen erfüllt sein.

Abb. [11-1]   Haustürgeschäfte und ähnliche Verträge: Voraussetzungen des Widerrufs

(1) Ort des Vertragsangebots (OR 40b)	• Arbeitsplatz, Wohnräume des Kunden oder deren unmittelbare Umgebung • Öffentliche Verkehrsmittel, öffentliche Strassen und Plätze • Werbeveranstaltung, die mit einer Ausflugsfahrt oder einem ähnlichen Anlass verbunden ist • Telefon oder andere Form der gleichzeitigen mündlichen Kommunikation
(2) Eigenschaften der Vertragsparteien (OR 40a I)	• Der Verkäufer handelt beruflich oder gewerbsmässig. • Der Käufer ist Konsument, d. h., er schliesst den Vertrag für den persönlichen Gebrauch ab.
(3) Gegenstand des Vertrags (OR 40a II)	• Sachleistungen oder Dienstleistungen. Ausgenommen sind aber Versicherungsverträge. • Der Kunde muss mehr als CHF 100 bezahlen.

Nach OR 40d muss der **Verkäufer** seine Kunden schriftlich über das Widerrufsrecht sowie die Form und die Frist des Widerrufs informieren und seine Adresse bekannt geben. Diese Informationen müssen dem Kunden übermittelt werden, bevor er den Vertrag beantragt (eine eigene Offerte stellt) oder die Offerte des Verkäufers annimmt.

Der **Kunde** kann den Widerruf mündlich oder schriftlich stellen (OR 40e). Da er den Widerruf beweisen muss, empfiehlt sich die Schriftform mit eingeschriebenem Brief.

Die **Widerrufsfrist** beträgt **14 Tage** (OR 40e). Sie beginnt zu laufen, sobald der Kunde den Vertrag beantragt oder angenommen hat. Hat der Verkäufer seine Informationspflicht verletzt, beginnt die Frist erst zu laufen, wenn der Käufer von seinem Widerrufsrecht erfährt. Für die Einhaltung der Frist gilt das Datum des **Poststempels.**

Kein Widerrufsrecht besteht in folgenden Fällen:

- Vertragsabschlüsse auf Märkten und an Messen
- Wenn der Käufer die Vertragsverhandlungen ausdrücklich gewünscht hat
- Bei Geschäften per Internet (das Parlament hat diese Geschäfte bewusst ausgeschlossen)

B] Konsumkreditverträge

Konsumkreditverträge wie Abzahlungsverträge, Leasingverträge für Konsumgüter oder Kleinkreditgeschäfte sind im Konsumkreditgesetz (KKG) geregelt. In all diesen Verträgen besteht die Gefahr der übermässigen Verschuldung.

Das KKG trifft verschiedene Massnahmen, um eine übermässige Verschuldung zu verhindern. Eine davon ist ein gesetzliches **Widerrufsrecht von 14 Tagen.**

11.2.4 Anfechtung eines Vertrags

Unter Umständen ist es auch möglich, einen gültig abgeschlossenen Vertrag anzufechten und damit gegen den Willen des Vertragspartners wieder aufzulösen. Weil die **Anfechtung** von Verträgen eine beliebte Prüfungsfrage ist, wollen wir sie im nachfolgenden Abschnitt detailliert besprechen.

11.3 Die Anfechtung eines Vertrags

Manchmal schleichen sich bei einer Offerte **Fehler** ein. Die offerierende Partei kommuniziert dann etwas anderes, als sie tatsächlich will. Zwischen der Willensbildung, dem Willen und der Willensäusserung besteht eine Differenz. Ähnliches kann auch bei der Person passieren, die die Offerte annimmt.

Das OR lässt bei solchen Fehlern einen Vertrag entstehen. Die Person, die den Fehler gemacht hat, hat aber die Möglichkeit, den Vertrag **anzufechten** und damit aufzuheben. Die Anfechtung ist eine Erklärung an den Vertragspartner, dass man den Vertrag wegen eines solchen Fehlers nicht einzuhalten gedenkt. Nicht jeder Fehler erlaubt jedoch die Anfechtung. Zulässig sind nur Fehler, für die das OR die Anfechtung auch tatsächlich vorsieht:

- Wichtigster Fall der Anfechtung ist der **Erklärungsirrtum.**
- Daneben ist eine Anfechtung möglich beim **Grundlagenirrtum,** bei einer **absichtlichen Täuschung,** bei **Furchterregung** und bei **Übervorteilung.**

11.3.1 Der Erklärungsirrtum

Beim **Erklärungsirrtum** täuscht sich der Irrende über den Inhalt seiner Willensäusserung. Er sagt oder schreibt aus Versehen etwas anderes, als er eigentlich will. OR 23 bestimmt, dass nicht jeder Erklärungsirrtum zur Anfechtung ermächtigt. Ein **Irrtum muss wesentlich** sein. OR 24 behandelt die wesentlichen Erklärungsirrtümer; das Wichtigste dazu finden Sie in der folgenden Tabelle zusammengestellt:

Abb. [11-2]   Arten und Beispiele von Erklärungsirrtümern: Irrtum über …

die Vertragsart (OR 24 I Ziff. 1)	Jemand stimmt irrtümlich einem anderen Vertrag zu, als er abschliessen wollte. **Beispiel:** Rosa Corti möchte einen Fernsehapparat mieten. Aus Versehen sagt sie im Laden aber: «Ich kaufe diesen Fernseher.» Erst als die Rechnung eintrifft, bemerkt Rosa Corti ihr Versehen. Zwar ist der Vertrag gültig zustande gekommen, Rosa Corti kann sich aber auf ihren Erklärungsirrtum berufen und damit den Vertrag nachträglich wieder auflösen.
den Gegenstand (OR 24 I Ziff. 2)	Ein Vertragspartner bezeichnet den Gegenstand, um den es im Vertrag geht, irrtümlich falsch. **Beispiel:** An der Vernissage der Bildhauerin Nina Brem sieht Marc Pfister verschiedene Skulpturen, die ihm gefallen. Er bestellt Tage später telefonisch in der Galerie das Ausstellungsobjekt Nr. 61. Als die Skulptur geliefert wird, stellt er fest, dass er eine ganz andere gemeint hat. Marc Pfister hat sich über den Gegenstand geirrt und kann den Vertrag anfechten.
den Vertragspartner (OR 24 I Ziff. 2)	Der Irrende schliesst den Vertrag aus Versehen mit einer anderen Person ab, als er wollte. Allerdings ist die Anfechtung nur möglich, wenn es dem Irrenden tatsächlich auf die Person seines Vertragspartners ankommt. **Beispiel:** Lilo Züst engagiert für ein Konzert Abraham Stein als Sänger. Da sie die Unterlagen verwechselt, engagiert sie einen anderen Sänger, als sie eigentlich wollte. Sie kann den Vertrag anfechten.
den Leistungsumfang (OR 24 I Ziff. 3)	Jemand verschreibt oder verspricht sich. Die **Differenz** zwischen der gewollten und der tatsächlich vereinbarten Leistung muss allerdings **erheblich** sein. Kleinere Abweichungen spielen keine Rolle und rechtfertigen keine Vertragsanfechtung. **Beispiel:** Der Juwelier Josef Hartmann beschriftet einen Ring im Schaufenster irrtümlich mit CHF 1 380 statt mit CHF 13 800. Da Schaufensterauslagen verbindliche Offerten sind (OR 7 III), kann ein Kunde den Vertrag annehmen und damit entstehen lassen. Allerdings kann der Juwelier erklären, er fechte den Vertrag an. Damit ist er wieder aufgelöst. Er muss den Ring nicht zum geringeren Preis hergeben.

Wer den Vertrag anfechten will, teilt dem Vertragspartner mit, dass er ihn wegen wesentlichen Irrtums nicht einhalten werde. Diese Mitteilung ist **formfrei** und muss **innerhalb eines Jahres** erfolgen, nachdem der Irrende seinen Irrtum entdeckt hat (OR 31). Liegt tatsächlich ein wesentlicher Erklärungsirrtum vor, dann wird der Vertrag aufgelöst. Nach OR 25 II muss der Irrende aber den Vertrag so gelten lassen, wie er ihn tatsächlich gemeint hat, wenn ihm der Vertragspartner dies vorschlägt.

Hinweis	Mirjam Hochstrasser bestellt telefonisch Kaffee. Aus Versehen sagt sie «100 kg» statt der gewünschten 10 kg. Weil eine wesentliche Abweichung im Leistungsumfang vorliegt, kann sie den Vertrag gestützt auf OR 24 I Ziff. 3 anfechten und damit aufheben. Erklärt sich der Lieferant jedoch bereit, ihr anstatt der irrtümlich bestellten 100 kg auch 10 kg zu liefern, muss Mirjam Hochstrasser auf dieses Angebot eingehen.

Viele Irrtumsfälle entstehen, weil der Irrende zu wenig sorgfältig war, als er den Vertrag abschloss. In einem solchen Fall kann sich der fahrlässig Irrende zwar auf seinen Irrtum berufen und den Vertrag anfechten, aber er wird dem andern Partner schadenersatzpflichtig für die Folgen der Vertragsauflösung (OR 26).

11.3.2 Zur Vertiefung: andere Anfechtungsgründe

Der Erklärungsirrtum ist der häufigste Fall für die Anfechtung eines Vertrags. Wie bereits gesagt, regelt das OR aber auch vier weitere Fälle: den Motivirrtum, die Täuschung, die Furchterregung und die Übervorteilung.

A] Der Motivirrtum

Beim **Motivirrtum** täuscht sich der Irrende bereits bei der Bildung seines Willens. Er täuscht sich in seinem Beweggrund, seinem Motiv zum Vertragsabschluss. Man unterscheidet zwei Arten von solchen Irrtümern: den **einfachen Motivirrtum** und den **Grundlagenirrtum**. Fast alle Irrtümer im Beweggrund sind einfache Motivirrtümer. Sie berechtigen nicht zur Vertragsanfechtung (OR 24 II). Nur Grundlagenirrtümer berechtigen zur Vertragsanfechtung (OR 24 I Ziff. 4). Sie sind sehr selten.

Beispiel	• **Einfacher Motivirrtum:** Vinzenz Rissi kauft Aktien, weil er auf steigende Aktienkurse hofft. Sein Motiv für den Kauf sind also steigende Aktienkurse. Wenn diese aber fallen, hat er sich geirrt. Er kann den Vertrag nicht anfechten, denn das Spekulationsmotiv ist immer ein einfacher Motivirrtum. • **Grundlagenirrtum:** Esmeralda Calderon kauft ein Bild, das die Unterschrift von Pablo Picasso trägt. Sie und der Verkäufer sind überzeugt, dass es sich um ein echtes Gemälde handelt. Bald stellt aber ein Experte fest, dass es eine Fälschung ist. Esmeralda Calderon hat sich über die Echtheit des Bilds geirrt. Nach Treu und Glauben ist die Echtheit für jeden Käufer eines Bilds eine entscheidende Grundlage für den Kauf. Deshalb kann Esmeralda Calderon den Vertrag anfechten.

B] Anfechtung eines Vertrags wegen absichtlicher Täuschung (OR 28)

Wenn jemand über eine Tatsache getäuscht und so zum Vertragsabschluss verleitet worden ist, kann er den Vertrag wegen **absichtlicher Täuschung** nachträglich anfechten.

Beispiel	Ein Teppichverkäufer weiss, dass ein Teppich maschinengefertigt ist. Er behauptet aber, er sei handgeknüpft, und verweist auf das von ihm gefälschte Gütesiegel. Daraufhin kauft der Käufer den Teppich. Etwas später erfährt er von einem Freund, dass es sich um einen maschinengefertigten Teppich handelt. Hier handelt es sich um eine absichtliche Täuschung des Verkäufers. Mit dem gefälschten Gütesiegel und seinen Behauptungen spiegelte er falsche Tatsachen vor und manipulierte so den Entscheid des Käufers. Weil der Verkäufer den Käufer angelogen hat, liegt eine absichtliche Täuschung vor. Der Käufer kann den Vertrag anfechten, den Teppich zurückgeben und den Kaufpreis zurückverlangen.

Wer einen Vertrag wegen absichtlicher Täuschung anfechten will, muss dies **innert Jahresfrist, nachdem er von der Täuschung erfahren hat,** tun (OR 31). Nach der Beweisregel von ZGB 8 muss der Getäuschte jedoch **beweisen, dass er absichtlich getäuscht** worden ist. Gelingt dieser Beweis nicht, wird er den Vertrag bestehen lassen müssen.

C] Anfechtung eines Vertrags wegen Furchterregung (Drohung, OR 29 und 30)

Wer einem Vertrag unter **Furchterregung** (Drohung) zugestimmt hat, kann ihn nachträglich anfechten. Die **Drohung** kann sich gegen irgendein Rechtsgut des Vertragspartners richten, also sein Leben, seine Ehre, sein Vermögen, seine Freiheit usw. Auch wenn eine dem Vertragspartner nahestehende Person bedroht wird, ist die Vertragsanfechtung möglich.

Wie bei der Täuschung hat der Bedrohte ein Jahr Zeit, um den Vertrag mit Anfechtung aufzulösen. Die Frist beginnt zu laufen, sobald die Bedrohung weggefallen ist (OR 31 II).

D] Anfechtung eines Vertrags wegen Übervorteilung (OR 21)

Wer bei Vertragsabschluss übervorteilt wurde, kann den Vertrag anfechten. Eine **Übervorteilung** liegt vor, wenn jemand die **Notlage, die Unerfahrenheit oder den Leichtsinn** einer Person **ausnützt**, um mit ihr einen Vertrag mit einem **offenbaren Missverhältnis** zwischen Leistung und Gegenleistung abzuschliessen.

Beispiel	Altwarenhändler Knut Loosli kauft auch gebrauchte Schmuckstücke. Zufällig weiss er, dass Isa Germann in extremen Geldnöten steckt. Sie kommt in seinen Trödlerladen und will ein Schmuckstück verkaufen, das mindestens CHF 5 000 wert ist, was beide wissen. Knut Loosli bietet CHF 1 000 und weil Isa Germann sofort Geld benötigt, geht sie auf den Handel ein. Sie ist übervorteilt worden, kann den Vertrag anfechten und das Schmuckstück zurückverlangen, muss dann aber auch die erhaltenen CHF 1 000 wieder zurückgeben.

Das Anfechtungsrecht wegen Übervorteilung ist innerhalb eines Jahres ab Vertragsabschluss geltend zu machen (vgl. OR 21 II; also nicht erst ab Entdeckung, dass man übervorteilt wurde!).

Zusammenfassung Gültig abgeschlossene Verträge müssen **erfüllt** werden. Sie können nur **ausnahmsweise wieder aufgelöst** werden.

Repetitionsfragen

78 Urs Schaller interessiert sich für ein Secondhandsofa eines dänischen Designers. Der Händler offeriert ihm dieses zum Preis von CHF 2 400. Urs Schaller ist unschlüssig, ob er so viel Geld ausgeben will, und sagt: «Mit dem Preis bin ich einverstanden, doch möchte ich noch eine Nacht darüber schlafen. Morgen gebe ich Ihnen Bescheid.» Der Händler antwortet: «Einverstanden.»

A] Hat Urs Schaller den Antrag des Händlers angenommen?

B] Über Nacht merkt der Händler, dass er zu tief kalkuliert hat. Als Urs Schaller anruft, teilt er ihm deshalb mit, das Designersofa koste CHF 2 800. Muss sich Urs Schaller das gefallen lassen?

79 Was kann man in den folgenden Fällen unternehmen?

A] Die 70-jährige Anna Wiesner hat auf einer Werbefahrt für CHF 250 zwei Wolldecken und ein Heizkissen gekauft. Am nächsten Tag bereut sie diesen Kauf. Hat sie eine Möglichkeit?

B] Alex Bieri hatte den Auftrag, 40 Druckerpatronen des Typs CX399.01 zu bestellen. Aus Versehen schreibt er auf die Bestellung «400 Druckerpatronen CX399.01». Da er die Auftragsbestätigung nicht recht anschaut, bemerkt er seinen Fehler erst, als die Patronen geliefert werden. Muss er die überschüssigen Druckerpatronen behalten?

80 Marianne Schild möchte ihre Ferien auf Mallorca verbringen. Im Internet findet sie ein günstiges Angebot beim Anbieter Sun + Fun AG. Sie bucht die Reise direkt per E-Mail und erhält schon wenige Minuten später ein E-Mail der Sun + Fun AG zurück, das die Buchung bestätigt. Zwei Tage später sieht Marianne Schild in der Zeitung das Inserat des Reisebüros Travel Star, das die gleichen Ferien CHF 100 billiger anbietet. Sie geht in das Reisebüro und bucht kurz entschlossen die billigere Reise. Dafür muss sie im Reisebüro eine Anzahlung von CHF 200 leisten und einen Reisevertrag unterschreiben. Als Marianne Schild einige Tage später je eine Rechnung von der Sun + Fun AG und der Travel Star erhält, wird ihr bewusst, dass sie zwei Verträge abgeschlossen hat.

A] Marianne Schild hat vier Möglichkeiten. Prüfen Sie alle vier Möglichkeiten und klären Sie so ab, welche Chancen bestehen, aus einem der Verträge auszusteigen.

B] Stellen Sie eine allgemeine Regel auf, wie Sie vorgehen, wenn Sie ein ähnliches Vertragsproblem wie das von Marianne Schild lösen müssen. (Hinweis: Ihre Regel sollte zwei Schritte enthalten und jeder dieser Schritte vier Punkte, die Sie prüfen würden.)

Teil C
Gesellschaftsrecht

12 Gesellschaftsrecht

Lernziele	Nach der Bearbeitung dieses Kapitels können Sie … • den Unterschied zwischen einem Einzelunternehmen und einer Gesellschaft beschreiben. • die acht Gesellschaftsformen benennen, die das schweizerische Recht kennt. • die häufigsten drei Gesellschaftsformen Kollektivgesellschaft, AG und GmbH nach den gängigen Kriterien unterscheiden.
Schlüsselbegriffe	AG, einfache Gesellschaft, Einzelunternehmen, Firma, Genossenschaft, Gesellschaft, GmbH, Haftung, Kapitalgesellschaft, kaufmännisches Unternehmen, Kollektivgesellschaft, Kommanditgesellschaft, Körperschaft, Personengesellschaft, Rechtsgemeinschaft, Verein

Ein Unternehmer muss sich entscheiden, ob er allein als Einzelunternehmer tätig sein will oder ob er zusammen mit anderen eine Gesellschaft betreiben will. Das schweizerische Recht stellt 8 Gesellschaftsformen zur Verfügung, die je für unterschiedliche Zwecke konzipiert sind.

12.1 Einzelunternehmen und Gesellschaft

12.1.1 Das kaufmännische Unternehmen

Das OR unterscheidet zwischen kaufmännischen und nicht kaufmännischen Unternehmen:

Kaufmännische Unternehmen sind selbstständige, auf Dauer angelegte wirtschaftliche Tätigkeiten mit einem Umsatz von mehr als CHF 100 000 pro Jahr (OR 931 I und Handelsregisterverordnung [HRegV] 2).

Unternehmen, die diese Voraussetzungen nicht erfüllen, sind nicht kaufmännische Unternehmen. Das sind vor allem selbstständige unternehmerische Tätigkeiten mit weniger als CHF 100 000 Umsatz pro Jahr.

Kaufmännische Unternehmen müssen sich im Handelsregister eintragen lassen. Das hat rechtliche Konsequenzen:

Sie unterstehen der Betreibung auf Konkurs, unterstehen den Regeln des Firmenrechts (die Firma ist der Name des Unternehmens) und es gelten für sie die Regeln der kaufmännischen Stellvertretung.

12.1.2 Einzelunternehmen und Gesellschaft

Unternehmen sind entweder Einzelunternehmen oder Gesellschaften.

Ein Einzelunternehmen gehört einer Person. Sie trägt die ganze unternehmerische Verantwortung allein.

Gesellschaften definiert das Gesetz als «vertragsmässige Verbindung von zwei oder mehreren Personen zur Erreichung eines gemeinsamen Zwecks mit gemeinsamen Kräften und Mitteln» (OR 530).

Es gibt nach dem schweizerischen Recht acht Gesellschaften: einfache Gesellschaft, Kollektivgesellschaft, Kommanditgesellschaft, Aktiengesellschaft (AG), Kommanditaktiengesellschaft, Gesellschaft mit beschränkter Haftung (GmbH), Genossenschaft und Verein.

12.2 Die acht Gesellschaftsformen und ihre Einteilung

Die acht **Gesellschaftsformen** lassen sich nach verschiedenen Kriterien unterscheiden:

- Gesellschaften mit wirtschaftlichem und nicht wirtschaftlichem Zweck
- Rechtsgemeinschaften und Körperschaften
- Personengesellschaften und Kapitalgesellschaften

Abb. [12-1] Die Einteilung der Gesellschaften nach verschiedenen Kriterien

12.2.1 Wirtschaftlicher und nichtwirtschaftlicher Zweck

Oft gründen Personen eine Gesellschaft für einen **wirtschaftlichen Zweck.** Sie wollen mit ihren Aktivitäten Gewinn erzielen.

Für **gewinnstrebige Aktivitäten** stehen die **fünf Handelsgesellschaften** zur Verfügung:

- Kollektivgesellschaft
- Kommanditgesellschaft
- Aktiengesellschaft (AG)
- Gesellschaft mit beschränkter Haftung (GmbH)
- Kommanditaktiengesellschaft

Die **Genossenschaft** dient der **gemeinsamen Selbsthilfe** (z. B. günstiger Wohnraum für die Mitglieder einer Wohnbaugenossenschaft). Hier liegt der wirtschaftliche Zweck also nicht im Gewinn, sondern in anderen Vorteilen.

Einen **Verein** gründen Personen zu einem **nicht wirtschaftlichen Zweck.** Es geht um **ideelle Ziele,** z. B. Freizeit, Sport, Kultur usw. Der Verein ist deshalb nicht geeignet, um ein gewinnstrebiges Unternehmen zu betreiben (ZGB 60 f.).

Die **einfache Gesellschaft** hat keinen bestimmten Zweck. Sie entsteht durch einen Vertrag, dient als Auffangbecken für Gesellschaften, die in keine andere Rechtsform passen (z. B. Bürogemeinschaft). Für ein dauerhaftes Unternehmen ist sie ungeeignet, weil sie nicht als kaufmännisches Unternehmen in das Handelsregister eingetragen werden kann.

12.2.2 Rechtsgemeinschaften und Körperschaften

Bei einer **Rechtsgemeinschaft** schliessen sich mehrere natürliche Personen (Menschen aus Fleisch und Blut) zusammen, um gemeinsam das Risiko eines Unternehmens zu tragen, d. h., sie haften gemeinsam für die Schulden der Gesellschaft, teilen sich den Gewinn usw. Sie schliessen dazu einen **Gesellschaftsvertrag** ab.

Bei den Rechtsgemeinschaften stehen die Gesellschafter im Vordergrund. Jeder von ihnen steht mit seiner Unternehmerpersönlichkeit und seiner Kreditwürdigkeit für die gemeinsamen Ziele ein. Nach aussen tritt eine Rechtsgemeinschaft als Einheit auf, sie ist aber trotzdem keine juristische Person. Das zeigt sich z. B. beim Kauf einer Geschäftsliegenschaft. Die beteiligten Gesellschafter sind gemeinsam Eigentümer der Liegenschaft und nicht die Rechtsgemeinschaft. Rechtsgemeinschaften sind

- die Kollektivgesellschaft,
- die Kommanditgesellschaft und auch
- die einfache Gesellschaft.

Die **Körperschaften** haben eine eigene Rechtspersönlichkeit. Sie sind **juristische Personen** und wie Menschen rechts- und handlungsfähig. Sie können also Rechte und Pflichten haben und Rechtsgeschäfte tätigen (z. B. Verträge abschliessen); kauft eine juristische Person ein Grundstück, dann wird sie die Eigentümerin und nicht die Mitglieder der Gesellschaft.

Um entscheiden und handeln zu können, braucht eine juristische Person **Organe.** Diese werden durch das OR und durch die Statuten festgelegt. Die **Statuten** sind der Gesellschaftsvertrag einer juristischen Person. Körperschaften und damit juristische Personen sind

- die AG,
- die GmbH,
- die Kommandit-AG,
- die Genossenschaft und
- der Verein.

12.2.3 Personen- und Kapitalgesellschaften

Bei den **Personengesellschaften** bringen die Gesellschafter ihr Kapital und vor allem auch ihre Arbeitskraft für den gemeinsamen Zweck ein. Personengesellschaften sind

- die einfache Gesellschaft,
- die Kollektivgesellschaft und
- die Kommanditgesellschaft.

Bei den **Kapitalgesellschaften** besteht die Leistung der Gesellschafter dagegen im Kapitalbeitrag an die Gesellschaft. Auf ihre aktive Mitarbeit kommt es nicht an. Das gilt vor allem für die Aktiengesellschaft (AG).

Die Gesellschaft mit beschränkter Haftung (GmbH) ist eine **Mischform.** Sie weist Elemente beider Gesellschaftsformen auf.

12.3 Das Einzelunternehmen

Um Einzelunternehmer zu werden, braucht es nichts anderes als den Mut, sich selbstständig zu machen. Nur wenige Vorschriften sind zu beachten.

12.3.1 Gründung

Das **Einzelunternehmen** entsteht mit Aufnahme der selbstständigen Unternehmenstätigkeit.

Ein Unternehmer, der mehr als **CHF 100 000 Bruttoumsatz** im Jahr erzielt, wird als **kaufmännisches Unternehmen** bezeichnet. Es ist verpflichtet, sich im Handelsregister eintragen zu lassen. Der Eintrag wirkt aber nur **deklaratorisch,** das Unternehmen entsteht auch ohne den Eintrag. Unternehmen mit weniger als CHF 100 000 Umsatz können sich freiwillig eintragen lassen (OR 931).

Wie bereits erwähnt, hat der **Handelsregistereintrag** rechtliche Konsequenzen. Eingetragene Einzelunternehmen unterstehen der Betreibung auf **Konkurs** (und zwar für Geschäfts- und Privatschulden), unterstehen den Regeln des **Firmenrechts** (die Firma ist der Name des Unternehmens) und es gelten für sie die Regeln der **kaufmännischen Stellvertretung.**

Bei der Wahl der **Geschäftsfirma** (Name) sind OR 945 und 946 zu berücksichtigen. Der Familienname des Unternehmers muss im Namen des Unternehmens enthalten sein.

Ein Einzelunternehmen ist nach OR 957 zur **Buchführung** verpflichtet:

- Einzelunternehmen mit einem Umsatz von mehr als CHF 500 000 sind zur kaufmännischen Buchführung und Rechnungslegung nach den Bestimmungen von OR 957 ff. verpflichtet.
- Einzelunternehmen mit einem Umsatz unter CHF 500 000 können sich mit einer einfacheren Buchhaltung begnügen. Sie müssen bloss über die Einnahmen und Ausgaben sowie die Vermögenslage Buch führen (OR 957 II). Von einer eigentlichen Rechnungslegung sind sie befreit.

12.3.2 Haftung

Einzelunternehmer haften mit ihrem **ganzen Geschäfts- und Privatvermögen** für die Schulden ihres Unternehmens.

12.3.3 Vertretungsverhältnisse

Ansprechpartner für Vertragsabschlüsse ist allein der Einzelunternehmer. Dieser kann aber andere Personen **bevollmächtigen:**

- Für das im Handelsregister eingetragene Einzelunternehmen gelten bezüglich angestellter Bevollmächtigter die Regeln der kaufmännischen Stellvertretung, d. h. **Prokura** und **Handlungsvollmachten** (vgl. OR 458 ff.).
- Aufgrund einer **speziellen Vollmacht** können aber auch andere Personen ermächtigt sein (z. B. ein Treuhänder, vgl. OR 32 ff. und OR 394 ff.).

12.4 Die Kollektivgesellschaft

Die **Kollektivgesellschaft** ist die vertragliche Verbindung von **Personen** zum Zweck, unter einer gemeinsamen **Firma** ein Unternehmen zu betreiben:

- Das Gesetz verlangt **mindestens zwei Gesellschafter,** die natürliche Personen sein müssen. Eine AG oder eine GmbH könnte also nicht Mitglied sein.
- Die **Firma** kann nach dem heute gültigen Recht frei gewählt werden. Die Kollektivgesellschaft kann also den Namen eines oder mehrerer Gesellschafter oder Fantasienamen verwenden. Damit die Gesellschaft schon aus der Firma als Kollektivgesellschaft erkannt werden kann, muss sie nach dem heute gültigen Recht immer den Zusatz «KLG» (für Kollektivgesellschaft) verwenden.

12.4.1 Gründung

Die Gründung einer Kollektivgesellschaft ist einfach. Es genügt, dass die Gesellschafter den Gesellschaftsvertrag abschliessen, d. h., sich darauf einigen, gemeinsam ein Unternehmen zu betreiben. Meistens wird der Gesellschaftsvertrag schriftlich abgefasst, nach OR genügt aber auch eine mündliche, ja sogar eine stillschweigende Einigung.

Der Handelsregistereintrag ist gesetzlich vorgeschrieben, die wirtschaftlich tätige Kollektivgesellschaft entsteht aber auch ohne den Eintrag (OR 552 f.).

12.4.2 Die Beziehungen der Gesellschafter unter sich – das Innenverhältnis

Unter dem Innenverhältnis versteht man das Verhältnis der Gesellschafter unter sich. Das OR ist in dieser Hinsicht sehr offen und lässt den Gesellschaftern in der Ausgestaltung ihrer Beziehung einen grossen Spielraum. Wissen muss man einfach, dass die Regeln des OR für die Machtverteilung, die Beitragspflicht und die Beteiligung am Geschäftserfolg ganz strikt auf das Kopfprinzip setzen. Jeder Gesellschafter hat grundsätzlich die gleichen Rechte und Pflichten. Wenn etwas anderes gelten soll, dann müssen die Gesellschafter dies im Gesellschaftsvertrag abmachen.

Hinweis

Gesetzliche Bestimmungen

Wenn Sie OR 557 II nachschlagen, erkennen Sie, dass für das Recht der Kollektivgesellschaft z. T. die Regeln der einfachen Gesellschaft zur Anwendung kommen (OR 530–551). Das hängt damit zusammen, dass die einfache Gesellschaft das Grundgerüst einer Gesellschaft ist. Seien Sie also nicht erstaunt, wenn wir auf den folgenden Seiten immer wieder auf solche Gesetzesartikel verweisen.

Abb. [12-2] Gegenseitige Rechte und Pflichten der Gesellschafter einer Kollektivgesellschaft

Beiträge	**Kapital** (in Form von Geld oder von Sachen) **und Arbeitsleistung.**
	Grundsätzlich müssen die Gesellschafter gleiche Beiträge leisten (Kopfprinzip; OR 557 II und 531). Sie können aber im Gesellschaftsvertrag eine andere Aufgabenverteilung abmachen. So ist es z. B. möglich, dass ein Gesellschafter nur Kapital beisteuert und einer nur Arbeit.
Gesellschafts-beschlüsse	Gesellschaftsbeschlüsse sind Grundsatzentscheide wie Gewinnverteilung, Aufnahme eines neuen Gesellschafters, Auflösung der Gesellschaft, Änderung der Geschäftstätigkeit usw. • Nach OR müssen sie **einstimmig** gefällt werden (OR 557 II, 534 I). • Im **Gesellschaftsvertrag kann das Mehrheitsprinzip** vorgesehen werden (OR 557 I, 534 II).
Geschäfts-führung	• Nach OR ist jeder Gesellschafter zur Geschäftsführung berechtigt und verpflichtet (OR 557 II, 535). • Der Gesellschaftsvertrag kann aber andere Regelungen vorsehen, indem er das Geschäftsführungsrecht auf einen oder einzelne Gesellschafter beschränkt (OR 557 I).
Finanzielle Ansprüche	**Anspruch auf Gewinnanteil.** • Nach OR gilt unabhängig vom geleisteten Beitrag das **Kopfprinzip** (OR 557 II, 533 I). Alle haben den gleichen Gewinnanteil. • Nach Gesellschaftsvertrag können andere Verteilungsschlüssel aufgestellt werden (OR 557 I). **Anspruch auf Verzinsung des eingebrachten Kapitals.** • Nach OR kann jeder Gesellschafter für den von ihm geleisteten Kapitalbeitrag 4% Zins verlangen, und zwar unabhängig von Gewinn und Verlust (OR 558 II). • Andere Regelungen können im Gesellschaftsvertrag vorgesehen werden (OR 557 I). **Honorar für geleistete Arbeit.** • Es besteht **kein Honoraranspruch!** Die Gesellschafter werden für ihre Tätigkeit durch den Gewinnanteil und die Verzinsung des Kapitals entschädigt (OR 558). • Eine andere Regelung muss im Gesellschaftsvertrag vorgesehen sein.
Loyalitätspflicht	Jeder Gesellschafter ist verpflichtet, die Gesellschaftsinteressen wahrzunehmen und alles zu unterlassen, was der Gesellschaft schadet. Kein Gesellschafter darf ohne Einwilligung der anderen in einem Konkurrenzunternehmen tätig sein oder selbst Konkurrenzgeschäfte tätigen (OR 561).

12.4.3 Die Beziehungen der Gesellschaft zu Dritten – das Aussenverhältnis

Unter dem **Aussenverhältnis** versteht man das Verhältnis der Gesellschaft zu Dritten, d. h. vor allem zu Geschäftspartnern wie Lieferanten und Kunden. Dabei geht es um zwei Fragen: Wer darf die Gesellschaft vertreten, d. h. für sie z. B. rechtlich bindende Verträge abschliessen? Und wie haften die Gesellschafter für Schulden ihrer Gesellschaft?

Abb. [12-3] Vertretung der Gesellschaft und Haftung

Vertretung	• Nach OR ist jeder Gesellschafter zur Vertretung berechtigt (OR 563). • Eine andere Regelung ist im Gesellschaftsvertrag möglich; damit sie Dritten gegenüber wirkt, muss sie aber im **Handelsregister** eingetragen sein. So kann die Vertretung auf einzelne Gesellschafter beschränkt werden oder es kann vorgesehen werden, dass nur zwei Gesellschafter zusammen die Gesellschaft vertreten können (OR 555). • Vertretungsrechte können auch Mitarbeitenden oder an Dritten (z. B. Treuhänder) eingeräumt werden. Für die Mitarbeitenden kommt das Recht der kaufmännischen Stellvertretung zur Anwendung.
Haftung	• **Primär** (= in erster Linie) haftet die Gesellschaft mit ihrem ganzen Vermögen (Aktiven). Falls dieses nicht ausreicht, haften • **subsidiär** (= in zweiter Linie) die Gesellschafter, und zwar persönlich, unbeschränkt und solidarisch (OR 568). **Persönlich** heisst: Jeder haftet mit seinem **Privatvermögen**. **Unbeschränkt** heisst: Jeder haftet mit dem **ganzen Vermögen**. **Solidarisch** heisst: Ein Dritter kann von einem beliebigen Gesellschafter die gesamte Gesellschaftsschuld verlangen. Hat dieser bezahlt, ist es dann seine Sache, die Haftungsanteile der anderen Gesellschafter einzutreiben (OR 143 ff.).

Weil es bei der Kollektivgesellschaft auf die **Persönlichkeit** der Gesellschafter ankommt, sind Wechsel der Gesellschafter nur in ganz engen Grenzen möglich.

Abb. [12-4] Eintritt neuer Gesellschafter, Ausscheiden alter Gesellschafter

Eintritt	Für den **Eintritt** neuer Gesellschafter braucht es einen Gesellschaftsbeschluss (OR 557 II, 534).
Austritt	Der **Austritt** eines Gesellschafters erfolgt durch **Kündigung**. Falls nichts anderes im Gesellschaftsvertrag verabredet ist, wird die Gesellschaft dadurch **aufgelöst** (OR 576, 557 II, 546 I).
Ausschluss	Fällt ein Gesellschafter in den Konkurs, so können ihn die anderen Gesellschafter unter Auszahlung seines Anteils ausschliessen. Ein Ausschluss aus anderen wichtigen Gründen (z. B. schwere Pflichtverletzungen) kann ausserdem beim Richter beantragt werden (OR 577 ff.).
Tod	Ohne anderslautende Abmachung im Gesellschaftsvertrag wird die Gesellschaft beim Tod eines Gesellschafters **aufgelöst** (OR 574 I, 545 I).

12.5 Die Aktiengesellschaft (AG)

Die **Aktiengesellschaft** ist eine Verbindung von **Personen** zur Verfolgung eines gemeinsamen Zwecks. Es ist zulässig, dass eine einzelne Person eine AG gründet («Einmann-AG»; vgl. OR 625). Natürliche sowie juristische Personen und Handelsgesellschaften können Mitglieder der AG sein.

Im Unterschied zur Kollektivgesellschaft ist die AG eine **juristische Person.** Der Beitrag der Gesellschafter (= Aktionäre) besteht nur darin, der Gesellschaft Kapital zur Verfügung zu stellen. Das geschieht durch Übernahme der Aktien und durch Einzahlung des entsprechenden Betrags an die Gesellschaft.

Das Aktienkapital ist **zum Voraus bestimmt** und muss mindestens **CHF 100 000** betragen (OR 620 und 621). Es ist in feste Teilsummen (Aktien) von mindestens einem Rappen Nennwert zerlegt (OR 622 IV). Für die Gesellschaftsschulden haftet nur das Gesellschaftsvermögen (OR 620 I). Die Aktiengesellschaft wird im deutschen Sprachraum kurz mit AG bezeichnet, im französischen und italienischen mit SA («société anonyme») und im englischen mit Ltd. («limited company»).

Die AG ist in der **Firmenwahl** frei. Sie kann Personen-, Sach- oder Fantasienamen verwenden; immer mit einem Zusatz, der die Rechtsform anzeigt (z. B. «AG»; OR 950 f.).

12.5.1 Gründung der AG

Die Gründung einer AG ist wesentlich komplizierter als die einer Kollektivgesellschaft. Das hängt damit zusammen, dass eine juristische Person «geboren» wird. Die Gründung erfolgt in **vier Schritten:**

Abb. [12-5]   Die vier Schritte der AG-Gründung

1. Statuten aufstellen
Die Gründer stellen die Statuten auf. Die Statuten sind der Gesellschaftsvertrag der AG. Sie regeln die wesentlichen Grundfragen wie Zweck, Aktienkapital, Organisation usw. (OR 626 ff.).

2. Kapital aufbringen
Die Aktionäre übernehmen das in den Statuten vorgesehene Aktienkapital, indem sie die Aktien zeichnen und anschliessend liberieren. Zeichnen heisst: sich zur Übernahme einer bestimmten Anzahl von Aktien einer AG verpflichten; liberieren heisst: bezahlen der übernommenen Aktien.

Volle oder teilweise Liberierung:
- Benötigt ein Unternehmen nicht sofort alles Aktienkapital, kann es eine beschränkte Liberierung vorsehen. Die Aktionäre müssen dann nicht sofort den ganzen Betrag einzahlen, sondern bloss einen Teil davon.
- Dieser Teil muss pro Aktie mindestens 20% ausmachen und insgesamt muss das einbezahlte Aktienkapital mindestens CHF 50 000 betragen.
- Sobald die AG das nicht einbezahlte Kapital benötigt, kann sie die Aktionäre auffordern, dieses nachzuzahlen (OR 632, 634a und 683). Eine teilweise Liberierung ist nur bei Namenaktien möglich. Inhaberaktien müssen voll liberiert sein.

Sperrkonto:
- Die Einzahlung des Aktienkapitals erfolgt auf ein Sperrkonto.
- Die AG kann erst über das Kapital verfügen, wenn die Gründung abgeschlossen ist (OR 633).

3. Öffentliche Gründungsurkunde
Die Gründungsurkunde ist die Erklärung der Aktionäre, dass die AG gegründet werden soll und dass alle gesetzlich vorgeschriebenen Massnahmen getroffen worden sind. Sie muss von einem Notar öffentlich beurkundet werden (OR 629).

4. Handelsregistereintrag
Die Gründung ist erst mit dem Handelsregistereintrag bzw. mit der Veröffentlichung im Schweizerischen Handelsamtsblatt (SHAB) abgeschlossen. In diesem Moment entsteht die AG als juristische Person (OR 643).

Unter Umständen ist es für die Gesellschaft nützlicher, wenn die Gründer statt Kapital Sachwerte einbringen (Maschinen, Fahrzeuge, Arbeitsmaterial, eine Liegenschaft usw.). Hier besteht aber die Gefahr, dass die Gründer solche Sachwerte für einen überhöhten Preis an die Gesellschaft übertragen. Um dies zu verhindern, müssen die Gründer einen **Gründerbericht** aufstellen, der genau Auskunft gibt über die eingebrachten Sachen und ihre Bewertung. Dieser Gründungsbericht muss von einem zugelassenen Revisor geprüft werden. Ausserdem wird die Tatsache der Sacheinlage im **Handelsregister** erwähnt. So können sich Gläubiger der AG informieren und die entsprechenden Vorkehrungen treffen (OR 634 und 635 f.).

12.5.2 Das Innenverhältnis der AG

Als juristische Person braucht die AG **Organe,** die die nötigen Entscheidungen fällen und Handlungen vornehmen. Sie heissen: Generalversammlung (GV), Verwaltungsrat (VR) und Revisionsstelle.

Abb. [12-6]   Die Organe der AG und ihre Aufgaben

Generalversammlung fällt Gesellschaftsbeschlüsse	Sie ist das **oberste Organ der AG** und setzt sich aus allen Aktionären zusammen. Ihre wichtigsten Aufgaben sind (OR 698): • Festsetzen und Ändern der Statuten • Wahl von VR und Revisionsstelle • Kontrolle und Entlastung des VR (Rechnungsabnahme und Dechargeerteilung) • Beschluss über Gewinnverteilung (u. a. Dividende) • Beschluss über Auflösung, Fusion, Übernahme und Umwandlung der AG Bei börsenkotierten Unternehmen entscheidet die GV zwingend auch über die **Entschädigung** des Verwaltungsrats und des Topmanagements.
Verwaltungsrat hat die Geschäftsführung und Vertretung	Der Verwaltungsrat ist das **geschäftsführende Organ** und wird von der GV gewählt. Der VR kann aus einem oder mehreren Mitgliedern bestehen. Es kommen nur natürliche Personen infrage. In Grossgesellschaften ist der VR häufig nur noch **Aufsichtsorgan**. Die eigentliche Geschäftsführung und Vertretung wird von einem Delegierten des Verwaltungsrats und / oder vom Management (Direktoren, Prokuristen u. a.) übernommen (OR 716b). Die Mitglieder des VR und das Topmanagement sind der Gesellschaft und den einzelnen Aktionären für den Schaden **verantwortlich,** den sie durch absichtliche oder fahrlässige Fehler in der Geschäftsführung verursachen (OR 754). Man spricht von der **Organhaftung.**
Revisionsstelle kontrolliert die Geschäftsbücher	Sie unterzieht die Geschäftsbücher einer **Kontrolle und erstattet der GV darüber Bericht.** Auch die Revisionsstelle wird von der GV gewählt. Das OR unterscheidet die ordentliche und die eingeschränkte Revision: • Die **ordentliche Revision** ist erforderlich für börsenkotierte Unternehmen und für grosse nicht kotierte Unternehmen (Bilanzsumme grösser als 20 Millionen und / oder Umsatz grösser als 40 Millionen und / oder mehr als 250 Vollzeitmitarbeiter, vgl. OR 727 und OR 728 ff.). • Die **eingeschränkte Revision** (Review) ist zulässig, falls die Voraussetzungen für eine ordentliche Revision nicht gegeben sind (OR 727a). • Mit der Zustimmung sämtlicher Aktionäre kann auf die **eingeschränkte Revision verzichtet** werden, wenn die Gesellschaft nicht mehr als zehn Vollzeitstellen im Jahresdurchschnitt hat (OR 727a II). **Anforderungen an die Revisionsstelle.** Ein Mitglied der Revisionsstelle muss Sitz in der Schweiz haben (OR 730 IV). Die Amtsdauer ist beschränkt (OR 730a). Revisoren müssen amtlich zugelassen sein, d. h. bestimmte fachliche Voraussetzungen erfüllen, damit sie ihre Funktion ausüben dürfen (vgl. OR 727b und c). **Verantwortlichkeit.** Die Revisionsstelle ist für den Schaden verantwortlich, den sie durch absichtliche oder fahrlässige Verletzung ihrer Pflichten verursacht (OR 755).

12.5.3 Vertiefung: Stimmrecht an der Generalversammlung

A] Mehrheitsverhältnisse an der GV

Falls Gesetz und Statuten nichts anderes vorsehen, fasst die GV ihre Beschlüsse mit der **absoluten Mehrheit der anwesenden Stimmen** (= abgegebene und enthaltene Stimmen dividiert durch 2 plus 1).

Bei besonders wichtigen Entscheidungen verlangt das Gesetz qualifizierte, d. h. **verschärfte Mehrheitsverhältnisse.** Massgebend ist die Bestimmung von OR 704 I.

Qualifiziertes Mehr bedeutet, dass mindestens

- **zwei Drittel der an der GV anwesenden Stimmen** zustimmen.
- Diese zwei Drittel müssen zusätzlich mindestens die **Hälfte des an der GV «anwesenden» Aktienkapitals** ausmachen.

Abb. [12-7] Mehrheitsverhältnisse an der GV

Absolutes Mehr der vertretenen (anwesenden) Stimmen

- Anwesende Stimmen: 2 + 1
- Alle Entscheide, für die das Gesetz oder die Statuten kein qualifiziertes Mehr verlangen.

Qualifiziertes Mehr der vertretenen (anwesenden) Stimmen

Nach Gesetz (OR 704)
- Mind. 2/3 der anwesenden Stimmen sowie zusätzlich
- Mind. 1/2 des anwesenden Aktienkapitals

Fälle von OR 704:
- Änderung des Gesellschaftszwecks
- Einführung von Stimmrechtsaktien
- Übertragungsbeschränkungen von Namenaktien
- Gewisse Formen von Kapitalerhöhungen
- Einschränkungen des Aktienbezugsrechts bei Kapitalerhöhungen
- Verlegung des Gesellschaftssitzes
- Auflösungsbeschluss

Nach Statuten

Die Statuten können neben OR 704 weitere Fälle vorsehen und auch festlegen, wie das qualifizierte Mehr bestimmt ist.

B] Stimmrechtsaktien

Da die AG eine Kapitalgesellschaft ist, wird das Stimmrecht an der GV nach dem Anteil eines Aktionärs am Aktienkapital bestimmt (OR 692 I). Dabei hat jeder Aktionär mindestens eine Stimme (OR 692 II).

Beispiel A, B und C sind Aktionäre der XY AG, die ein Aktienkapital von CHF 100 000, aufgeteilt in Aktien zu je CHF 1 000, hat. A besitzt 20 Aktien, B 30 und C 50. Entsprechend ist auch das Stimmrecht verteilt: Auf A entfallen 20 Stimmen, auf B 30 und auf C 50.

Mit **Stimmrechtsaktien** kann die kapitalbezogene Verteilung des Stimmrechts geändert werden (OR 693). Es gibt dann zwei Kategorien von Aktien, die gewöhnlichen Stammaktien und die Stimmrechtsaktien.

Stimmrechtsaktien haben unabhängig von ihrem Nennwert **eine Stimme**. So kann ein Aktionär oder eine Aktionärsgruppe mit einem Bruchteil des Kapitals die AG beherrschen. Stimmrechtsaktien müssen **voll einbezahlte Namenaktien** sein. Für bestimmte Beschlüsse findet die Bemessung des Stimmrechts nach der Anzahl der Aktien keine Anwendung (OR 693 III).

Beispiel Das Aktienkapital der XY AG beträgt CHF 100 000, unterteilt in 100 Aktien zu CHF 100 und in 90 Aktien zu CHF 1 000. Die Statuten legen fest, dass die Aktien mit Nennwert von CHF 100 als Stimmrechtsaktien ausgestaltet sind und dass alle Aktien je eine Stimme haben:
- Die 100 Stimmrechtsaktien vertreten CHF 10 000 Kapital und haben 100 Stimmen.
- Die 90 Stammaktien vertreten CHF 90 000 Kapital und haben nur 90 Stimmen.

12.5.4 Die Stellung des Aktionärs in der AG

Der Aktionär ist Kapitalgeber der AG. Er ist zu einer aktiven Mitarbeit weder berechtigt noch verpflichtet. Will er mitarbeiten, dann muss er sich anstellen oder in den VR wählen lassen.

Der Aktionär hat **keine Loyalitätspflicht.** Er darf «seine» Gesellschaft beliebig konkurrenzieren. Deshalb hat er keinen Einblick in die Geschäftsunterlagen der AG. Die Revisionsstelle kontrolliert die Geschäftsbücher im Auftrag des Aktionärs und erstattet an der GV Bericht.

Abb. [12-8] Rechte und Pflichten des Aktionärs

Eine Pflicht	Die einzige Pflicht des Aktionärs ist die Einzahlung der übernommenen Aktien. Er ist blosser Kapitalgeber (OR 680).
Drei Vermögensrechte	Die Vermögensrechte des Aktionärs bestehen aus • dem Recht auf Dividende (= Anteil am Gewinn, OR 675), • dem Bezugsrecht für neue Aktien bei Kapitalerhöhungen (OR 652b) und • dem Anteil am Liquidationserlös bei Auflösung der AG (OR 745).
Drei Mitgliedschaftsrechte	Die Mitgliedschaftsrechte sichern dem Aktionär die Mitbestimmung in der AG. Drei Rechte stehen im Vordergrund: • Teilnahme an der GV. Der Aktionär hat das Recht zur Teilnahme an der GV. Er muss auf dem statutarisch vorgesehenen Weg dazu eingeladen werden (OR 689 ff.). • Stimm- und Wahlrecht an der GV. Das Stimmrecht ist kapitalbezogen. Je mehr Anteil am Aktienkapital ein Aktionär besitzt, desto grösser ist seine Stimmmacht. Die Statuten können jedoch eine andere Gewichtung der Stimmverhältnisse vorsehen (OR 692 ff.). • Kontrollrechte. Der Aktionär hat Anspruch auf den Geschäftsbericht. An der GV kann er vom VR und von der Revisionsstelle Auskunft verlangen. Einblick in die Geschäftsbücher erhält er nur mit Ermächtigung der GV oder des VR. Als stärkstes Kontrollmittel steht dem Aktionär die Sonderprüfung zur Verfügung (OR 697a).

12.5.5 Arten von Aktien

Die Aktie dokumentiert die Mitgliedschaft des Aktionärs. Es gibt verschiedene Aktienarten:

- Nach der Übertragungsart unterscheidet man Namenaktien und Inhaberaktien. Inhaberaktien wird es in Zukunft nur noch in Ausnahmefällen geben. Nachfolgend wird deshalb nur auf die Namenaktien eingegangen.
- Nach der Rechtsstellung des Aktionärs innerhalb der Gesellschaft unterscheidet man Stammaktien, Stimmrechtsaktien und Vorzugsaktien.

A] Übertragungsart: Namenaktien

Namenaktien lauten auf den Namen des Aktionärs. Will ein Namenaktionär seine Aktien verkaufen, muss er diese mit Indossament auf den neuen Aktionär überschreiben. Im Indossament ist der Erwerber namentlich erwähnt. Zudem führt die AG ein Aktienbuch. Darin werden sämtliche Handänderungen von Namenaktien vermerkt.

Erst mit dem Eintrag im Aktienbuch wird der Erwerber einer Namenaktie als Mitglied der Gesellschaft anerkannt (OR 686 IV). Zuständig für das Aktienbuch ist der Verwaltungsrat.

Wenn die Statuten nichts anderes vorsehen, hat der Erwerber einer Namenaktie Anspruch auf Eintrag ins Aktienbuch. Die Statuten der AG können aber den Aktienbucheintrag von Bedingungen abhängig machen. Man spricht dann von vinkulierten Namenaktien (OR 685 ff.). Bei vinkulierten Namenaktien kann der Verwaltungsrat einen Erwerber von Namenaktien als Mitglied ablehnen, wenn er die statutarischen Bedingungen nicht erfüllt:

- Bei börsenkotierten Unternehmen erhält der abgelehnte Aktionär wenigstens die Vermögensrechte (Rechte auf Dividende). Er wird als Aktionär ohne Stimmrecht ins Aktienbuch eingetragen.
- Bei nicht börsenkotierten Unternehmen erhält der abgelehnte Aktionär überhaupt keine Rechte.

Beispiel	Die börsenkotierte X AG sieht in ihren Statuten vor, dass ein einzelner Namenaktionär maximal 5% der Aktien besitzen darf. Deshalb kann der Verwaltungsrat den Aktienbucheintrag für die Aktien eines Erwerbers ablehnen, die diese Prozenthürde übersteigen. Bei Aktien von Gesellschaften, die nicht an der Börse gehandelt werden, können die Statuten viel umfassendere Ablehnungsgründe vorsehen. Erlaubt sind z. B. Bestimmungen zur Wahrung der Selbstständigkeit oder zum Erhalt eines bestimmten Aktionärskreises.

B] Rechtsstellung: Stammaktien, Stimmrechtsaktien und Vorzugsaktien

Stammaktien sind die **gewöhnlichen** Aktien im Gegensatz zu Stimmrechtsaktien und Vorzugsaktien, die ihren Mitgliedern eine besondere Stellung geben.

Vorzugsaktien bevorzugen den Aktionär in vermögensrechtlicher Hinsicht, z. B. durch das Anrecht auf eine **höhere Dividende** (OR 656 II).

Stimmrechtsaktien sind eine über die Kapitalbeteiligung hinausgehende **Stimmmacht** an der GV (OR 692). Mit Stimmrechtsaktien kann ein Aktionär die AG beherrschen, obwohl er nur einen kleinen Teil des Kapitals beigesteuert hat.

12.5.6 Die Beziehungen der Gesellschaft zu Dritten – Aussenverhältnis

Wie bei der Kollektivgesellschaft geht es um die Vertretung der AG gegenüber Dritten und um die Haftung für Gesellschaftsschulden.

Abb. [12-9]   Vertretung der Gesellschaft und Haftung der Aktionäre

Vertretung der Gesellschaft	Der VR tritt im Geschäftsleben für die AG auf. Sofern im Unternehmen vorhanden, kann der VR die Vertretung an Direktoren oder Prokuristen übertragen (OR 716b).
	Damit eine Gesellschaft in der Schweiz auch jederzeit «greifbar» ist, muss mindestens ein vertretungsberechtigtes Mitglied des VR oder ein Direktor in der Schweiz Wohnsitz haben (OR 718 ff.).
Haftung	Für die Gesellschaftsschulden haftet **nur das Gesellschaftsvermögen** und nicht die Aktionäre persönlich. Es gelten verschiedene Bestimmungen zum Schutz der Gläubiger: • Die AG muss mit einem Teil des Gewinns Reserven bilden und weist so ein höheres Eigenkapital auf als bloss das von den Aktionären einbezahlte Aktienkapital (OR 671). • Sobald das Gesellschaftsvermögen nicht mehr ausreicht, um die Schulden der Gesellschaft zu begleichen, muss der VR den Konkurs anmelden (OR 725). • Für Grossunternehmen besteht eine verschärfte Rechnungslegungspflicht (OR 961 ff.). • Verbot von Kapitalrückzahlungen und Verzinsung des Aktienkapitals (OR 680 II, OR 675 I).

12.5.7 Gesellschafterwechsel und Kapitalerhöhung

Weil es bei der AG nur auf das Kapital der Aktionäre ankommt, sind Gesellschafterwechsel leicht.

Abb. [12-10]   Eintritt und Austritt von Gesellschaftern; neue Gesellschafter

Eintritt und Austritt von Gesellschaftern	Weil der Aktionär blosser Kapitalgeber ist, ist die Mitgliedschaft übertragbar. Um die Übertragung zu erleichtern, sind die Aktien bei Grossgesellschaften als besondere Urkunden, sog. **Wertpapiere** ausgestaltet. Wichtig sind die **Namenaktien.** Sie lauten auf den Namen des Aktionärs. Dadurch wird die Übertragung komplizierter. Es braucht die Übergabe des Papiers, ein Indossament (= schriftlicher Übertragungsvermerk auf der Rückseite des Papiers) und den Eintrag ins Aktienbuch der AG (OR 684, 686).
	Das Aktienbuch ist das Verzeichnis aller Namenaktionäre einer AG. Es hat für Namenaktien praktisch eine ganz wichtige Bedeutung, denn nur wer im Aktienbuch als Namenaktionär eingetragen ist, wird von der AG als Mitglied anerkannt. Die Statuten können den Eintrag ins Aktienbuch von Bedingungen abhängig machen (OR 685 ff.).
Kapitalerhöhung	Benötigt die AG mehr Eigenkapital, kann sie das Aktienkapital erhöhen. Dies wird von der GV beschlossen und vom VR durchgeführt (OR 650 ff.).

12.6 Die Gesellschaft mit beschränkter Haftung (GmbH)

Die **GmbH** ist eine Verbindung von **Personen** zur Verfolgung eines gemeinsamen Zwecks unter einer **Firma.** Die Gründung einer Einpersonen-GmbH ist möglich (OR 772):

- Die **Mitglieder** können natürliche Personen, juristische Personen oder Handelsgesellschaften sein.
- Die GmbH ist wie die AG eine **juristische Person** mit einem zum Voraus bestimmten Kapital. Es heisst **Stammkapital** und ist in feste Teilsummen (Stammanteile) zu mindestens CHF 100 oder einem Vielfachen davon unterteilt. Das Stammkapital beträgt mindestens CHF 20 000 und muss voll liberiert sein (OR 773 und 774).
- Die GmbH kann in ihrer **Firma** Personennamen, Sachnamen oder Fantasienamen verwenden. Der **Zusatz «GmbH»** muss immer erscheinen (OR 950).

12.6.1 Gründung der GmbH

Die Gründung einer GmbH verläuft wie die Gründung einer AG (OR 777 ff.). Die **teilweise Liberierung** des Stammkapitals ist im Unterschied zur AG ausgeschlossen.

12.6.2 Das Innenverhältnis der GmbH

Als juristische Person braucht die GmbH **Organe.** Das OR schreibt drei Organe vor: die **Gesellschafterversammlung,** die **Geschäftsführung** und die **Revisionsstelle.**

Abb. [12-11] Die Organe der GmbH und ihre Aufgaben

Gesellschafterversammlung	Die Gesellschafterversammlung ist das oberste Organ der GmbH und wird von **allen Gesellschaftern** gebildet (OR 804 ff.). Sie hat im Prinzip die gleichen Aufgaben wie die GV bei der AG: Festsetzung und Änderung der Statuten, Beschluss über die Gewinnverteilung usw. (OR 804).
	Es gibt allerdings einen wichtigen Unterschied: Die Wahl der Geschäftsführung entfällt, weil grundsätzlich alle Gesellschafter zur Geschäftsführung berechtigt sind. Die Gesellschafterversammlung trifft ihre Entscheidungen durch Abstimmung. Das Stimmrecht ist **kapitalbezogen.** Es bemisst sich nach der Höhe der Stammanteile (OR 806 I). Eine andere Verteilung der Stimmmacht, z. B. eine Stimme pro Gesellschafter, kann in den Statuten vorgesehen werden (OR 806 II, vgl. aber OR 806 III).
Geschäftsführung	Die Geschäftsführung ist das geschäftsführende Organ der GmbH. Wenn die Statuten nichts anderes vorsehen, wird sie automatisch von allen Gesellschaftern gemeinsam gebildet (OR 809 I).
Revisionsstelle	Die Revisionsstelle ist das **Kontrollorgan** der GmbH. Es gelten die gleichen Bestimmungen wie bei der AG (OR 818): - Für grössere GmbHs ist die Revisionsstelle zwingend vorgeschrieben (Messgrössen sind dabei je nach Situation die Bilanzsumme, der Umsatz bzw. die Anzahl der Angestellten; vgl. OR 727 und 727a). - Nur bei ganz kleinen GmbHs mit weniger als zehn Beschäftigten im Jahresdurchschnitt kann auf die Revisionsstelle verzichtet werden. Die Gesellschafter müssen einstimmig beschliessen, auf die Revisionsstelle zu verzichten. Sobald ein Gesellschafter es verlangt, muss aber eine Revisionsstelle eingesetzt werden (OR 818, 727a II und IV).

12.6.3 Stellung der Gesellschafter

Die GmbH ist eine Mischform zwischen einer Kollektivgesellschaft und einer AG. Dabei ist die Stellung der Gesellschafter ähnlich wie bei einer Kollektivgesellschaft.

Abb. [12-12]   Die Rechte und Pflichten der Gesellschafter

Vier Pflichten	• Einzahlungspflicht. Der Gesellschafter hat die Pflicht, seinen Stammanteil einzubezahlen (OR 793, sog. Liberierung). • Geschäftsführungspflicht und Vertretung. Alle Gesellschafter sind zur gemeinsamen Geschäftsführung und Vertretung berechtigt und verpflichtet. Diese Pflicht zur Mitarbeit entfällt, wenn die Statuten eine andere Regelung der Geschäftsführung vorsehen (OR 809 und 814). • Verantwortlichkeit. Wie im Aktienrecht haften pflichtvergessene Geschäftsführer für Schäden, die sie durch Fehler anrichten (OR 827). • Loyalitätspflicht. Gesellschafter, Geschäftsführer sowie Dritte, die mit der Geschäftsführung betraut sind, dürfen keine konkurrenzierende Tätigkeit ausüben (OR 803 und 812).
Zwei Vermögensrechte	• Recht auf Dividende = Gewinnanteil (OR 798) und • Recht auf Liquidationserlös (OR 826)
Drei Mitgliedschaftsrechte	Zu den Mitgliedschaftsrechten gehören: • Das Stimmrecht an der Gesellschafterversammlung. Es ist grundsätzlich kapitalbezogen und bemisst sich an der Höhe der Stammanteile. Die Statuten können das Kopfstimmrecht vorsehen (OR 806). • Das Geschäftsführungs- und Vertretungsrecht. Die Geschäftsführung kann statutarisch auf einzelne Gesellschafter übertragen werden. Die zur Vertretung der Gesellschaft berechtigten Personen müssen im Handelsregister eingetragen sein (OR 809, 814 VI). • Das Kontrollrecht. Jeder Gesellschafter hat Anspruch auf den Geschäftsbericht (801a) und auf Auskunft von den Geschäftsführern (OR 802 I). Wenn die GmbH keine Revisionsstelle hat, besteht auch ein Recht auf Einblick in die Geschäftsbücher (OR 802 II).

12.6.4 Das Aussenverhältnis

Abb. [12-13]   Vertretung der GmbH und Haftung der Gesellschafter

Vertretung	Die Vertretung der GmbH erfolgt durch die Gesellschafter. Sofern die Statuten nichts anderes vorsehen, ist jeder Gesellschafter einzeln zur Vertretung berechtigt. Je nach Bedürfnissen können sie auch Direktoren oder Prokuristen als Arbeitnehmer der GmbH einsetzen. Über die genauen Vertretungsverhältnisse gibt das Handelsregister Auskunft (OR 814).
Haftung	Es haftet ausschliesslich das Gesellschaftsvermögen für die Schulden. Darüber hinausgehende Leistungspflichten der Gesellschafter sind einzig im Rahmen einer statutarisch vereinbarten Nachschusspflicht möglich (OR 794 ff.). Da nur das Gesellschaftsvermögen haftet, stellt das Gesetz wie bei der AG verschiedene Bestimmungen zum Schutz der Gläubiger auf: • Die GmbH muss mit einem Teil des Gewinns Reserven bilden und weist so ein höheres Eigenkapital auf als bloss das von den Gesellschaftern einbezahlte Stammkapital (OR 798 und OR 801). • Sobald das Gesellschaftsvermögen nicht mehr ausreicht, um die Schulden der Gesellschaft zu begleichen, muss die Geschäftsführung den Konkurs anmelden (OR 820). • Verbot von Kapitalrückzahlungen und Verzinsung des Stammkapitals (OR 793 II und 798a).

12.6.5 Gesellschafterwechsel und Kapitalerhöhung

Abb. [12-14]   Eintritt und Austritt von Gesellschaftern, Kapitalerhöhung

Eintritt und Austritt von Gesellschaftern	• **Veräusserung der Mitgliedschaft:** Nach dem OR kann ein Gesellschafter seine Stammanteile und damit seine Mitgliedschaft übertragen, wenn die Gesellschafterversammlung zustimmt (vgl. OR 785 ff.). Die Statuten können aber auch andere Regelungen vorsehen (z. B. freie Übertragbarkeit der Stammanteile oder Verbot der Abtretung). • **Austritt und Ausschluss aus der Gesellschaft.** Die Statuten einer GmbH können das Austrittsrecht vorsehen. Unabhängig davon kann jeder Gesellschafter aus wichtigen Gründen beim Richter den Austritt beantragen. Ebenso kann die Gesellschaft aus wichtigen Gründen beim Richter den Ausschluss eines Gesellschafters verlangen. In allen Fällen hat der ausscheidende Gesellschafter eine Abfindung zugut, die dem Wert seiner Stammanteile entspricht (OR 822 ff.). • **Tod eines Gesellschafters.** Die GmbH besteht weiter. Die Erben erhalten ohne Weiteres die Vermögensrechte des Verstorbenen. Um auch die Mitgliedschaftsrechte zu erhalten, muss die Gesellschafterversammlung einen Beschluss fassen (OR 788).
Kapitalerhöhung	Mit einem Gesellschaftsbeschluss kann das bisherige Eigenkapital erhöht werden (OR 781). Es kann von den bisherigen oder von neuen Gesellschaftern aufgebracht werden.

Zusammenfassung

	Die wichtigsten Merkmale von Kollektivgesellschaft, Aktiengesellschaft und GmbH auf einen Blick		
	Kollektivgesellschaft	Aktiengesellschaft (AG)	GmbH
Gesetzliche Grundlage	OR 552 ff.	OR 620 ff.	OR 772 ff.
Eignung	Kleinere / mittlere Geschäfte mit wenigen Teilhabern, die persönlich mitarbeiten wollen und sich gegenseitig vertrauen Hauptvorteil: Risikoverteilung	Geschäfte jeder Art und Grösse; aktive Mitarbeit der Teilhaber nicht erforderlich Hauptvorteil: Kapitalbeschaffung, beschränkte Haftung, Anonymität	Geschäfte jeder Art und Grösse; aktive Mitarbeit der Gesellschafter häufig Hauptvorteil: Kapitalbeschaffung, beschränkte Haftung
Grundkapital	Keine Vorschrift	Mindestens CHF 100 000 (OR 621)	Mindestens CHF 20 000 (OR 773)
Anzahl Eigentümer	Mindestens 2 natürliche Personen (OR 552)	Mindestens 1 natürliche / juristische Person oder Handelsgesellschaft (OR 625)	Mindestens 1 natürliche / juristische Person oder Handelsgesellschaft (OR 775)
Gründung	Die Gründung erfolgt durch Abschluss eines Gesellschaftsvertrags. Ins Handelsregister einzutragende Daten müssen schriftlich abgefasst werden (OR 556, siehe aber auch OR 553).	Vier Schritte: • Statuten aufstellen (OR 629 I, 626 ff.). • Aktien zeichnen und Mindesteinlage einzahlen (= Liberierung, OR 629 ff.). • Öffentliche Gründungsurkunde (OR 629). • Handelsregistereintrag (OR 640, 643).	Vier Schritte: • Statuten aufstellen (OR 777, 776 f.). • Stammanteile zeichnen und vollständig einzahlen (= Liberierung, OR 777a ff.). • Öffentliche Gründungsurkunde (OR 777). • Handelsregistereintrag (OR 778, 779).

Die wichtigsten Merkmale von Kollektivgesellschaft, Aktiengesellschaft und GmbH auf einen Blick

	Kollektivgesellschaft	Aktiengesellschaft (AG)	GmbH
Stellung der Gesellschafter	**Vermögensrechte** • Anspruch auf Gewinnanteil (OR 557 II 533 I), • Anspruch auf Verzinsung des eingebrachten Kapitals (OR 558 II), • Anspruch auf Honorar für geleistete Arbeit (OR 558) **Recht zur Geschäftsführung und Vertretung** (OR 557 II, 535, 563) **Loyalitätspflicht** Geschäftsinteressen wahren, Konkurrenzverbot (OR 561).	**Vermögensrechte** • Anspruch auf Gewinn- und Liquidationsanteil (OR 660 f., 675), • Bezugsrecht neuer Aktien bei Kapitalerhöhung (OR 652b) **Mitgliedschaftsrechte** • Teilnahmerecht und Stimmrecht an der GV, • Kontrollrechte wie Auskunfts-, Einsichtsrecht, Recht auf Sonderprüfung (OR 696 ff.) **Leistungspflicht** • Der Aktionär muss die gezeichneten Aktien bezahlen (OR 680). • Verantwortlichkeit (OR 753 ff.).	**Vermögensrechte** • Recht auf Gewinnanteil und Liquidationserlös (OR 798, 826) **Mitgliedschaftsrechte** • Teilnahmerecht und Stimmrecht an der Gesellschafterversammlung (OR 806), • Recht zur Geschäftsführung (OR 809, 814), • Kontrollrechte (OR 802 II) **Leistungspflicht** • Der Gesellschafter muss die gezeichneten Stammanteile bezahlen (OR 793). • Loyalitäts-, Treuepflicht der Gesellschafter (OR 803, 812). • Verantwortlichkeit pflichtvergessener geschäftsführender Gesellschafter (OR 827).
Haftung	Primäre Haftung der Gesellschaft, sekundäre Haftung der Gesellschafter, und zwar unbeschränkt und solidarisch (OR 568 f.)	Nur Gesellschaftsvermögen. Keine persönliche Haftung der Aktionäre (OR 620, siehe aber auch OR 645, 753).	Nur Stammkapital. Keine persönliche Haftung des Gesellschafters über die Stammanteile hinaus (OR 794, siehe aber statutarische Nachschusspflicht OR 795).
Organisation	Als Personengesellschaft hat die Kollektivgesellschaft keine Organe. Die Geschäftsführung, Vertretung und Kontrolle wird durch die Gesellschafter ausgeübt (OR 557 II, 534 II, 535; OR 563).	• Generalversammlung (OR 698 ff.). • Verwaltungsrat (OR 707 ff.). • Revisionsstelle, bei kleinen Gesellschaften kann auf Revisionsstelle verzichtet werden (OR 727 ff.).	• Gesellschafterversammlung (OR 804 ff.). • Geschäftsführung (OR 809 ff.). • Revisionsstelle, bei kleinen Gesellschaften kann auf Revisionsstelle verzichtet werden (OR 818 und OR 727a).
Geschäftsführung	Geschäftsführung steht allen Gesellschaftern zu (OR 557 II, 535).	Geschäftsführung durch VR gesamthaft. Der VR kann die Geschäftsführung delegieren (OR 716 II, 716b).	Geschäftsführung durch alle Gesellschafter gemeinsam. Abweichende Regelung durch Statuten möglich (OR 809 ff.).
Vertretung	Jeder Gesellschafter ist zur Vertretung berechtigt. Das Vertretungsrecht kann an Bevollmächtigte wie Prokuristen oder andere Handlungsbevollmächtigte delegiert werden (OR 555, 563 ff.).	Jedes Mitglied des VR hat ein Einzelzeichnungsrecht. Andere Regelungen möglich, insbesondere Ermächtigung von Direktoren, Prokuristen und anderen Handlungsbevollmächtigten (OR 718 ff.).	Jeder Geschäftsführer ist zur Vertretung berechtigt. Die Statuten können die Vertretung abweichend regeln, jedoch muss mindestens ein Geschäftsführer zur Vertretung befugt sein (OR 814).

	Die wichtigsten Merkmale von Kollektivgesellschaft, Aktiengesellschaft und GmbH auf einen Blick		
	Kollektivgesellschaft	Aktiengesellschaft (AG)	GmbH
Gesellschafterwechsel	• Eintritt neuer Gesellschafter braucht Gesellschaftsbeschluss (OR 557 II, 534). • Austritt der Gesellschafter braucht Vereinbarung, Kündigung (OR 576, 557 II, 546 I).	Mitgliederwechsel geschieht durch Aktienverkauf (OR 683 ff.).	Die Abtretung von Stammteilen bedarf der Zustimmung der Gesellschafterversammlung. Die Gesellschafterversammlung kann die Zustimmung ohne Angabe von Gründen verweigern. Von dieser Regelung können die Statuten abweichen (OR 785 ff.).
Firmenbildung	Personen-, Sach- oder Fantasiename (OR 950 f.). Der Zusatz «KLG» oder ein Zusatz mit gleicher Bedeutung ist zwingend.	Personen-, Sach- oder Fantasiename (OR 950 f.). Der Zusatz «AG» oder ein Zusatz mit gleicher Bedeutung ist zwingend.	Personen-, Sach- oder Fantasiename, Zusatz «GmbH» ist in jedem Fall erforderlich (OR 950 f.).
Einzelunternehmen Das Einzelunternehmen ist im OR nicht wie die übrigen Unternehmensformen unter einem eigenen Titel geregelt. Die wenigen Regeln, die das Einzelunternehmen betreffen, finden sich unter verschiedenen Titeln wie das Handelsregister (OR 931), die Geschäftsfirmen (OR 945 f.), die kaufmännische Buchführung (OR 957) sowie in der Handelsregisterverordnung (HRegV 37 ff.). Der Einzelunternehmer haftet mit seinem ganzen Geschäfts- und Privatvermögen.			

Repetitionsfragen

81 Wo finden sich die gesetzlichen Grundlagen des Einzelunternehmens im Gesetz?

82 Welche Gründungsschritte müssen Sie durchlaufen, wenn Sie eine Kollektivgesellschaft, eine AG oder eine GmbH gründen wollen?

A] Beschreiben Sie die Schritte bei der Gründung einer Kollektivgesellschaft.

B] Beschreiben Sie die einzelnen Schritte bei der Gründung einer AG.

C] Beschreiben Sie die einzelnen Schritte bei der Gründung einer GmbH.

83 In welchen der folgenden Fälle handelt es sich um eine Gesellschaft?

A] Die Absolvierenden einer Abendschule, die das gemeinsame Ziel verfolgen, den eidgenössischen Fachausweis «Führungsfachmann / Führungsfachfrau» zu erlangen.

B] Monika Streiff und Oskar Schönenberger, die als Konkubinatspaar zusammenleben.

C] Karl Züllig leiht seinem Freund Fred Rhyner CHF 50 000 mit der Abmachung, dass er als Zins 1% des Jahresgewinns aus Fred Rhyners Unternehmen erhält und dass er die geliehene Summe erst nach einer Kündigungsfrist von zwei Jahren zurückverlangen darf.

84 Die Firma Holzer KLG schuldet ihrem Vermieter CHF 20 000 für aufgelaufene Mietzinsen. Die Betreibung von Holzer KLG verläuft erfolglos, da sie über keinerlei Geschäftsvermögen mehr verfügt. Der eine der beiden Gesellschafter, Hans Holzer, steckt in finanziellen Schwierigkeiten, während der andere, Peter Speck, als wohlhabend gilt.

Kann der Vermieter von Peter Speck die ausstehenden CHF 20 000 verlangen?

85 Ein Direktor der X-AG betreibt unnötige, riskante Börsenspekulationen und fügt der AG grossen finanziellen Schaden zu. Der Verwaltungsrat hat davon gewusst, aber nichts unternommen. Könnte man gegen ihn vorgehen?

13 Rechtliche Stellvertretung des Unternehmens

Lernziele

Nach der Bearbeitung dieses Kapitels können Sie ...

- zwischen der direkten und der indirekten sowie der gewöhnlichen und der kaufmännischen Stellvertretung unterscheiden.
- erklären, wann die gewöhnliche Stellvertretung zum Zug kommt und unter welchen Voraussetzungen die Vertretungswirkungen eintreten.
- die Prokura und die Handlungsvollmacht als die Arten der kaufmännischen Stellvertretung beschreiben und ihre Wirkungen an Beispielen aufzeigen.

Schlüsselbegriffe

direkte Stellvertretung, Generalvollmacht, gewöhnliche Stellvertretung, Handelsreisender, Handlungsvollmacht, indirekte Stellvertretung, kaufmännische Stellvertretung, Prokura, Spezialvollmacht, Stellvertretung, Vollmacht

Die **Gesellschafter** oder die **geschäftsführenden Organe** eines Unternehmens (z. B. der Verwaltungsrat einer AG) sind laut Gesetz befugt, das Unternehmen nach aussen zu vertreten.

In vielen Unternehmen handeln noch **weitere Personen** als Unternehmensvertreter gegenüber Dritten. Sie sind im Rahmen eines Einzelarbeitsvertrags an die Weisungen ihres Arbeitgebers gebunden und brauchen eine **Bevollmächtigung**, um das Unternehmen nach aussen vertreten zu können. Diese Bevollmächtigung kann entweder gemäss den Regeln der **gewöhnlichen Stellvertretung** (nach OR 32 ff.) oder der **kaufmännischen Stellvertretung** (nach OR 458 ff. bzw. OR 348 ff.) erfolgen.

Dabei ist zu beachten, dass die kaufmännische Stellvertretung einen Sonderfall der gewöhnlichen Stellvertretung darstellt.

13.1 Die gewöhnliche Stellvertretung

Allgemein lässt sich die gewöhnliche Stellvertretung folgendermassen beschreiben: Ein Stellvertreter nimmt **Rechtshandlungen für eine andere Person** vor. An einem Stellvertretungsverhältnis sind i. d. R. drei Personen beteiligt:

- Die **vertretene Person** gibt der vertretenden Person eine **Vollmacht**, damit diese für sie eine bestimmte Rechtshandlung vornimmt. Die vertretene Person wird bei der direkten Stellvertretung mit dem Vertragsschluss berechtigt und verpflichtet. Wenn z. B. eine Bank bevollmächtigt ist, für den Kunden Aktien zu erwerben, wird aus dem Kauf der Kunde und nicht die Bank berechtigt.
- Die **vertretende Person** tritt stellvertretend im Namen und für Rechnung des Vertretenen gegenüber dem Dritten auf und schliesst ein **Rechtsgeschäft** ab.
- Eine **Drittperson** schliesst mit der vertretenden Person das Rechtsgeschäft ab.

Abb. [13-1] Gewöhnliche Stellvertretung

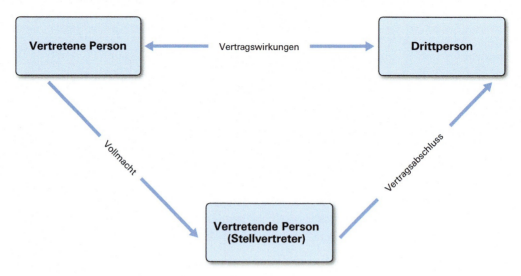

Innerhalb der gewöhnlichen Stellvertretung unterscheidet man zwischen der direkten und der indirekten Stellvertretung:

Eine **direkte Stellvertretung** liegt vor, wenn der Stellvertreter **im Namen des Vertretenen** auftritt. Er handelt demnach «in fremdem Namen» und somit natürlich auch «auf fremde Rechnung». Als Folge davon entstehen die **Rechte und Pflichten** aus den Handlungen des Stellvertreters direkt **beim Vertretenen.**

Indirekte Stellvertretung liegt hingegen vor, wenn der Stellvertreter **in eigenem Namen auftritt, aber auf fremde Rechnung handelt.** Bei der indirekten Stellvertretung wird durch den Abschluss eines Rechtsgeschäfts der Stellvertreter selbst berechtigt und verpflichtet. Die Wirkungen gegenüber dem Vertretenen treten erst ein, wenn die erworbenen Rechte auf den Auftraggeber übertragen worden sind. Ein typisches Beispiel für die indirekte Stellvertretung ist die **Kommission.**[1]

13.2 Voraussetzungen einer gültigen Stellvertretung

Meist liegt einer Stellvertretung ein **obligationenrechtlicher Vertrag** zugrunde, z. B. ein Arbeitsvertrag, ein Auftrag oder ein Gesellschaftsvertrag. Darin werden die gegenseitigen Beziehungen zwischen dem Vertretenen und dem Vertreter geregelt, darunter auch die Verpflichtung des Vertreters, für den Vertretenen tätig zu werden.

Für eine gültige Stellvertretung sind zwei Voraussetzungen notwendig: die Erteilung einer Vollmacht und die Offenlegung der Stellvertretung.

13.2.1 Die Erteilung einer Vollmacht

Eine **Vollmacht** ist notwendig, wenn der Vertretene aus den Rechtsgeschäften des Stellvertreters **direkt berechtigt oder verpflichtet** werden soll. Bei der Vollmacht handelt es sich um ein einseitiges Rechtsgeschäft, eine **einseitige Willenserklärung,** die der Vertretene seinem Stellvertreter erteilt. Sie ist grundsätzlich **an keine Form gebunden** und kann auch stillschweigend erteilt werden, auch kann sie **jederzeit beschränkt** oder **widerrufen** werden.

Handelt eine Person **ohne Vollmacht** im Namen einer anderen Person oder überschreitet sie die erteilte Vollmacht, so wird der Vertretene weder berechtigt noch verpflichtet. Es kommt

---

[1] Die Kommission ist in OR 425–438 geregelt. Der Kommissär kauft oder verkauft gegen eine Kommissionsgebühr oder Provision in eigenem Namen, aber auf Rechnung für einen anderen (Kommittenten) bewegliche Sachen oder Wertpapiere.

in diesem Fall **kein Vertrag zustande.** Der Vertretene kann aber im Nachhinein die Handlungen des Vertreters genehmigen (OR 38 f.).

Beispiel | Achim Bruckner bestellt für seinen Kollegen Jörg Meister 100 Flaschen Weisswein, weil der Stückpreis bei 100 Flaschen wesentlich günstiger ist als bei den 50, die Jörg Meister eigentlich wollte. Nun kann Jörg Meister den Kauf der 100 Flaschen im Nachhinein genehmigen; nur in diesem Fall muss er den Kaufvertrag erfüllen.

13.2.2 Die Offenlegung der Stellvertretung

Der Vertreter muss für eine gültige Stellvertretung dem Vertragspartner gegenüber offen legen, dass er nicht für sich, sondern im Namen des Vertretenen handelt. Schliesslich möchte der Vertragspartner wissen, mit wem er es letztlich zu tun hat und wer ihm die vertragliche Gegenleistung schuldet. Diese Offenlegung kann **ausdrücklich oder stillschweigend** erfolgen (OR 32 II).

Fehlt eine Offenlegung, entsteht der Vertrag zwischen dem Stellvertreter und dem Dritten und nicht zwischen dem Vertretenen und dem Dritten.

13.3 Umfang der Vollmacht

Der Umfang der Ermächtigung kann unterschiedlich gross sein und sogar erlauben, dass Dritte (Substituten) zur Erledigung der Vertretungsgeschäfte beigezogen werden. Grundsätzlich lassen sich zwei Arten von Vollmachten unterscheiden, nämlich die Spezial- und die Generalvollmacht.

13.3.1 Spezialvollmacht

Eine **Spezialvollmacht** erstreckt sich nur auf ganz **bestimmte Geschäfte oder Tätigkeiten** oder auf eine bestimmte **Art von Geschäften.** Ihre rechtliche Beurteilung richtet sich nach den Regeln der gewöhnlichen Stellvertretung (OR 32 ff.). Zu den Spezialvollmachten zählen auch Unterschriftsberechtigungen von Mitarbeitenden oder die Bank- oder Postkonto-Vollmacht. Um eine solche spezielle Vollmacht kann es sich auch handeln, wenn z. B. eine Sachbearbeiterin befugt ist, Reklamationen zu erledigen.

Abb. [13-2] Spezialvollmacht – Beispiel

Vollmacht

Der / die Unterzeichnete …
bestellt hiermit Herrn / Frau <… Name der bevollmächtigten Person …>

in der Angelegenheit <… Bezeichnung der Geschäfts …>

zum / zur Bevollmächtigten.

Der / die Bevollmächtigte ist in dieser Angelegenheit berechtigt,
- Verträge abzuschliessen,
- Vergleiche einzugehen,
- gegenüber Behörden die erforderlichen Erklärungen abzugeben.

Der Vollmachtgeber anerkennt hiermit alle Rechtshandlungen der bevollmächtigten Person im Rahmen der obgenannten Befugnisse als für ihn rechtsverbindlich.

Ort, Datum Unterschrift Vollmachtgeber

……………………………………………………………………………………

13.3.2 Generalvollmacht

Generalvollmachten sind demgegenüber umfassend. Die vertretende Person ist zur Vertretung bei Rechtsgeschäften allgemein berechtigt. Allerdings kann der Umfang von Generalvollmachten durch gesetzliche Bestimmungen, wie dies bei den kaufmännischen Stellvertretungen der Fall ist, oder durch Willenserklärung des Vollmachtgebers geregelt werden.

13.4 Die kaufmännische Stellvertretung

Die Besonderheit der kaufmännischen Stellvertretungen besteht darin, dass ihr Umfang im Gesetz umschrieben ist. Dies soll grössere Rechtssicherheit gewährleisten. Zudem sind die Bevollmächtigten immer natürliche Personen.

Unter die kaufmännische Stellvertretung fallen die Prokura, die Handlungsvollmacht und die Vollmacht des Handelsreisenden (OR 348b).

Abb. [13-3] Kaufmännische Stellvertretung

Die Erteilung von Prokura und Handlungsvollmacht ist grundsätzlich **an keine Form gebunden** und ist **jederzeit widerrufbar**. Die kaufmännischen Stellvertretungen können im Verkehr **gegenüber Dritten beschränkt** werden, indem sie z. B. nur für eine Zweigniederlassung oder nur zusammen mit einem weiteren Zeichnungsberechtigten gelten. Häufig sind Stellvertretungen auch **geschäftsintern eingeschränkt;** diese internen Einschränkungen gelten gegenüber Dritten jedoch nicht.

Die folgende Tabelle gibt Ihnen einen Überblick über die Regelungen der Prokura und der Handlungsvollmacht:

Abb. [13-4]   Regelungen der Prokura und Handlungsvollmacht

Prokura (OR 458 ff.)	Umfang	• Alle Rechtshandlungen, die der Zweck des Unternehmens mit sich bringen kann (d. h. keine dem Zweck des Unternehmens zuwiderlaufende). • Eine besondere Ermächtigung benötigt der Prokurist für den Verkauf von Grundstücken und deren Belastung, wie z. B. bei der Errichtung eines Grundpfands.

	Beschränkungen	• Umfang der Vertretungsbefugnisse kann eingeschränkt werden.
		• Das Gesetz lässt neben der umfassenden Einzelprokura zwei Arten von Beschränkungen zu:
		  – Kollektivprokura: Der Prokurist kann nur zusammen mit einem anderen Zeichnungsberechtigten rechtsgültig zeichnen.
		  – Filialprokura: Die Prokura ist auf den Geschäftskreis einer Zweigniederlassung beschränkt.

	Eintrag ins Handelsregister	• Der Eintrag ins Handelsregister sowie die Veröffentlichung im Handelsamtsblatt (SHAB) sind notwendig. • Beschränkungen entfalten ihre Wirkung gegenüber Dritten nur, wenn sie eingetragen sind. • Weitere unternehmensinterne Beschränkungen können nicht ins Handelsregister eingetragen werden.
	Zeichnung	Mit dem Zusatz «ppa» oder «pp» (per procura).
Handlungsvollmacht (OR 462 ff.)	Umfang	• Gilt nur für Alltagsgeschäfte, die der Betrieb des Unternehmens gewöhnlich mit sich bringt und die nicht dem Zweck des Unternehmens zuwiderlaufen. • Beschränkt sich im Wesentlichen auf die Vornahme regelmässig wiederkehrender Rechtshandlungen.
	Beschränkungen	Umfang der im Gesetz umschriebenen Vertretungsbefugnisse kann eingeschränkt oder erweitert werden.
	Eintrag ins Handelsregister	• Die Handlungsvollmacht wird nicht im Handelsregister eingetragen. • Die Handlungsvollmacht beginnt mit der Erteilung und endet mit dem Entzug.
	Zeichnung	Üblicherweise mit der Abkürzung «i. V.» (in Vollmacht, in Vertretung), Vorschriften für die Zeichnung gibt es jedoch nicht.

Ausserdem sind **Geschäftsführer und Direktoren** vertretungsberechtigt. Sie werden durch die Gesellschafter oder durch die Organe einer juristischen Person ernannt. Ihre Vertretungsbefugnisse sind teilweise im **Gesellschaftsrecht** umschrieben (z. B. OR 718 ff. bei der AG und OR 814 bei der GmbH).

Abb. [13-5]　Vollmachten der Direktoren oder Geschäftsführer

Direktor oder Geschäftsführer	Umfang	• Geschäftsführung und Vertretung nach aussen, ganz oder teilweise. • Direktoren oder Geschäftsführer geniessen eine praktisch unbegrenzte Vollmacht für alle Rechtshandlungen, die der Zweck des Unternehmens mit sich bringt. • Direktoren dürfen damit auch Geschäfte tätigen, die dem Prokuristen oder Handlungsbevollmächtigten ohne ausdrückliche Erlaubnis untersagt sind.
	Beschränkungen	Beschränkungen wie Kollektivunterschriften oder Beschränkungen auf Geschäftseinheiten (Filialvollmachten) sind möglich.
	Eintrag ins Handelsregister	Die Vollmacht der Direktoren muss ins Handelsregister eingetragen werden.
	Zeichnung	Direktoren zeichnen für das Unternehmen mit Firma und Unterschrift.

Andere kaufmännische Angestellte oder übrige Mitarbeitende sind i. d. R. **nicht vertretungsbefugt.** Möglich ist es aber, ihnen über eine **Spezialvollmacht** nach OR 32 ff. die Berechtigung zu erteilen, das Unternehmen für bestimmte Geschäfte oder Rechtshandlungen zu vertreten.

Beispiel　Die Verkäuferin eines Kleidergeschäfts wird durch eine Spezialvollmacht berechtigt, Umtauschgeschäfte zu erledigen oder Gutschriften auszustellen.

Zusammenfassung

Der **Stellvertreter** nimmt gegenüber einer **Drittperson** Rechtshandlungen für die vertretene Person wahr. Er handelt **im Namen und auf Rechnung des Vertretenen.** Durch den Abschluss eines Rechtsgeschäfts wird der Vertretene direkt verpflichtet und berechtigt, sofern die **Vollmacht** erteilt und die Stellvertretung **offengelegt** wurde.

Der Umfang einer Vollmacht kann unterschiedlich gross sein. Wir unterscheiden

- die auf bestimmte Geschäfte oder Tätigkeiten beschränkte **Spezialvollmacht** und
- die umfassende **Generalvollmacht.**

Die **kaufmännischen Stellvertretungen** sind gesetzlich umschriebene Generalvollmachten. Darunter fallen:

- Prokura (OR 458 ff.)
- Handlungsvollmacht (OR 462)
- Handelsreisende (OR 348 ff.)

Ein **Unternehmen** wird entweder durch die Gesellschafter, durch die Organe, durch die als kaufmännische Stellvertretung bezeichneten Bevollmächtigten oder durch weitere bei ihr angestellte Mitarbeitende vertreten.

Die **Vertretungsbefugnisse** für ein Unternehmen im Überblick:

Funktion	Vertretungsbefugnisse	Zeichnungsberechtigung
Gesellschafter, VR, Delegierte des VR z. B. nach OR 718a, 811	Umfassende Vertretungskompetenz Eintrag ins HR	Ja, Name ohne Zusatz
Direktoren, Geschäftsführer z. B. nach OR 718, 812, 899	Umfassende Vertretungskompetenz Einschränkungen gemäss Gesetz oder durch interne Regelungen möglich. Eintrag ins HR	Ja, Name ohne Zusatz
Prokuristen nach OR 458 ff.	Vertretungskompetenz gemäss Gesetz oder durch interne Regelungen beschränkt. Eintrag ins HR	Ja, Name mit Zusatz pp. / ppa.
Handlungsbevollmächtigte nach OR 462	Vertretungskompetenz gemäss Gesetz oder durch interne Regelungen beschränkt	Ja, Name mit Zusatz i. V.
Übriges Kaufmännisches Personal nach OR 319 ff.	Keine oder gemäss Spezialvollmacht	Nein, wenn Spezialvollmacht: Name mit Zusatz i. A.

Repetitionsfragen

86 Martha Maler kauft in einem Haushaltsgeschäft ein neues Bügeleisen für ihre Nachbarin, die gehbehindert ist und deshalb selbst nicht einkaufen kann. Martha Maler gibt sich gegenüber der Verkäuferin nicht als Stellvertreterin zu erkennen und der Garantieschein wird deshalb auch auf ihren Namen ausgestellt. – Mit wem hat das Haushaltsgeschäft den Vertrag abgeschlossen?

87 Der Prokurist eines Unternehmens ist im Handelsregister eingetragen und unterzeichnet mit Einzelunterschrift eine Schuldanerkennung über CHF 100 000 gegenüber einem Kunden. Nach interner Regelung ist er nur befugt, solche Unterschriften bis zu einer Höhe von CHF 50 000 mit Einzelunterschrift zu leisten. – Ist das Unternehmen an die Schuldanerkennung gebunden?

88 Sie sind Verkaufsleiterin bei einem Handelsunternehmen und erhalten einen Brief der X-AG mit folgendem Inhalt: «Bitte nehmen Sie zur Kenntnis, dass die Handlungsvollmacht (i. V.) von Herrn Klaus Schönhuber erloschen ist und dass Frau Gerda Keller die Prokura erhalten hat.» Eine Woche später erhalten Sie eine Bestellung, die von Gerda Keller unterschrieben ist.

A] Ist die Prokura von Gerda Keller gültig, auch wenn ihre Prokura nicht im Handelsregister eingetragen wird?

B] Inzwischen ist die Prokura von Gerda Keller im HR eingetragen und Sie schliessen mit ihr nach rund zwei Jahren erneut einen Vertrag ab. Doch die X-AG weigert sich, den Vertrag anzuerkennen, denn inzwischen sei Frau Keller die Prokura entzogen worden. Davon wussten Sie aber nichts und im HR ist der Eintrag nicht gelöscht worden. – Ist der Vertrag gültig?

Teil D
Kommunikationsrecht

14 Datenschutzrecht

Lernziele	Nach der Bearbeitung dieses Kapitels können Sie … • die gesetzlichen Grundlagen des Datenschutzes aufzeigen. • den Unterschied zwischen Datenschutz und Datensicherheit erläutern. • die wichtigsten Grundsätze des Datenschutzes umschreiben. • den Datenschutz im Arbeitsalltag erläutern. • die Folgen bei Verletzung datenschutzrechtlicher Vorschriften umschreiben.
Schlüsselbegriffe	Auskunftsrecht, Bearbeiten von Daten, besonders schützenswerte Daten, Datenschutzgesetz, Datenschutzrichtlinien, Einsichtsrecht, Eidgenössische Datenschutz- und Öffentlichkeitsbeauftragte (EDÖB), Nutzungsreglement, Personendaten, Referenzauskünfte, Überwachungsreglement

«Jede Person hat Anspruch auf Schutz vor Missbrauch ihrer persönlichen Daten.» Dieser Satz steht in Art. 13 der Bundesverfassung und garantiert, dass unsere Privatsphäre und unsere persönlichen Daten vor Missbrauch geschützt sind. Das Datenschutzgesetz konkretisiert diesen Anspruch. Es bezweckt also den **Schutz der Persönlichkeit und der Grundrechte von Personen,** über die Daten bearbeitet werden. Das Gesetz will dafür sorgen, dass Personen und Behörden, die Daten bearbeiten, diese Rechte nicht verletzen.

14.1 Begriffe und Grundsätze des Datenschutzrechts

Damit die Nutzer das Datenschutzgesetz besser und leichter verstehen, umschreibt der Gesetzgeber gleich selbst, was die von ihm verwendeten Ausdrücke bedeuten:

So versteht er unter **Personendaten** sämtliche Informationen, die sich auf eine bestimmte oder eine bestimmbare Person beziehen. Entscheidend ist dabei, ob sich die Daten direkt oder indirekt einer bestimmten oder einer bestimmbaren Person zuordnen lassen (DSG 3 lit. a).

Unter **besonders schützenswerten Daten** sind Daten zu verstehen, die Gesundheit, Intimsphäre, Religion, weltanschauliche Ansichten oder Tätigkeiten usw. betreffen. Diese Daten sind besonders geschützt. Wer solche Daten erfasst, hat diese besonders verantwortungsvoll zu bearbeiten (DSG 3 lit. c, 4 V, 12, 14, 35).

Wenn das Gesetz vom **Bearbeiten von Daten** spricht, meint es damit jeden Umgang mit Personendaten vom Beschaffen, Aufbewahren bis hin zum Umarbeiten, Bekanntgeben und Vernichten (DSG 3 lit. e).

Die Art. 4–11a des Datenschutzgesetzes umschreiben Grundsätze, die jede Person, die Daten bearbeitet, zu beachten hat. Dazu zählen insbesondere:

- Wer Personendaten erfasst, darf sie nur **rechtmässig** beschaffen und verwenden. Die Daten dürfen nicht ohne Wissen der betroffenen Person oder aufgrund einer Drohung oder Täuschung beschafft werden (DSG 4 I).
- Die Datenbearbeitung muss **verhältnismässig** sein, d. h., sie darf nur so erfolgen, wie sie zur Erreichung des damit angestrebten Zwecks geeignet und erforderlich ist (keine Vorratsdatensammlung).
- Die Datenbearbeitung muss nach dem Grundsatz von **Treu und Glauben** erfolgen. Der Datenerfasser muss mit den Daten korrekt und **transparent** umgehen. Personendaten dürfen nur zu dem **Zweck** bearbeitet werden, der bei der Beschaffung angegeben wurde oder aus den Umständen ersichtlich bzw. gesetzlich vorgesehen ist (DSG 4 II–IV).
- Wer Personendaten erhebt, hat sich über deren **Richtigkeit** zu vergewissern. Er hat angemessene Massnahmen zu treffen, damit Daten, die unrichtig oder unvollständig sind,

berichtigt oder vernichtet werden. Wenn eine betroffene Person nachweist, dass Daten unrichtig sind, kann sie die Berichtigung der Daten verlangen (DSG 5).
- Wer Personendaten erhebt, muss sie sicher verwahren, d. h., er muss Vorkehrungen treffen, damit sie vor dem Zugriff Unbefugter geschützt sind (DSG 7).
- Jede Person kann vom Inhaber einer Datensammlung Auskunft darüber verlangen, ob Daten über sie bearbeitet werden (DSG 8).

Hinweis

Im Herbst 2020 hat das Parlament das totalrevidierte Datenschutzgesetz (DSG) angenommen. Es tritt voraussichtlich in der zweite Jahreshälfte 2022 in Kraft. In vielen Punkten wird die schweizerische Gesetzgebung an die Datenschutzverordnung (DSGVO) der EU angeglichen. Die wichtigsten Neuerungen sind:

- Zu den besonders schützenswerten Daten zählen neu auch genetische Daten und biometrische Daten.
- Informations- und Auskunftspflichten werden ausgebaut.
- Betroffene Personen haben ein Recht auf Datenherausgabe und Datenübertragung.
- Neu gibt es eine Meldepflicht bei Datenschutzverletzungen.
- Es gibt härtere Sanktionen wie beispielsweise Bussen bei Pflichtverletzungen.

Unsere Ausführungen beziehen sich auf das zurzeit geltende DSG.

14.2 Datenschutz im Arbeitsverhältnis

Im Rahmen eines Arbeitsverhältnisses erfährt der Arbeitgeber vieles über seine Arbeitnehmer: ihre persönlichen «Eckdaten», ihren Gesundheitszustand, ihr Verhalten im Betrieb, über ihre Gewerkschafts- oder Parteizugehörigkeit usw. Mit der praktisch durchgehenden Digitalisierung nicht nur der Arbeitswelt, sondern auch des Privatlebens kommt der Arbeitgeber immer mehr zu Informationen betreffend seine Arbeitnehmer, die weit über sein berechtigtes Interesse hinausgehen. Der Datenschutz gewinnt darum an Bedeutung.

Daten können heute mit wenig Aufwand gesammelt und mit anderen Datenbanken zusammengeführt werden. Dass mit solchen Informationen Missbrauch getrieben werden kann, liegt auf der Hand. Gerade auch um Probleme dieser Art in den Griff zu bekommen, wurde das Datenschutzgesetz (DSG) geschaffen. Seine Grundsätze gelten auch für das Arbeitsverhältnis (ausgenommen sind Staatsangestellte von Kantonen und Gemeinden; vgl. DSG 2 I).

14.2.1 Bearbeitung der Arbeitnehmerdaten

Anknüpfungspunkt für den Datenschutz im Arbeitsverhältnis ist OR 328b. Danach darf der Arbeitgeber Daten über den Arbeitnehmer nur erfassen, soweit

- sie dessen Eignung für das Arbeitsverhältnis betreffen oder
- zur Durchführung des Arbeitsvertrags notwendig sind.

Das heisst, die vom Arbeitgeber erfassten Daten müssen einen Arbeitsplatzbezug haben, die Eignung des Arbeitnehmers für das Arbeitsverhältnis betreffen oder zur Durchführung des Arbeitsvertrags erforderlich sein.

Die Bearbeitung der Arbeitnehmerdaten hat nach Treu und Glauben zu erfolgen. Der Arbeitgeber muss mit sämtlichen Daten so umgehen, wie dies von einem korrekten und redlichen Arbeitgeber erwartet werden darf. Er ist verpflichtet, nur solche Daten zu erheben und weiterzubearbeiten, über deren Richtigkeit er sich vergewissert hat. Er muss auch regelmässig prüfen, ob die gesammelten Daten noch richtig sind, und sie allenfalls ergänzen oder gar löschen.

Der Arbeitgeber hat bei der Datenbearbeitung die Persönlichkeitsrechte des Arbeitnehmers zu achten. Die Mittel der Datenbeschaffung dürfen nicht persönlichkeitsverletzend sein. Besonders schützenswerte Personendaten oder Persönlichkeitsprofile darf der Arbeitgeber nur mit der ausdrücklichen Einwilligung des Arbeitnehmers bearbeiten.

Zur **Durchsetzung** seiner Rechte stehen dem Arbeitnehmer die Klagen des allgemeinen Persönlichkeitsschutzes zur Verfügung. Der wegen Datenmissbrauch geschädigte Arbeitnehmer kann die Berichtigung, Vernichtung oder Sperre der unrichtigen oder widerrechtlich beschafften Daten verlangen, allenfalls auch Schadenersatz (ZGB 28, OR 97). Auch muss ein Arbeitgeber, der sich nicht an die datenschutzrechtlichen Vorschriften hält, damit rechnen, dass ein Arbeitnehmer den Eidgenössischen Datenschutz- und Öffentlichkeitsbeauftragten (EDÖB) einschaltet (DSG 28 f.).

14.2.2 Auskunfts- und Einsichtsrecht

DSG 8 beinhaltet das **Auskunftsrecht** des Arbeitnehmers, ob in den Datensammlungen des Arbeitgebers Daten von ihm enthalten sind. Zudem hat der Arbeitnehmer das **Einsichtsrecht** in seine Daten. Der Arbeitgeber hat die Auskunft in der Regel schriftlich, in Form eines Ausdrucks oder einer Fotokopie sowie kostenlos zu erteilen.

Der Arbeitgeber ist darüber hinaus von sich aus verpflichtet, den Arbeitnehmer über die Beschaffung von **besonders schützenswerten Personendaten** oder **Persönlichkeitsprofilen** zu informieren (DSG 14).

Arbeitgeber, die ihre Auskunftspflicht **verletzen,** indem sie vorsätzlich eine falsche oder eine unvollständige Auskunft über den Inhalt von Personalakten erteilen, werden auf Antrag mit **Busse** bestraft. Ebenso werden Arbeitgeber bestraft, die es vorsätzlich unterlassen, den Arbeitnehmer zu informieren, dass sie besonders schützenswerte Daten von ihm bearbeiten (DSG 34).

14.2.3 Referenzauskünfte

Referenzauskünfte dürfen ohne Zustimmung des Arbeitnehmers weder erteilt noch eingeholt werden (DSG 12 II lit. b und c, Gerichtspraxis). Referenzauskünfte sind nur erlaubt, soweit der Arbeitnehmer Dritten gegenüber den bisherigen Arbeitgeber als Referenzperson angegeben hat. Dieser hat dann im Umfang des ausgestellten Arbeitszeugnisses die entsprechenden Auskünfte zu erteilen. Mehr als das, was im Zeugnis steht, darf nicht weitergegeben werden.

Muss ein Arbeitnehmer aufgrund **falscher oder nicht autorisierter** Referenzauskünfte Nachteile in Kauf nehmen (etwa eine entgangene Anstellung), so kann er Schadenersatzansprüche geltend machen. Verschweigt andererseits eine Auskunftsperson Straftaten eines Arbeitnehmers, so wird sie gegenüber dem anfragenden neuen Arbeitgeber schadenersatzpflichtig, wenn der Arbeitnehmer bei diesem rückfällig wird.

14.2.4 Datenschutzrichtlinien und Nutzungsreglemente

Viele Betriebe kennen **Datenschutzrichtlinien.** Sie sollen den Missbrauch von Personendaten verhindern sowie die technischen und organisatorischen Massnahmen festlegen, um die **Datensicherheit** zu gewährleisten. **Nutzungsreglemente** regeln die private Nutzung von E-Mail, Internet, sozialen Medien usw. während der Arbeitszeit.

14.2.5 Private Nutzung von Internet, E-Mail oder Telefon und deren Überwachung

In der folgenden Darstellung sind aktuelle Praxisfragen zur privaten Internet-/E-Mail-Nutzung und zu Überwachungsmassnahmen zusammengestellt. Die Zusammenstellung orientiert sich am Leitfaden des Eidgenössischen Daten- und Öffentlichkeitsbeauftragten (EDÖB). Beachten Sie, dass darin eine eher arbeitnehmerfreundliche Position vertreten wird. In der

Literatur werden zum Teil Positionen vertreten, die dem Arbeitgeber weit umfassendere Überwachungs- und Kontrollrechte zubilligen.

Abb. [14-1] Aktuelle Praxisfragen zur privaten Internet-E-Mail-Nutzung und Überwachung

Weisungsrecht (OR 321d)	Der Arbeitgeber darf kraft seines Weisungsrechts die private Nutzung von Internet und E-Mail am Arbeitsplatz reglementieren. Er kann in einem Nutzungsreglement die private Benutzung einschränken oder ganz verbieten. Letzteres ist umstritten. Regelt der Arbeitgeber die Nutzung nicht, darf der Arbeitnehmer Internet und E-Mail im üblichen Rahmen privat nutzen. Das Gleiche gilt für das Telefon.
	Ist die Internet-/E-Mail-Benutzung am Arbeitsplatz beschränkt, so darf der Arbeitgeber das Einhalten seiner Weisung kontrollieren. Diesem Kontrollrecht sind jedoch Grenzen gesetzt. Dem Arbeitgeber ist es grundsätzlich verboten, Überwachungs- und Kontrollsysteme einzusetzen, die das Verhalten der Arbeitnehmer am Arbeitsplatz überwachen (ArGV3 26). Ausnahmen sind in engen Grenzen zugelassen.
Persönlichkeits- und Datenschutz (OR 328, 328b, DSG)	Will der Arbeitgeber Überwachungs- und Kontrollsysteme einsetzen, muss er in jedem Fall den Persönlichkeitsschutz des Arbeitnehmers beachten. Jede Bearbeitung von Arbeitnehmerdaten muss Arbeitsplatzbezug haben. Der Arbeitgeber darf Arbeitnehmerdaten nur bearbeiten, wenn sie die Eignung des Arbeitnehmers für das Arbeitsverhältnis betreffen oder zur Durchführung des Arbeitsvertrags erforderlich sind (OR 328 und 328b).
	Die Arbeitnehmerdaten dürfen zudem nur nach den Grundsätzen des Datenschutzgesetzes bearbeitet werden (Verhältnismässigkeit, Treu und Glauben, rechtmässige Beschaffung, Transparenz).
	Der Einsatz von Software, die es dem Arbeitgeber erlaubt, die Internet-/E-Mail-Aktivitäten eines Arbeitnehmers unbemerkt mitzuverfolgen oder zu überwachen, ist deshalb unzulässig.
Überwachung mithilfe von Protokollierungen	Die Überwachung geht in der Regel wie folgt vonstatten: • In sog. «Protokollierungen» werden sämtliche Aktivitäten der Internet- und E-Mail-Nutzer fortlaufend aufgezeichnet in Form von Angaben, wer was wann gemacht hat. Diese «Randdaten» werden automatisch in der «Protokolldatei / Logfile» festgehalten. • Durch die Protokollierungen kann der Benutzer identifiziert werden.
Auswertung der Protokollierungen (DSG)	Die Logfiles können unterschiedlich ausgewertet werden: • Anonyme nicht personenbezogene Auswertung. Diese Art der Auswertung kann systematisch und ohne konkreten Verdacht eines Missbrauchs durchgeführt werden. Die anonyme Auswertung erfolgt in rein statistischer Form und ohne Personenbezug. Sie beantwortet z. B. die Frage: Wie viele Internetseiten mit pornografischem Inhalt werden durch die Belegschaft pro Monat angesurft? • Personenbezogene nicht namentliche pseudonyme Auswertung. Auch diese Art der Auswertung kann systematisch und ohne konkreten Verdacht eines Missbrauchs durchgeführt werden. Die pseudonyme Auswertung beantwortet z. B. die Frage: Gibt es Arbeitnehmer, die pro Woche mehr als 100 E-Mails versenden? «Pseudonym» heisst diese Auswertung, weil durch Vergabe von «robusten» Pseudonymen die Identität der betroffenen Personen (vorläufig) geschützt wird. • Die personenbezogene namentliche Auswertung ist nur zulässig, wenn ein konkreter Missbrauchsverdacht besteht. Die namentliche Auswertung beantwortet z. B. die Frage: Welche Arbeitnehmer surfen pro Tag mehr als zwei Stunden? Transparenz gegenüber Arbeitnehmern. Führt der Arbeitgeber Auswertungen durch, ohne dass er ein Überwachungsreglement erlassen und gegenüber der Belegschaft kommuniziert hat, verstösst er nach Meinung des Eidgenössischen Daten- und Öffentlichkeitsbeauftragten gegen den Grundsatz der Transparenz des Datenschutzgesetzes (DSG 4 IV).

Folgen unrechtmässiger • Internet-/E-Mail-Nutzung • Überwachung **(OR 97 und 336 ff.)**	Unrechtmässige Nutzung: • **Abmahnung bei quantitativem Missbrauch.** Ein Arbeitnehmer, der, anstatt zu arbeiten, privat surft, mailt oder chattet, muss vom Arbeitgeber grundsätzlich erst verwarnt werden, bevor ihm gekündigt werden darf. • **Kündigung bei qualitativem Missbrauch.** Qualitativer Missbrauch liegt beispielsweise vor, wenn beim Surfen Internetseiten mit illegalen Inhalten aufgerufen werden. Mobbing per E-Mail stellt ebenfalls einen qualitativen Missbrauch dar. Überwachung: • **Kündigung.** Der Arbeitnehmer ist zur fristlosen Kündigung berechtigt, wenn der Arbeitgeber ihn unzulässig überwacht. Zudem kann der Arbeitnehmer gemäss OR 337b Schadenersatz fordern (Obergericht Zürich). • **Schadenersatz.** Wird der Arbeitnehmer in seiner Persönlichkeit verletzt, kann er Schadenersatz geltend machen (OR 97). Wird dem Arbeitnehmer aufgrund einer unrechtmässigen Überwachung gekündigt, kann der Arbeitnehmer die Kündigung als missbräuchlich anfechten und bis sechs Monatslöhne Schadenersatz verlangen (OR 336 f.).

Der **Eidgenössische Datenschutz- und Öffentlichkeitsbeauftragte (EDÖB)** berät sowohl Unternehmen wie auch Privatpersonen in Fragen des Datenschutzes und hat zu diesem Zweck auch informative Richtlinien erstellt wie:

- Leitfaden über die Bearbeitung von Personendaten im Arbeitsbereich
- Leitfaden zu den technischen und organisatorischen Massnahmen des Datenschutzes
- Leitfaden über die Rechte der betroffenen Personen bei der Bearbeitung von Personendaten

Die Website des EDÖB http://www.edoeb.admin.ch/edoeb/de/home/datenschutz/dokumentation.html (zuletzt besucht im September 2021) stellt neben diesen Leitfäden weitere für den Arbeitsbereich nützliche Erläuterungen und Muster zur Verfügung.

Zusammenfassung

Das Datenschutzgesetz (DSG) bezweckt den Schutz der Personendaten vor Missbrauch, den Schutz der Persönlichkeit und der Grundrechte von Personen, über die Daten bearbeitet werden (DSG 1). Daten dürfen nur rechtmässig beschafft werden. Ihre Bearbeitung hat nach Treu und Glauben zu erfolgen und muss verhältnismässig sein. Personendaten dürfen nur zu dem Zweck bearbeitet werden, der bei der Beschaffung angegeben wurde, aus den Umständen ersichtlich oder gesetzlich vorgesehen ist (DSG 4). Wer Personendaten bearbeitet, hat sich über deren Richtigkeit zu vergewissern. Jede betroffene Person kann verlangen, dass unrichtige Daten berichtigt werden (DSG 5). Zur Sicherung des Datenschutzes bestehen eine Geheimhaltungspflicht des Datenerfassers sowie ein Auskunftsanspruch der betroffenen Person (DSG 8 ff.). Unbefugte Verwertung von Daten wird auf Antrag mit Busse bestraft (DSG 34 f.).

OR 328b konkretisiert das DSG. OR 328b ist relativ zwingend. Von OR 328b darf nur zugunsten des Arbeitnehmers abgewichen werden.

Bewerbungsverfahren. Der Arbeitgeber darf nur Daten erfragen, die im Hinblick auf die offene Stelle relevant sind. Bei unzulässigen Fragen hat die bewerbende Person ein Notwehrrecht der Lüge.

Ärztliche Untersuchung. Die Ärztin ist an ihre Schweigepflicht gebunden. Sie darf sich nur zur Eignung der Person für die offene Stelle aus ärztlicher Sicht äussern.

Während der Dauer der Anstellung dürfen nur Daten im Personaldossier abgespeichert werden, die zur Dokumentation von Verhalten und Leistung des Arbeitnehmers tatsächlich gebraucht werden.

Überwachungs- und Kontrollsysteme wie Video etc. dürfen nur aus Sicherheitsgründen bzw. zur Erfassung der Arbeitsleistung eingesetzt werden. Der Arbeitnehmer muss vorgängig informiert werden.

Repetitionsfragen

89 Ein ehemaliger Arbeitnehmer wendet sich mit der schriftlichen Bitte, unter Beilegung einer Kopie seiner Identitätskarte, an seine frühere Arbeitgeberin. Diese solle ihm Auskunft über den Inhalt seiner Personalakte erteilen. Der Arbeitnehmer erwähnt nicht, weshalb er diese Auskunft benötigt.

Welche der Vorgehensweisen der Arbeitgeberin ist richtig? Welche Aussage trifft zu, welche nicht? Bitte kreuzen Sie an.

Richtig	Falsch	
☐	☐	1. Die Arbeitgeberin darf unter Umständen die Bekanntgabe jener Personaldaten des Arbeitnehmers verweigern, die Bezüge zu einem oder mehreren anderen Arbeitnehmern aufweisen.
☐	☐	2. Falls neben der offiziellen Personalakte noch ein separates Personaldossier mit den handschriftlichen Aufzeichnungen der Vorgesetzten über die Arbeitsleistung und die Persönlichkeit des Arbeitnehmers geführt wurde, reicht es, dem Arbeitnehmer vom Inhalt der offiziellen Personalakte Kenntnis zu geben.
☐	☐	3. Da der Arbeitnehmer in seiner schriftlichen Bitte den Grund des Auskunftsinteresses nicht einmal andeutungsweise erwähnt hat, kann ihm die Arbeitgeberin die Auskunft verweigern bzw. ihn zur Angabe eines Grunds auffordern.
☐	☐	4. Falls der Arbeitsvertrag eine Klausel enthält, dass der Arbeitnehmer nach Beendigung des Arbeitsverhältnisses keinen Einblick mehr in seine Personalakte nehmen kann, darf das Auskunftsbegehren unter Hinweis auf die entsprechende Arbeitsvertragsklausel abgelehnt werden.

90 Welche Aussage trifft auf das Datenschutzgesetz zu und welche nicht? Bitte kreuzen Sie an.

Richtig	Falsch	
☐	☐	1. Das Datenschutzgesetz unterscheidet zwischen nicht schützenswerten, schützenswerten und besonders schützenswerten Personendaten.
☐	☐	2. Jede Person kann vom Inhaber einer Datensammlung Auskunft darüber verlangen, ob Daten über sie bearbeitet werden. Verweigert der Inhaber der Datensammlung die Auskunft, muss er angeben, aus welchem Grund er die Auskunft verweigert.
☐	☐	3. Das Datenschutzgesetz gilt nicht für Privatpersonen, die Personendaten bearbeiten.
☐	☐	4. Beziehen sich Angaben auf eine Person, werden deren Name, Geburtsdatum und Adresse aber nicht erwähnt, handelt es sich nicht um Personendaten im Sinne des Datenschutzgesetzes.

91 Der frühere Arbeitgeber von Moritz Brunner erteilt ohne dessen Zustimmung Auskunft über ihn und seine Gesundheit. Wie beurteilen Sie die Auskünfte des ehemaligen Arbeitgebers?

15 Lauterkeitsrecht

Lernziele

Nach der Bearbeitung dieses Kapitels können Sie …

- den Begriff des unlauteren Wettbewerbs erläutern.
- anhand von Beispielen unlauteres Verhalten erklären.

Schlüsselbegriffe

allgemeine Geschäftsbedingung, Dumping, Kartell, Kartellrecht, Lauterkeitskommission, Lockvogelangebot, Täuschung, unlauterer Wettbewerb, vergleichende Werbung, Wettbewerb

Das Lauterkeitsrecht ist Teil des Wettbewerbsrechts. Dieses schützt den freien und fairen Wettbewerb. Dazu gibt es verschiedene Rechtsnormen:

- Auf der einen Seite steht der Schutz des **freien Wettbewerbs.** Diesem Schutz dient hauptsächlich das Kartellrecht, das im Kartellgesetz (KG) geregelt ist. Es geht darum, das freie Spiel von Angebot und Nachfrage zu gewährleisten und Beeinträchtigungen des freien Wettbewerbs zu verhindern. Der freie Wettbewerb kann z. B. durch Absprachen zwischen Unternehmen (Kartelle) beeinträchtigt werden. Mit dem Kartellrecht soll auch verhindert werden, dass einzelne Unternehmen eine marktbeherrschende Stellung einnehmen, die sie zu ihrem Vorteil missbrauchen. Zum Schutz des freien Wettbewerbs soll mit dem Kartellrecht auch der Zusammenschluss von Unternehmen kontrolliert werden. Es soll verhindert werden, dass Monopole entstehen.
- Auf der anderen Seite steht der Schutz des **fairen Wettbewerbs,** der durch das Gesetz gegen den unlauteren Wettbewerb (UWG), aber auch durch Immaterialgüterrechte geschützt ist. Hierbei sprechen wir von **Lauterkeitsrecht.**

Wir beschäftigen uns in der Folge nur mit dem Lauterkeitsrecht. Die kartellrechtliche Seite des Wettbewerbsrechts bleibt ausgeklammert.

Das folgende Beispiel zeigt die wesentlichen Fragestellungen des Lauterkeitsrechts.

Beispiel

Die «Real Band of Insiders» ist eine aussergewöhnliche Band, die auch beim breiten Publikum Anklang findet. Schon bald taucht eine Band mit dem Namen «Insider's Best» auf, die die «Real Band of Insiders» bis auf kleine, unwesentliche Details imitiert und damit wirbt: «‹Insider's Best› ist die beste Schweizer Band!» Schlimmer noch: In der Werbung eines Möbelherstellers entdeckt die Band einen Ausschnitt aus einem ihrer Videoclips zusammen mit dem Slogan: «Sind Sie auch ein Insider?»

Ist solches Verhalten erlaubt? Und falls nicht: Was könnte die Band dagegen unternehmen?

Schutz bieten in solchen Fällen unter Umständen das Urheberrecht und der Markenschutz. Aber auch das Wettbewerbsrecht bietet Schutz. Wir fragen:

1. Welches Verhalten im Konkurrenzkampf ist unlauter?
2. Wer kann gegen eine Wettbewerbsverletzung vor Gericht klagen und welche Rechtsansprüche können geltend gemacht werden?

15.1 Wann ist ein Verhalten im Wettbewerb unlauter?

Der Begriff «lauter» heisst rein oder anständig.

Unlauter ist jedes **täuschende** oder in anderer Weise gegen den Grundsatz von **Treu und Glauben** verstossende Verhalten oder Geschäftsgebaren, das das Verhältnis zwischen Mitbewerbern oder zwischen Anbietern und Abnehmern beeinflusst (UWG 2).

Das UWG selbst zählt in UWG 3–8 wichtige Beispiele von unlauteren Werbe- und Verkaufsmethoden auf.

Die unlauteren und damit verbotenen Verhaltensweisen lassen sich in drei Bereiche einteilen:

Abb. [15-1] Unlauteres Wettbewerbsverhalten

| Unlauteres Verhalten gegenüber Dritten | Täuschung über sich selber | Unlauteres Verhalten gegenüber Kunden |

15.1.1 Unlauteres Verhalten gegenüber Dritten

Dritte sind vor allem Mitbewerber, Anbieter von Waren und Dienstleistungen usw. Typische verbotene Verhaltensweisen dieser Personengruppe gegenüber sind in der folgenden Tabelle zusammengestellt:

Abb. [15-2] Typische Fälle unlauteren Verhaltens gegenüber Dritten

Herabsetzen und anschwärzen	Unlauter handelt, wer andere, deren Waren, Dienstleistungen, Werke oder Leistungen, deren Preise oder Geschäftsverhältnisse durch unrichtige, irreführende oder unnötig verletzende Äusserungen herabsetzt. • Unter **Herabsetzung** versteht man das Schlechtmachen eines Marktteilnehmers. • **Unrichtig** ist dabei eine Äusserung, wenn sie nicht der Wirklichkeit entspricht, **irreführend,** wenn sie eine falsche, der Wirklichkeit nicht entsprechende Vorstellung weckt. • Als **unnötig verletzend** gelten Äusserungen, die verächtlich oder sachfremd sind oder anschwärzend wirken. **Beispiel:** Eine Werbung, in der ein Eisbär eine leere Coca-Cola-Büchse in einen Abfalleimer wirft, der mit der Aufschrift «Keep the Arctic Pure» versehen ist, schwärzt Coca-Cola an.
Verwechslungs- gefahr schaffen	Unlauter handelt, wer Massnahmen trifft, die geeignet sind, Verwechslungen mit den Waren, Werken, Leistungen oder dem Geschäftsbetrieb eines anderen herbeizuführen. • **Verwechslungsfähig** sind z. B. Kennzeichen, Firma, Name, Geschäftsbezeichnung, Slogans, Marken und Domains. • **Verwechslungsgefahr** kann z. B. durch Nachahmung bei Verpackung, Marke oder Art der Werbung herbeigerufen werden. **Beispiel:** Ein Hersteller für koffeinfreien Kaffee warb mit dem Slogan «Kaffee HAG schont Ihr Herz». Ein Konkurrent brachte darauf einen koffeinfreien Kaffee mit der Marke «Kaffee ZAUN» auf den Markt.
Sich in der Werbung vergleichen	Vergleichende Werbung ist zulässig bei gleichartigen Produkten und bei objektiver Darstellung. Unlauter handelt nur, wer sich, seine Waren, Werke, Leistungen oder deren Preise in unrichtiger, irreführender, unnötig herabsetzender oder anlehnender Weise mit anderen, ihren Waren, Werken, Leistungen oder deren Preise vergleicht oder in entsprechender Weise Dritte im Wettbewerb begünstigt. Anlehnung ist unlauter, wenn sie durch einen Vergleich erfolgt und Dritte veranlasst, eine Beziehung zu einer Fremdleistung herzustellen. Als Anlehnung gilt auch die Nachahmung bei «Character Merchandising» (Kommerzialisierung fiktiver Figuren, wie z. B. Globi). **Beispiele:** • Eine Gratiszeitung warb mit einer Grafik, in der die Leserzahlen verschiedener Zeitungen miteinander verglichen wurden, unterliess es aber den Hauptkonkurrenten aufzuführen – ein solcher Vergleich ist unzulässig, weil er irreführend ist. • Mediamarkt verwendet den Slogan «Ich bin doch nicht blöd». Wenn ein Konkurrent die Gegenkampagne «Doch, Sie sind blöd» lanciert, dann handelt es sich dabei um eine herabsetzende Anlehnung.

15.1.2 Unlauterer Wettbewerb durch Täuschung über sich selber

Hier besteht das unlautere Verhalten darin, dass jemand täuschende, irreführende oder schlicht falsch Aussagen über sich selbst macht.

Abb. [15-3] Typische Fälle durch Täuschung über sich selbst

Irreführen und täuschen	Das Gesetz verbietet unrichtige oder irreführende Angaben über sich, seine Waren und Produkte, Geschäftsbeziehung etc. Zulässig sind sachlich überprüfbare Äusserungen. Auch bloss marktschreierische Äusserungen müssen nicht unlauter sein. Entscheidend ist, wie die Angaben vom Durchschnittskäufer verstanden werden. • Aus dem Verbot der Irreführung resultiert die Pflicht zur sachlichen Werbung und zur richtigen Deklaration von Preisen und Warenqualität. Irreführend ist auch die sogenannte Alleinstellungswerbung, d. h. Aussagen, die nicht den Tatsachen entsprechen oder Superlative benutzen. • Unlauter ist auch, seine tatsächlichen Absichten zu verschleiern. So ist z. B. Schleichwerbung unlauter. **Beispiel:** Täuschend handelt, wer ein Gerät anpreist, aber nicht auf die fehlende behördliche Zulassung hinweist. Nicht irreführend sind dagegen Aussagen, wenn sie als Übertreibung erkennbar sind z. B. die «längste Praline der Welt».

15.1.3 Unlauteres Verhalten gegenüber Kunden

Abb. [15-4] Typische Fälle unlauteren Verhaltens gegenüber Kunden

Preisdumping und Lockvogelangebote	**Preisdumping** • Eine Täuschung der Kunden wird dann vermutet, wenn der Verkaufspreis unter dem Einstandspreis vergleichbarer Bezüge gleichartiger Waren oder Leistungen liegt. • Insbesondere bei leicht verderblicher oder der Mode unterliegender Ware ist aber davon auszugehen, dass sie zu Tiefstpreisen verkauft werden dürfen (Problem «Ladenhüter», «verdorbene Waren»). Tiefpreisangebote müssen auch im Rahmen der Einführungswerbung erlaubt sein. **Lockvogelangebote** • Als unlauteres Lockvogelangebot gilt ein Angebot, das darauf abzielt, Kunden in den Laden zu locken, damit sie neben dem Billigprodukt weitere Produkte einkaufen bzw. bei dem nicht genügend Produkte vorhanden sind, sodass die Kunden auf andere, teurere Produkte ausweichen. **Beispiel:** Ein Detailhändler wirbt mit einem billigen Angebot für Fernseher. Als ein Kunde fünf Minuten nach Ladenöffnung ins Geschäft kommt, steht anstelle des beworbenen Fernsehers ein solcher zum doppelten Preis.
Zugaben	Unlauter sind Zugaben (zusätzliche Leistungen), die den Kunden über den wirklichen Wert eines Angebots (Hauptleistung) hinwegtäuschen, ihn aber veranlassen, einen Kauf wegen der Zugabe zu tätigen. Wichtig ist, dass die Zugabe in keinem unmittelbaren Zusammenhang zur Hauptleistung stehen darf. Nicht unlauter sind aber Rabatte oder Werbegeschenke.
Besonders aggressive Verkaufsmethoden	Bei besonders aggressivem Verkauf muss der Zwang eine bestimmte Intensität erlangen, sodass der Kunde dem Druck nachgibt und das betreffende Produkt erwirbt. Als Verkaufsmethode gilt eine Verhaltensweise, mit der ein Kunde persönlich angesprochen wird. • Anwendungsfälle besonders aggressiver Verkaufsmethoden können z. B. die Zusendung unbestellter Waren, die Veranstaltung von Werbefahrten, von Haustür- und Partyverkäufen und von Seniorenpartys, Schneeballsysteme oder Multimarketingsysteme, Strassenwerbung und -verkauf, Direktmarketingmethoden (Telemarketing, Mailings etc.) sein. • Auch besonders gefühlsbetonte (Angstmache, karitative Zwecke) oder suggestive Verkaufsmethoden können unlauter sein. Ebenso das Ausnützen des Spieltriebs: Unlauter sind z. B. Gratisverlosungen, die mit einem Kaufzwang verbunden sind. **Beispiel:** «Sweepstakes» sind Gewinnspiele, deren Gewinner im Voraus bestimmt werden, die Herausgabe des Gewinns jedoch davon abhängt, dass der Gewinner diesen abruft. Dies ist unlauter, wenn der Gewinner damit in die Irre geführt wird. Wird der Gewinn gar nur ausgeschüttet, wenn der Gewinner eine Bestellung vornimmt, ist Unlauterkeit schon zum Vornherein gegeben.
Verschleiern	Unlauter handelt, wer die Kunden täuscht, indem er die Beschaffenheit, die Menge, den Verwendungszweck, den Nutzen oder die Gefährlichkeit von Waren, Werken oder Leistungen verschleiert (Art. 3 lit. i UWG = Verschleierung). Mogelpackungen, wesentliche Umstände zu verschweigen (Verschweigen einer Produktgefahr) und mehrdeutige Werbebotschaften gehören hierzu. **Beispiel:** Ein Auto wird als besonders umweltfreundlich oder CO_2-neutral angeboten. Bei genauerem Hinsehen stellt es sich aber als Dieselfahrzeug mit durchschnittlichem Verbrauch heraus.

Missbräuchliche Geschäftsbedingungen	Die meisten Kaufverträge werden heute aufgrund von vorformulierten Kaufverträgen (allgemeine Geschäftsbedingungen, AGB) abgeschlossen.
	Der Vertragsinhalt wird, abgesehen vom Kaufgegenstand, einseitig vom Verkäufer diktiert. Es besteht die Gefahr, dass der Verkäufer die Geschäftsbedingungen einseitig zu seinen Gunsten formuliert (z. B. weitgehender Ausschluss der Garantie usw.). Dies ist an sich noch nicht unlauter. Unlauter sind solche Geschäftsbedingungen bei zweideutigen Formulierungen oder wenn Bedingungen vom Vertragsinhalt abweichen, den man üblicherweise bei einem derartigen Geschäft erwarten kann.
	Beispiel: Wenn im Kleingedruckten auf der Vertragsrückseite für den Zahlungsverzug des Käufers eine Konventionalstrafe vorgesehen wird. Da eine solche in einem Kaufvertrag üblicherweise nicht vorgesehen wird, ist sie nur gültig, wenn der Käufer ausdrücklich darauf hingewiesen worden ist.

15.2 Was tun bei unlauterem Wettbewerb?

Zur Klage gegen unlauteres Wettbewerbsgebaren ist jedermann berechtigt, der «in seiner Kundschaft, seinem Kredit oder beruflichen Ansehen, in seinem Geschäftsbetrieb oder sonst in seinen wirtschaftlichen Interessen bedroht oder verletzt wird» (UWG 9 I), d. h., je nach Fall können die Kläger Konkurrenten, Lieferanten oder Kunden sein. Voraussetzung ist nur, dass sie in einer der beschriebenen Arten in ihren wirtschaftlichen Interessen verletzt sind.

Da meist grosse Summen auf dem Spiel stehen, ist das Prozessrisiko in einem Prozess wegen unlauteren Wettbewerbs in der Regel sehr hoch. Deshalb lässt das UWG auch **Verbandsklagen** zu; es ermächtigt gewisse Organisationen, stellvertretend für die einzelnen Betroffenen gegen unlauteres Wettbewerbsgebaren vorzugehen und sie selbst einzuklagen. Bei diesen Organisationen handelt es sich um

- Berufs- und Wirtschaftsverbände, die die Wahrung der wirtschaftlichen Interessen der Mitglieder zur Aufgabe haben, und um
- Konsumentenschutzorganisationen mit gesamtschweizerischer oder zumindest regionaler Bedeutung.

15.2.1 Rechtsansprüche

Je nach Sachverhalt kann der Geschädigte verlangen (UWG 9 I),

- dass der Richter eine drohende Verletzung verbietet (Unterlassungsanspruch),
- dass er Beseitigung einer schon bestehenden Verletzung anordnet (Beseitigungsanspruch) oder
- dass er den Wettbewerbsverstoss in seinem Urteil bloss feststellt (Feststellungsanspruch).

Zusätzlich kann der Geschädigte je nach Sachlage eine Publikation des Urteils verlangen (UWG 9 II und III) und Schadenersatz bzw. Genugtuung wegen unerlaubter Handlung (aufgrund von OR 41ff.) und die Herausgabe des Gewinns. Dies kommt vor allem dann zum Zug, wenn jemand eine sklavische Nachahmung eines fremden Produkts vertreibt.

15.2.2 Was macht die Lauterkeitskommission?

Konsumenten und Wirtschaft sind interessiert, dass unlautere kommerzielle Kommunikation verhindert wird.

Seit 1966 besteht deshalb eine lauterkeitsrechtliche Selbstkontrolle, die durch die Schweizerische Lauterkeitskommission als autonomes Organ ausgeübt wird. Sie besteht aus Konsumenten, Medienschaffenden und Werbern.

Jede Person ist befugt, Werbung, die ihrer Meinung nach unlauter ist, bei dieser Kommission zu beanstanden. Die Lauterkeitskommission beurteilt unentgeltlich Beschwerden zu Tatbeständen, die als unlauter bei ihr schriftlich gerügt werden. Bei Missachtung sorgt sie für weitergehende Massnahmen von Publikation mit Namensnennung bis Anhebung von Privatklagen.

> **Zusammenfassung**
>
> Als unlauter und widerrechtlich gilt jedes täuschende oder in anderer Weise gegen den Grundsatz von Treu und Glauben verstossende Verhalten oder Geschäftsgebaren, das das Verhältnis zwischen Mitbewerbern oder zwischen Anbietern und Abnehmern beeinflusst.
>
> Unlautere Verkaufs- und Werbemethoden können in unlauterem Verhalten gegenüber Dritten oder gegenüber den Kunden bestehen oder in irreführendem oder täuschendem Verhalten gegenüber sich selber oder Dritten.
>
> Jedermann kann sich gegen unlauteres Wettbewerbsverhalten vor Gericht wehren oder aber durch die Lauterkeitskommission als unabhängiges Organ einen Tatbestand begutachten lassen.

Repetitionsfragen

92   Lauter oder nicht? Entscheiden Sie und begründen Sie Ihren Entscheid!

A] Die Sitzgarnitur aus Kunstleder wird mit «echt Leder» bezeichnet.

Lauter	Unlauter	Begründung
☐	☐	_____

B] «Die erfolgreichste und innovativste Methode, um Englisch zu lernen.»

Lauter	Unlauter	Begründung
☐	☐	_____

C] Eine Firma wirbt mit: «Unser Waschmittel Whitedreams ist das billigste Weisswaschmittel» und zeigt dabei eine Tabelle mit fünf gleichartigen Waschmitteln.

Lauter	Unlauter	Begründung
☐	☐	_____

93   Ergänzen Sie die nachstehenden Lücken mit dem passenden Fachbegriff: Die Grundlagen des Lauterkeitsrechts sind im ……………………… geregelt. Wer nach dem Gesetz unklare Angaben macht, verstösst gegen das Verbot der ……………………… , wer dagegen unrichtige Angaben macht, begeht eine ……………………… . Wer Waren wiederholt unter dem Einstandspreis verkauft, macht ein sogenanntes ………………………

94   Nespresso wirbt mit «Nespresso – what else?» Anlässlich des Streits um die Nespresso-Kapseln wurde Denner verpflichtet, auf den Werbeslogan «Denner – was sucht» zu verzichten. Welche Überlegungen könnten hier dazu geführt haben, dass Denner auf den Werbeslogan verzichten musste?

95 Die «Real Band of Insiders» ist eine aussergewöhnliche Band, die auch beim breiten Publikum Anklang findet. Schon bald taucht eine Band mit dem Namen «Insider's Best» auf, die die «Band of Insiders» bis auf kleine, unwesentliche Details imitiert und mit damit wirbt: «‹Insider's Best› ist die beste Schweizer Band!» Schlimmer noch: In der Werbung eines Möbelherstellers entdeckt die Band einen Ausschnitt aus einem ihrer Videoclips zusammen mit dem Slogan: «Sind Sie auch ein Insider?»

Gegen die Verwendung des Videoclips könnte die «Real Band of Insiders» schon wegen Verletzung ihrer Urheberrechte vorgehen. Weiter verstösst das Verhalten der «Insider's Best» auch gegen den lauteren Wettbewerb.

Bitte beschreiben Sie genauer, welche Art von unlauterem Wettbewerb die «Insider's Best» begehen.

Teil E
Anhang

Antworten zu den Repetitionsfragen

1 Seite 16   Einteilung der Güter:

☒	Dienstleistungen sind Konsumgüter oder Kapitalgüter.
☐	Eine Motorsäge ist ein Kapitalgut.
☒	Wenn der Restaurantbesitzer einen Sonntagszopf für das Frühstück mit seiner Familie kauft, handelt es sich um ein Konsumgut.
☒	Kapitalgüter heissen auch Investitionsgüter.

- Eine Motorsäge ist nur dann ein Kapitalgut, wenn sie zur Erzeugung anderer Güter eingesetzt wird (z. B. durch den Holzfäller, der das Holz an Schreinereien zur Weiterverarbeitung verkauft). Wenn Ihr Nachbar eine Motorsäge hat, um die Bäume in seinem Garten zu schneiden, ist sie ein Konsumgut.
- Die Zahnbehandlung ist zwar unangenehm, aber trotzdem ein Konsumgut. Sie wird nicht dafür eingesetzt, um andere Güter zu erzeugen.

2 Seite 16   Abbildung mit Beschriftung und Nummerierung von Ausgangslage:

3 Seite 17   A] Konsumgüter und Kapitalgüter:

Konsumgüter	Kapitalgüter	
☐	☒	Werkzeugmaschinen
☐	☒	Lastautos
☒	☐	Brot
☐	☒	Traktor
☒	☐	Zahnbehandlung
☒	☐	Modelleisenbahn

B] Wenn Sie die Güter Lastautos und Traktor doppelt angestrichen haben, dann haben Sie sehr scharfsinnig unterschieden. Bei ihnen kann man sich sehr wohl überlegen, ob es sich um ein Kapitalgut oder ein Konsumgut handelt. Denn letztlich ist ja nicht das Gut selbst entscheidend, sondern dessen Verwendungszweck.

So wird ein Lastauto im Normalfall ein Kapitalgut sein, weil es zum Transport von anderen Gütern hergestellt ist. Es ist aber denkbar, dass z. B. ein Liebhaber ein Lastauto zu einem Wohnmobil umbaut und damit in die Ferien fährt. Dann ist es ein Konsumgut.

Ähnliches gilt für den Traktor. Wird er zu privaten Zwecken genutzt, dann ist er ein Konsumgut. Im Normalfall ist er aber ein Kapitalgut, weil Bauern damit ihre Felder bestellen.

4 Seite 17   Aspekte des ökonomischen Prinzips:

Maximum-prinzip	Minimum-prinzip	Optimum-prinzip	
☐	☒	☐	Sie kaufen Schokoladen dort, wo sie am günstigsten sind.
☒	☐	☐	Im Interdiscount kaufen Sie für CHF 500 den besten Fotoapparat.
☐	☐	☒	Auf dem Wochenmarkt wählen Sie möglichst schöne, gesunde und billige Äpfel.
☐	☐	☒	Inputs und Outputs variabel
☒	☐	☐	Inputs vorgegeben, Output variabel
☐	☒	☐	Inputs variabel, Output vorgegeben

5 Seite 17   Wirtschaften bedeutet, unseren Lebensunterhalt zu bestreiten. Dabei haben wir das Problem, dass die Konsumwünsche zur Befriedigung unserer Bedürfnisse unabsehbar sind. Die Konsumwünsche übersteigen die vorhandenen Ressourcen, die Ressourcen sind knapp.

6 Seite 17   Produktionsprozess:

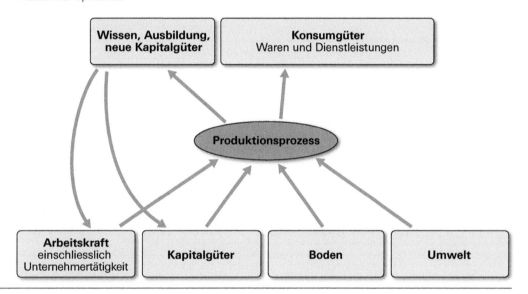

7 Seite 17   Arbeitskraft: z. B. die Person, die den Computer zusammenbaut

Kapitalgüter: die Maschinen, die zur Herstellung verwendet werden

Boden: der Standort der Fabrik

Umweltgüter: Abgase beim Transport oder Umweltbelastung bei der Entsorgung

8 Seite 37   Reaktion der angebotenen und der nachgefragten Menge eines Guts auf den Preis:

Preis	Nachgefragte Menge eines Guts	Angebotene Menge eines Guts
steigt ↗	sinkt ↘	steigt ↗
sinkt ↘	steigt ↗	sinkt ↘

9 Seite 37   Marktgleichgewicht:

☐	Im Marktgleichgewicht sind die Konsumwünsche aller Nachfrager nach einem Gut befriedigt.
☒	Das Marktgleichgewicht liegt bei demjenigen Preis, bei dem die angebotene und die nachgefragte Menge eines Guts übereinstimmen.
☒	Ist ein Markt im Gleichgewicht, gibt es weder einen Nachfrageüberschuss noch einen Angebotsüberschuss.
☐	Ein einmal erreichtes Marktgleichgewicht bleibt für immer erhalten.

10 Seite 37   Korrekte Beschriftung eines Preis-Mengen-Diagramms:

Begriff	Zuordnung
Preis (CHF oder andere Währung)	A
Menge (Stück, Kilo usw.)	B
Preiselastische Nachfrage	F
Preiselastisches Angebot	D
Preisunelastische Nachfrage	E
Preisunelastisches Angebot	C

11 Seite 38   Markt- und Kreislaufschema:

☒	Die Akteure heissen Haushalte und Unternehmen.
☐	Auf den Faktormärkten werden Güter gehandelt.
☒	Es fliesst ein Ressourcenstrom von den Haushalten zu den Unternehmen.
☒	Es fliesst ein Güterstrom von den Unternehmen zu den Haushalten.

12 Seite 38   Entschädigungen für das Zurverfügungstellen der Produktionsfaktoren:

Produktionsfaktor	Entschädigung
Arbeit	Lohn
Kapital	Zins
Boden	Bodenrente
Unternehmerleistung	Gewinn / Verlust
Umwelt	./. (die meisten Umweltgüter sind auch heute noch gratis)

- Für Arbeitskraft erhält man Lohn.
- Für Kapital erhält man Zins.
- Für Boden erhält man Bodenrente.
- Für Unternehmerleistung erhält man Gewinne oder muss Verluste erleiden.

13 Seite 38   A] Das Schlüsselwort heisst: Alternative. Bei der Butter haben die Nachfrager eine eng verwandte Alternative. Sie können auf Margarine umsteigen, wenn die Butterpreise steigen. Bei Brot gibt es dagegen keine so nahe liegende Alternative. Deshalb werden die Nachfrager bei teureren Brotpreisen nach wie vor Brot kaufen, aber vielleicht etwas weniger.

B] Der Kirschenproduzent hat wenig Möglichkeiten, um auf die gestiegene Nachfrage zu reagieren, weil die Kirschbäume nur im Frühling Früchte tragen. Er wird sein Angebot ein wenig ausdehnen können, wenn er Kirschen aus anderen Ländern für teures Geld importiert. Kurzfristig ist das Angebot von Kirschen also preisunelastisch.
Der Kaugummiproduzent kann dagegen vergleichsweise rasch auf die Nachfragesteigerung reagieren. Kaugummi kann gelagert werden und vermutlich kann man auch die Produktion recht rasch vergrössern. Daher reagiert hier das Angebot preiselastisch.

14 Seite 38

A] Die zwei Akteure sind: Haushalte und Unternehmen.

B] Faktormärkte sind Märkte, auf denen die Unternehmen Produktionsfaktoren einkaufen: Arbeitsleistung, Kapitalgüter und Boden. Zu den Faktormärkten gehören die Arbeitsmärkte, die Kapitalmärkte und die Bodenmärkte. (Zusätzlich fliessen noch Gewinne für Unternehmerleistung von den Unternehmen zu den Haushalten.)

C] Haushalte und Unternehmen sind auch über die Gütermärkte verbunden: Dort fliesst ein Güterstrom von den Unternehmen zu den Haushalten, zurück zu den Unternehmen fliesst ein Geldstrom.

15 Seite 38

Die Haushalte **sparen** und stellen den Unternehmen ihr Erspartes gegen Zins zur Verfügung. Die Unternehmen **investieren** dieses Geld, indem sie die benötigten Kapitalgüter kaufen. Spargelder kann man zur Bank bringen, die diese dann an die Unternehmen ausleiht, oder man kann Wertpapiere (Aktien und Obligationen) von Unternehmen kaufen.

16 Seite 38

Vergleichen Sie Ihre Zeichnung ganz genau mit der Abbildung 2-16, S. 34 und korrigieren Sie, wenn nötig, Ihre Lösung.

17 Seite 39

A] Berechnung der Nachfrageelastizität nach Strom:

$$\frac{\text{Prozentuale Mengenänderung}}{\text{Prozentuale Preisänderung}} = -2 / 13.64 = -0.1466$$

B] Die Nachfrage ist preisunelastisch. Familie Hugentobler reagiert bei der Nachfrage nach Strom nur sehr schwach auf Preisänderungen.

18 Seite 39

Preis-Mengen-Diagramm des Markts für Offroader und Reaktion der Nachfrager auf einen Anstieg der Treibstoffpreise:

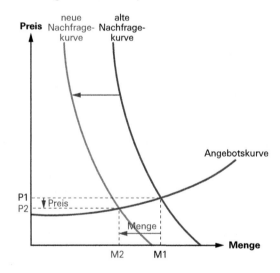

19 Seite 39   Preis-Mengen-Diagramm des Markts für Tafelkirschen und Folgen der Verknappung der angebotenen Menge durch vermehrtes Brennen:

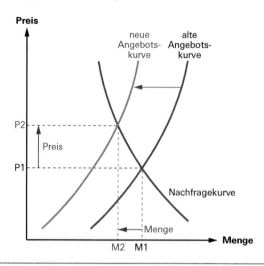

20 Seite 53   Marktkonforme und nichtmarktkonforme Eingriffe:

Eingriff des Staats	Zuordnung
Höchstpreis	b) nichtmarktkonform
Steuer	a) marktkonform
Mindestpreis	b) nichtmarktkonform

21 Seite 53   Höchstpreis:

☒	Ein Höchstpreis ist dann wirksam, wenn er tiefer als der Gleichgewichtspreis ist.
☐	Je kleiner die Preiselastizitäten von Angebot und Nachfrage, desto grösser der Gütermangel bei einem wirksamen Höchstpreis
☒	Preiselastische Anbieter bieten bei einem wirksamen Höchstpreis merklich weniger an.
☐	Durch Höchstpreise werden Preise höher gesetzt als jene, die sich durch das freie Wirken von Angebot und Nachfrage ergeben hätten.
☒	Durch einen wirksamen Höchstpreis entsteht ein Gütermangel.

22 Seite 53   Wirkungen von Höchst- und Mindestpreisen:

Eingriff des Staats	Zuordnung
Die zum herrschenden Preis angebotene Menge übersteigt die nachgefragte Menge.	b) Angebotsüberschuss
Die zum herrschenden Preis angebotene Menge unterschreitet die nachgefragte Menge.	a) Nachfrageüberschuss
Der Marktmechanismus kann wegen des Höchstpreises nicht bewirken, dass die nachgefragte Menge zurückgeht.	a) Nachfrageüberschuss
Der Marktmechanismus kann wegen des Höchstpreises nicht bewirken, dass die angebotene Menge steigt.	a) Nachfrageüberschuss
Der Marktmechanismus kann wegen des Mindestpreises nicht bewirken, dass die nachgefragte Menge steigt.	b) Angebotsüberschuss
Der Marktmechanismus kann wegen des Mindestpreises nicht bewirken, dass die angebotene Menge sinkt.	b) Angebotsüberschuss

23 Seite 53

Schwarzmärkte:

☐	Zu tiefe Mindestpreise
☒	Zu tiefe Höchstpreise
☒	Mangelndes Angebot auf den legalen Märkten
☐	Zu grosses Angebot auf den legalen Märkten

24 Seite 53

Steuerüberwälzung:

☒	Wenn sich die Kunden des Unternehmens sehr preisunelastisch verhalten, kann es die Preise ohne negative Folgen um die Steuer erhöhen.
☐	Das Unternehmen kann die Preise ohne negative Folgen um die Steuer erhöhen, weil das im Mehrwertsteuergesetz ja auch so geregelt ist.
☒	Wenn das Unternehmen auf das Geschäft mit dem von der Steuer belasteten Gut nicht unbedingt angewiesen ist, kann es die Steuerlast mehrheitlich auf die Preise und damit auf die Kunden überwälzen.
☒	Wenn das Angebot des Unternehmens preiselastischer ist als die Nachfrage seiner Kunden, kann es einen Teil der Steuer ohne negative Folgen auf seine Kunden abwälzen.

25 Seite 54

Eine Umweltabgabe soll Anreize schaffen, die betroffene Ressource effizienter zu nutzen. Die Einnahmen daraus sollen vollumfänglich zurückbezahlt werden, weil sonst neben dem ökologischen Ziel noch ein anderes Ziel verfolgt würde, nämlich die Erhöhung der Fiskalquote.

26 Seite 54

Folgende Güter eignen sich für Spekulation:

☒	Kaffee-Ernte
☐	CDs eines verstorbenen Künstlers
☒	Gemälde eines verstorbenen Künstlers
☒	Aktien eines Unternehmens
☐	Nike-Turnschuhe

Mit CDs eines verstorbenen Künstlers kann nicht spekuliert werden, weil die Musikindustrie bei Bedarf einfach die CD nachdrucken kann. Dasselbe gilt für Nike-Turnschuhe. Auch alte Modelle können ohne Weiteres wieder hergestellt werden.

27 Seite 54

A] Höchstpreis.

B] Werden Mietpreise unter dem Marktpreis festgesetzt,

- steigt die Nachfrage (viele leisten sich jetzt eine grössere Wohnung, ziehen früher aus dem Elternhaus weg, wohnen eher allein usw.),
- verknappt sich das Angebot (der Wohnungsbau leidet, ebenso wie die Pflege bestehender Wohnungen).

Resultat ist ein Mangel an Wohnungen.

C] **Gewinner:** wer schon eine sichere Wohnung hat, wer gute Beziehungen hat, Kinderlose, Ruhige, Schweizer, Ehepaare.

D] **Verlierer:** Hauseigentümer, wer erst eine Wohnung sucht, wer ohne gute Beziehungen ist, Immigranten, wer Haustiere liebt und laute Musik spielt.

28 Seite 54

Finanzierung der eigenen Ausgaben, Umverteilung von Einkommen, Eindämmung von Produktion und Konsum bestimmter Güter.

29 Seite 54

A] Mindestpreis.

B] Beim künstlich hoch gesetzten Preis produzierten die Bauern mehr Milch. Es lohnte sich, mehr Kühe mit grösserer Milchleistung anzuschaffen. Und damit kam es zu einer grossen Ausweitung der Milchproduktion und damit der Milchprodukte wie Joghurt, Käse und Butter.

C] Aber auch die Konsumenten reagierten auf die höheren Preise. Da es für Milch und Milchprodukte wenige Alternativen gibt, schränkten sie die nachgefragte Menge nur wenig ein (die Milchnachfrage ist wenig preiselastisch).

D] Resultat war eine Überschussproduktion an Milch und Milchprodukten wie Butter und Käse.

30 Seite 55

A] Die Steuer wird zum grössten Teil von den sehr preisunelastischen (süchtigen) Nachfragern getragen. Weil die Nachfrage so preisunelastisch ist, geht die Menge nur wenig zurück. Einige Nachfrager werden ihren Konsum etwas einschränken und einige werden dies als Gelegenheit nutzen, mit dem Rauchen aufzuhören. Wir können also davon ausgehen, dass die Nachfrage dank der Steuer etwas zurückgeht.

B]

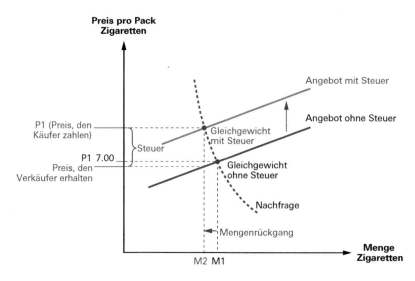

Kommentar

Wichtig ist, dass Sie die Nachfragekurve sehr steil eingezeichnet haben, denn die Nachfrager verhalten sich ja sehr preisunelastisch.

Geht aus Ihrer Zeichnung hervor, dass die gehandelte Menge nur geringfügig zurückgeht? Erkennt man auch, dass die preisunelastischen Nachfrager die Hauptlast der Steuer tragen?

31 Seite 55	A] Reagieren Kunden und Produzenten gleich preiselastisch, teilen sie sich die Subvention je zur Hälfte.

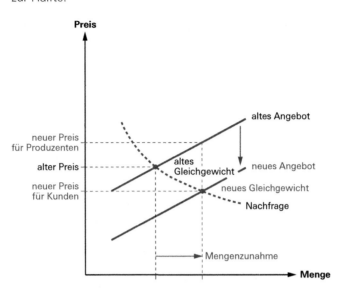

B] Die Menge nimmt umso stärker zu, je preiselastischer Anbieter und Nachfrager reagieren.

C] Die Produzenten müssten viel unelastischer reagieren als die Käufer, das Angebot müsste praktisch vollkommen preisunelastisch sein – und / oder die Nachfrage praktisch vollkommen preiselastisch.

32 Seite 71	A] Die Statistik erfasst nicht alle Personen, die gerne arbeiten würden. Erfasst sind in der offiziellen Statistik nur die Arbeitslosen, die bei der Arbeitslosenkasse gemeldet sind, und die Stellensuchenden, die in einem Arbeitsprogramm oder einem Umschulungs-/Weiterbildungskurs sind oder die einen Zwischenverdienst haben.
	B] Nicht erfasst sind: 1. ausgesteuerte Arbeitslose; 2. Jugendliche, die lange kein Arbeitslosengeld erhalten; 3. in den Haushalt «zurückgeschickte» Frauen; 4. Bezüger von Invalidenrenten, die in Boomzeiten arbeiteten; 5. die aufgrund der Beschäftigungslage Frühpensionierten; 6. Arbeitslose, die Arbeit suchen und nicht finden, aber den Gang aufs Arbeitsamt scheuen.

33 Seite 71	☐ Inflation bedeutet den starken Preisanstieg eines wichtigen Guts.
	☐ Inflation bedeutet einen allgemeinen Anstieg der Löhne.
	☒ Inflation bedeutet einen allgemeinen Anstieg der Preise.
	☐ Inflation bedeutet einen anhaltenden Anstieg der Zinssätze.
	☒ Inflation bedeutet Geldentwertung.

34 Seite 71	A] Beide Aussagen beziehen sich auf einen einzelnen Markt.
	B] Der Erste spricht über Inflation, der Zweite über einen einzelnen Markt.

35 Seite 71	Das BNE misst nicht die Werte, die wir produziert haben, sondern die Werte, die den Bewohnern der Schweiz zur Verfügung stehen. Im BNE (aber nicht im BIP) berücksichtigt ist, dass uns in grossem Umfang Zinsen und Gewinne aus dem Ausland zufliessen. (Genau: Die Erträge schweizerischen Kapitals im Ausland übertreffen die Erträge ausländischen Kapitals in der Schweiz und die Löhne der Grenzgänger in der Schweiz bei Weitem.)

36 Seite 71	Die Bevölkerungszahl der Schweiz wuchs 2000 um 1.2%.

37 Seite 71	Ein Ansteigen des nominellen BIP bedeutet nicht nur ein Produktionswachstum – auch Preissteigerungen führen zu einem nominellen BIP-Wachstum.

38 Seite 71	Konjunkturschwankungen.

39 Seite 71   A]

1. Sektor	= **Landwirtschaft**	: Beschäftigte 1900	**ca. 25** % →	Beschäftigte 2000	**ca. 5** %
2. Sektor	= **Industrie**	: Beschäftigte 1900	**ca. 47** % →	Beschäftigte 2000	**ca. 25** %
3. Sektor	= **Dienstleistung**	: Beschäftigte 1900	**ca. 28** % →	Beschäftigte 2000	**ca. 70** %

B]

1. Dank Produktivitätssteigerung können vor allem im ersten und zweiten Sektor mehr Güter mit weniger Arbeitskraft erzeugt werden.
2. Mit steigendem Einkommen steigen unsere Konsumwünsche nach komplexeren Waren und Dienstleistungen wie Freizeit, Ferien usw.
3. Dank internationalem Handel spezialisieren wir uns auf komplexere Waren und Dienstleistungen, bei denen das Wissen eine grosse Rolle spielt.

40 Seite 90   A] Die Gesamtnachfrage ist die Summe aller Waren und Dienstleistungen, die von den konsumierenden Haushalten, von den investierenden Unternehmen und vom Staat, aus dem In- und Ausland, nachgefragt wird.

B] Das Produktionspotenzial ist die Summe aller Waren und Dienstleistungen (Konsum- und Investitionsgüter), die von Unternehmen und vom Staat – bei gut ausgelasteten, aber nicht überlasteten Produktionskapazitäten – angeboten werden könnte.

C] Das Produktionspotenzial wächst gewöhnlich recht gleichmässig, die Gesamtnachfrage kann dagegen stark schwanken.

41 Seite 90   Etwa 1.5 bis 2% im Jahr.

42 Seite 90   Wichtige Beispiele von Schocks, die einen Rückgang der Gesamtnachfrage einleiten können, sind:

- Plötzlicher Rückgang der Exporte in ein wichtiges Absatzland
- Kriegsangst oder andere Zukunftsängste
- Aktienbörsencrash, Liegenschaftskrise
- Plötzliche massive Preiserhöhung beim Erdöl (Erdölpreisschock)

43 Seite 90   Wegen technologischer Errungenschaften benötigen Unternehmen weniger Personal. **Strukturelle Arbeitslosigkeit**

Die Gesamtnachfrage ist rückläufig und die Produktion wird gedrosselt. Überflüssiges Personal wird entlassen. **Konjunkturelle Arbeitslosigkeit**

Wegen unübersichtlichem Arbeitsmarkt finden Stellensuchende nicht gleich ihre neue Stelle. **Sucharbeitslosigkeit**

Unternehmen, die CDs herstellen, entlassen Leute, weil Musik heute aus dem Netz heruntergeladen wird. **Strukturelle Arbeitslosigkeit**

Zu hohe gesetzliche Mindestlöhne werden für die hohe Jugendarbeitslosigkeit in Frankreich verantwortlich gemacht. **Institutionelle Arbeitslosigkeit**

44 Seite 90   A]

- Eine Rezession ist ein mittelschwerer Konjunkturabschwung, eine Phase mit unterdurchschnittlichen Wachstumsraten des BIP.
- In der Hochkonjunktur liegt das tatsächliche BIP über dem Produktionspotenzial.

B]

Deflation ist in der Regel eine Folge einer langen Rezession. Werden aber sinkende Preise erwartet, wird weniger gekauft, die Rezession verstärkt sich.

45 Seite 90

A] Konjunkturelle Arbeitslosigkeit.

B] Wächst das tatsächliche BIP stärker als das Produktionspotenzial, nimmt die Arbeitslosigkeit ab. Wächst das BIP schwächer als die mögliche Produktion, steigt die Arbeitslosigkeit.

C]

0% ☐   10–12% ☐   1–3% ☒   5–7% ☐

Denn um so viel wächst in der Schweiz jährlich in etwa das Produktionspotenzial.

46 Seite 91

Konjunkturphasen:

	Name der Phase	Gesamtnachfrage (GN)	Arbeitslosigkeit	Inflation
1	(b) Konjunkturabschwung	(f) Gesamtnachfrage steigt schwach oder sinkt	(g) Arbeitslosigkeit steigt	(k) Inflation nimmt ab
2	(c) Konjunkturaufschwung	(e) Gesamtnachfrage steigt stärker als das Produktionspotenzial	(h) Arbeitslosigkeit sinkt	(l) Inflation sinkt weiterhin oder bleibt tief
3	(a) Hochkonjunktur	(d) Gesamtnachfrage über Produktionspotenzial	(i) Arbeitskräftemangel	(j) Inflation nimmt zu

47 Seite 91

A] Je grösser die Marktmacht von Unternehmen, desto leichter gelingt es ihnen, höhere Kosten auf die Preise abzuwälzen – und je grösser die gewerkschaftliche Marktmacht, desto erfolgreicher können sich die Haushalte auf den Arbeitsmärkten wehren und bei Preiserhöhungen entsprechend höhere Löhne fordern.

B]

- Die Preise **steigen**.
- Die Löhne **steigen auch** (wegen des Teuerungsausgleichs).
- Dem Unternehmen entstehen **Mehr**kosten.
- Dank Marktmacht werden diese dem Konsumenten **überwälzt**.
- Die Preise **steigen weiter**.

48 Seite 91

A] In Konjunkturabschwüngen erhöht sich die Arbeitslosigkeit, in Aufschwüngen besteht die Gefahr von Inflation.

B] Eine expansive Konjunkturpolitik betreibt der Staat, wenn die Gesamtnachfrage unter das Produktionspotenzial sinkt.
Eine restriktive, wenn die Gesamtnachfrage darüber steigt.

C] Die Instrumente der Regierung:

- Sie kann die Steuern senken oder erhöhen und
- sie kann die Staatsausgaben senken und erhöhen.

Die Instrumente der Zentralbank:

- Sie kann die Zinsen anheben oder senken.

49 Seite 92

Expansiv	Restriktiv	Aussage
☒	☐	Der Staat riskiert Defizite.
☒	☐	Der Staat forciert Investitionen.
☐	☒	Der Staat zahlt Schulden ab.
☐	☒	Der Staat verschiebt seine Investitionen auf später.
☐	☒	Die Zentralbank verknappt das Geld, sodass die Zinsen steigen.
☐	☒	Steuern werden erhöht.
☐	☒	Öffentliche Defizite werden vermieden.
☒	☐	Öffentliche Investitionen werden vorgezogen.
☒	☐	Der Staat senkt Steuern.
☒	☐	Die Zentralbank kauft mit ihrem Geld Obligationen.

50 Seite 92

Die Entscheidungen – vor allem für Steuererhöhungen – erfolgen langsam und dezentral (vor allem in den Kantonen und Gemeinden). Zudem werden Steuererhöhungen, auch wenn sie notwendig wären, vom Volk oft nicht akzeptiert. Steuersenkungen stossen schneller auf Zustimmung. Da bei einer erfolgreichen Konjunkturpolitik dieses Mittel schnell angewendet werden soll, taugt es in einer Referendumsdemokratie wenig.

51 Seite 92

Bekämpft die Notenbank eine Inflation mit einer restriktiven Geldpolitik, dann sorgt sie für eine Erhöhung des Zinsniveaus. Damit geht die Gesamtnachfrage zurück. Die Verkäufe nehmen ab, es wird weniger produziert, Kapazitäten werden frei, Leute werden entlassen, die Arbeitslosigkeit steigt. Wird die Inflation auch noch bekämpft, wenn die Gesamtnachfrage schon schwach geworden ist, nimmt auch die Arbeitslosigkeit weiter zu.

52 Seite 100

In Zürich wird der Wechselkurs des Euro als Preis eines Euro in Schweizer Franken ausgedrückt. Ein Euro kostet also CHF 1.05. In Frankfurt dagegen wird der Wechselkurs von einem Franken in Euro ausgedrückt, dort zahlt man also für einen Franken ungefähr 0.95 Euro.

53 Seite 100

Richtig	Falsch	Aussage
☒	☐	Importe werden für uns billiger.
☒	☐	Auslandsferien werden für uns billiger.
☒	☐	Die Schweiz wird für ausländische Touristen teurer.
☒	☐	Güter, die in Dollar oder Euro bezahlt werden, werden billiger.
☒	☐	Unsere Exporte werden erschwert.
☒	☐	Unsere Importe nehmen zu.

54 Seite 101

Gewinnt an Wert	Verliert an Wert	Aussage
☒	☐	Verunsicherte Sparer aus ganz Europa legen einen grösseren Teil ihrer Ersparnisse in Franken an.
☐	☒	In der Schweiz wird viel weniger investiert als letztes Jahr, sodass Spargelder in Europa lohnende Anlagen suchen.
☒	☐	Die schweizerische Aktienbörse boomt, was viele ausländische Anleger anzieht.
☐	☒	Ausländische Anleger verkaufen in Panik schweizerische Aktien und ziehen ihr Geld in ihre Heimatländer zurück.

55 Seite 101

A] Werden vermehrt Gelder in Euro angelegt, steigt die Nachfrage nach Euro und sinkt die Nachfrage nach Franken. Der Wert des Franken sinkt gegenüber dem Euro.

B] Die schweizerische Exportwirtschaft erhält mehr Aufträge. Vielleicht so viele, dass die Lieferfristen steigen.

C] Die SNB könnte korrigieren, indem sie eine restriktivere Geldpolitik betreibt. Sie würde Schweizer Franken zurückkaufen (gegen Euro) und so den Franken stützen.

56 Seite 101

Die Schweizerische Nationalbank kann auf den Devisenmärkten Schweizer Franken anbieten und Euros nachfragen. Damit sinkt der Frankenwert gegenüber dem Euro. Oder über die Zinsen argumentiert: Kauft die SNB Euros gegen Franken, erhöht sie ihre Geldmenge und die Frankenzinsen sinken. Mit niedrigeren Frankenzinsen wird der Franken weniger attraktiv, womit er gegenüber anderen Währungen an Wert verliert.

57 Seite 101

Was trifft zu? Niedrigere Zinsen der Notenbank

- ☐ erhöhen den Wert der eigenen Währung.
- ☒ erhöhen die Investitionstätigkeit.
- ☒ senken den Wert der eigenen Währung.
- ☒ erhöhen den Export.
- ☐ senken den Export.
- ☐ erhöhen den Import.
- ☒ senken den Import.
- ☐ senken die Gesamtnachfrage.

58 Seite 101

Betreibt eine Notenbank in der Rezession eine antizyklische Konjunkturpolitik,

- **senkt** / hebt sie die Zinsen, um die Investitionstätigkeit zu dämpfen / **beleben,**
- lässt sie zu, dass der Wert der eigenen Währung steigt / **sinkt,**
- um Exporte zu erschweren / **erleichtern** und Importe zu **erschweren** / erleichtern.

Betreibt eine Notenbank im Boom eine antizyklische Konjunkturpolitik,

- **hebt** / senkt sie die Zinsen, um die Investitionstätigkeit u. den Konsum zu beleben / **dämpfen.**
- lässt sie zu, dass der Wert der eigenen Währung sinkt / **steigt,**
- um Exporte zu **erschweren** / erleichtern und die Importe zu **erleichtern** / erschweren.

59 Seite 107

A] Die Obligation zwischen Karin Scheuchzer und Lorenzo Arioli besteht in einem Vertragsverhältnis (OR 1 ff.).

B] Gläubigerin ist Karin Scheuchzer, denn sie hat Lorenzo Arioli CHF 50 geliehen. Schuldner ist Lorenzo Arioli, denn er hat sich verpflichtet, die geliehenen CHF 50 Karin Scheuchzer zurückzugeben.

60 Seite 107

A] Karin Scheuchzer stützt sich auf den Rechtsgrund «Vertrag» ab.

B] Falls Lorenzo Arioli, ohne zu fragen, Karin Scheuchzers Kugelschreiber genommen und verloren hat, würde der Rechtsgrund «unerlaubte Handlung» vorliegen (OR 41 ff.).

C] Folgende vier Voraussetzungen müssen erfüllt sein, wenn Karin Scheuchzer von Lorenzo Arioli die CHF 50 fordern will: widerrechtliches Handeln, Schaden, Verschulden, Kausalzusammenhang.

D] Karin Scheuchzer stützt sich auf den Rechtsgrund «ungerechtfertigte Bereicherung» (OR 62 ff.). Würde Lorenzo Arioli die CHF 50 behalten, wäre er ohne rechtlichen Grund aus dem Vermögen von Karin Scheuchzer bereichert.

61 Seite 107

Vertrag	Unerlaubte Handlung	Ungerechtfertigte Bereicherung	
☐	☐	☒	Fredi Flammer borgt sich von Susi Schedler ohne zu fragen das Auto und verbraucht 10 l Benzin.
☒	☐	☐	Jan Lieberherr hilft dem Bauern Kalbermatten beim Melken der Kühe und erhält dafür 20 l Milch.
☐	☒	☐	Toni Stoll wirft versehentlich die Vase von Claudia Kunz um.
☐	☒	☐	Bruno Bell touchiert mit seinem Fahrrad eine Fussgängerin und verletzt sie.
☒	☐	☐	Der Onkel verspricht seinem Neffen, ihm ein Auto zu schenken, wenn dieser bis zu seiner Volljährigkeit nicht raucht.
☐	☐	☒	Anton Ruoss verkauft dem 16-jährigen Ahmed ein Mofa. Als Ahmeds Eltern dem Kauf nicht zustimmen wollen, verlangt Anton Ruoss das Mofa zurück.

62 Seite 114

Die Treppe hätte durch eine bessere Beleuchtung, ein Treppengeländer und eine Markierung sicherer gestaltet werden können. Ein Werkmangel liegt vor, weil keine Sicherheitsvorkehrungen getroffen wurden. Der Eigentümer des Restaurants Sonne muss für den Schaden aufkommen (OR 58).

63 Seite 114

A] Scharfe Kausalhaftung der Automobilistin.

B] Die Automobilistin kann sich nicht befreien, weil keiner der Gründe vorliegt, die von einer scharfer Kausalhaftung befreien (durch grobes Drittverschulden, grobes Selbstverschulden des Geschädigten oder durch höhere Gewalt wird der adäquate Kausalzusammenhang unterbrochen).

64 Seite 115

In beiden Fällen geht es um die Frage des adäquaten Kausalzusammenhangs:

A] Adäquater Kausalzusammenhang ist gegeben; die Handlung ist nach dem gewöhnlichen Lauf der Dinge geeignet, ein bestimmtes Resultat zu bewirken.

B] Adäquater Kausalzusammenhang fehlt; der Autofahrer kann nicht für den Herzinfarkt der Drittperson verantwortlich gemacht werden.

65 Seite 115

1. Finanzieller Schaden gegeben in der Höhe von CHF 2 500.
2. Widerrechtlichkeit gegeben. Schädigung fremden Eigentums.
3. Verschulden gegeben. Kugler verhält sich zumindest fahrlässig, sonst würde er nicht ohne Fremdeinwirkung die Kontrolle über das Board verlieren. Als 17-Jähriger ist er zweifellos urteilsfähig.
4. Adäquater Kausalzusammenhang gegeben. Wer mit dem Skateboard auf dem Trottoir fährt, die Kontrolle verliert und gegen eine Schaufensterscheibe stürzt, muss nach dem normalen Lauf der Dinge damit rechnen, dass diese in die Brüche geht.

Da alle vier Voraussetzungen der unerlaubten Handlung erfüllt sind, wird Kugler schadenersatzpflichtig.

66 Seite 115

A] Solche Haftungen heissen Kausalhaftungen.

B] Der Unterschied zur Haftung nach OR 41 ist, dass der Haftpflichtige unabhängig von seinem Verschulden haftet.

C] Richtig ist Ihre Antwort, wenn Sie zwei der folgenden Kausalhaftungen genannt haben: Geschäftsherrenhaftung (OR 55), Tierhalterhaftung (OR 56 und 57), Werkeigentümerhaftung (OR 58), Haftung des Motorfahrzeughalters (SVG 58 / 59), Haftung des Familienoberhaupts (ZGB 333), Produktehaftung (nach PrHG).

67	Seite 125	A] Nein, das Angebot der Sun + Fun AG ist eine unverbindliche Offerte. Inserate, Kataloge, Prospekte, Preislisten und dergleichen sind gemäss OR 7 II keine Anträge.
		B] Marianne Schilds Annullation ist kein Widerruf im Sinne von OR 9, weil die Annullation zu spät erfolgt. Sie hätte vor oder gleichzeitig mit der Buchung beim Reiseveranstalter eintreffen müssen und nicht erst zwei Tage später.
		C] Der Internetvertrag erfüllt das Erfordernis der Schriftlichkeit nicht, da er nicht eigenhändig unterschrieben werden kann (OR 14 I).
68	Seite 125	A] Laura Jacobi kann unter der Voraussetzung, dass sie urteilsfähig und nicht entmündigt ist, Verträge gültig abschliessen.
		B] Wenn Laura Jacobi vor drei Wochen den 17. Geburtstag gefeiert hätte, wäre sie noch unmündig und könnte nur mit Zustimmung der gesetzlichen Vertreter Verträge abschliessen (ZGB 19 I). Ohne Zustimmung ist der Vertrag nur gültig, wenn Laura Jacobi aus ihrem Arbeitserwerb / Taschengeld bezahlt (ZGB 323).
69	Seite 125	Nein, hier ist kein Vertrag entstanden, und zwar aus folgendem Grund:
		Im ersten Gespräch hat A das Bike für CHF 1 000 angeboten und B hat abgelehnt. Weil es um eine Offerte unter Anwesenden geht, ist As Bindung an seine Offerte damit erloschen.
		Im zweiten Telefongespräch unterbreitet nun B eine neue Offerte. A, der nicht mehr an seine alte Offerte gebunden ist, lehnt ab und unterbreitet eine Gegenofferte zum Preis von CHF 1 200. Diese lehnt B ab. Seine Behauptung, er könne den Vertrag für CHF 1 000 abschliessen, ist falsch. Die beiden haben sich nicht geeinigt (OR 1), weil A gemäss OR 4 I nicht mehr an seine erste Offerte gebunden war.
70	Seite 125	A] Nein. Die beiden haben sich zwar über den Vertragsinhalt geeinigt. Aber Frau Rossi will noch nicht gebunden sein! Wie die vertraglichen Forderungen aussehen, ist klar: Der Händler müsste den Teppich geben und Frau Rossi müsste CHF 8 000 bezahlen. Es fehlt aber noch der Wille von Frau Rossi, gebunden zu sein.
		B] Nein. Der ursprüngliche Antrag des Händlers ist bis zum nächsten Tag gültig, denn er war damit einverstanden, dass Frau Rossi es sich nochmals überlegt.
71	Seite 139	Wer muss wem in welcher Reihenfolge wann wo welche Leistung erbringen?
72	Seite 139	

Begriff	Bedeutung (je drei Stichworte)
a) Fälligkeit	Zeitpunkt, von dem an der Schuldner erfüllen muss bzw. der Gläubiger Erfüllung verlangen kann.
b) Verzug	Verspätung des Schuldners mit der Erfüllung.
c) Mahngeschäft	Kein bestimmter Erfüllungszeitpunkt vereinbart. Der Gläubiger muss den Schuldner mit Mahnung zur Leistung auffordern.
d) Verfalltagsgeschäft	Bestimmter Erfüllungszeitpunkt abgemacht. Mit Ablauf des Zeitpunkts kommt der Schuldner automatisch in Verzug.
e) Fixgeschäft	Bestimmter Erfüllungszeitpunkt oder -zeitraum abgemacht und festgelegt, dass die Leistung genau zu diesem Zeitpunkt oder innerhalb dieses Zeitraums erwartet wird.
f) Nachfrist	Bevor der Gläubiger seine Wahlrechte ausüben kann, muss er beim Mahngeschäft und beim Verfalltagsgeschäft eine Nachfrist zur nachträglichen Erfüllung ansetzen.

73 Seite 139

A] Nein, Richard Müggler liegt falsch. Wenn nichts abgemacht ist, gelten die Regeln des OR für den Erfüllungsort. Beim Rasenmäher handelt es sich um eine Gattungssache, deren Erfüllungsort in Zürich Albisrieden liegt (OR 74 II Ziff. 3).

B] Nein, Richard Müggler liegt auch hier falsch. Sofern nicht eine andere Zahlungsart vereinbart wurde, kann die Toro AG auf Barzahlung bestehen (OR 75).

74 Seite 139

A] Schlechterfüllung. G erfüllt den Vertrag fehlerhaft.

B] Schuldnerverzug. Bezüglich der Lieferung ist der Galerist der Schuldner. Wegen seiner Verspätung gerät er in Schuldnerverzug.

C] Gläubigerverzug. Der Galerist kann seine Schuld nicht erfüllen, weil er auf die Mitwirkung von Frau Bieri, der Gläubigerin dieser Forderung, angewiesen ist.

D] Schuldnerverzug. Bezüglich des Kaufpreises ist Frau Bieri die Schuldnerin. Mit ihrer Verspätung gerät sie in Schuldnerverzug.

E] Unmöglichkeit. Es ist für niemanden möglich, den Vertrag richtig zu erfüllen.

75 Seite 139

	Art des Geschäfts	Fälligkeit	Verzug
Lieferung von 1 Tonne Heizöl am 12.3.20xx	Verfalltagsgeschäft	12.3.20xx	Mit unbenutztem Ablauf des Verfalltags
Lieferung des Apérogebäcks für das Personalfest am 22.11.20xx um 17.00 Uhr	Verfalltagsgeschäft (Fixgeschäft)	22.11.20xx, 17.00 Uhr	Mit unbenutztem Ablauf des vereinbarten Lieferzeitpunkts
Sabrina zu Jonas: «Du kannst meine Playstation haben.»	Mahngeschäft	Jederzeit ab Vertragsabschluss	Nach Mahnung
Lorenzo zu Sabrina: «Ich zahle dir CHF 150 für dein Handy.»	Mahngeschäft	Jederzeit ab Vertragsabschluss	Nach Mahnung

76 Seite 140

A] Da Sie mit dem Gläubiger den 30. März als Zahlungszeitpunkt vereinbarten, ist Ihre Geldschuld gemäss OR 102 II ein Verfalltagsgeschäft.

B] Beim Verfalltagsgeschäft (und beim Mahngeschäft) muss der Gläubiger Ihnen gemäss OR 107 I eine Nachfrist ansetzen, d. h. eine letzte Frist für die nachträgliche Erfüllung einräumen. Dieses Element fehlt im Schreiben.

C] Ja, Sie vereinbarten mit dem Gläubiger den 30. März als Zahlungszeitpunkt. Seit dem 31. März ist die Forderung fällig und der Gläubiger kann sie ab diesem Zeitpunkt mithilfe der Schuldbetreibung einfordern.

77 Seite 140

A] Mahnen müssen Sie C nicht, denn es liegt ein Verfalltagsgeschäft vor: Er hat Ihnen die Lieferung auf den 31. Mai versprochen. Hingegen müssen Sie ihm eine Nachfrist ansetzen. Nur so erhalten Sie das volle Wahlrecht gegen C.

B] Nach Ablauf der Nachfrist haben Sie drei Wahlrechte:

- Sie können das Notebook nach wie vor verlangen. Da C am 31. Mai in Verzug geraten ist, können Sie zudem Schadenersatz verlangen, etwa für die Miete eines Ersatzgeräts bis zur tatsächlichen Lieferung. Am Ende sollen Sie finanziell so dastehen, wie wenn der Händler rechtzeitig erfüllt hätte. Der Händler muss aber nur dann Schadenersatz zahlen, wenn ihn ein Verschulden trifft; dies ist z. B. der Fall, wenn er vergessen hat, Ihre Bestellung an den Importeur weiterzuleiten.
- Sie können die ursprüngliche Lieferpflicht in eine finanzielle Ersatzpflicht umwandeln. Dann muss Ihnen C nicht mehr das Notebook liefern, sondern, sofern er schuld ist, Geld zahlen, und zwar so viel, dass Sie dasselbe Notebook bei einem andern Händler kaufen könnten, also CHF 2 490. Da Sie C Ihrerseits aber CHF 1 990 schulden, können Sie per saldo CHF 500 verlangen. Darüber hinaus können Sie, sofern C schuld ist, Schadenersatz

wegen Verzugs fordern. Auch hier haben Sie also letztlich Anspruch auf das Erfüllungsinteresse.

- Sie können vom Vertrag zurücktreten. Dadurch gehen die Leistungspflichten unter: C muss Ihnen kein Notebook liefern und Sie müssen nichts bezahlen. Bei Verschulden von C können Sie zudem Schadenersatz verlangen.

C] Wenn Sie sich nicht ausdrücklich für eine der Varianten entscheiden, kommt die erste Variante (nachträgliche Leistung plus Schadenersatz) zum Zuge.

78 Seite 146

A] Nein, Urs Schaller und der Händler haben sich zwar über den Vertragsinhalt geeinigt. Aber es fehlt noch der Wille von Urs Schaller, gebunden zu sein.

B] Nein, der ursprüngliche Antrag des Händlers ist auch am nächsten Tag noch gültig, denn er war damit einverstanden, dass Urs Schaller es sich nochmals überlegt.

79 Seite 146

A] Ja, es handelt sich um ein Haustürgeschäft (Werbefahrt). Anna Wiesner hat die Möglichkeit, ihre Annahmeerklärung innert sieben Tagen schriftlich zu widerrufen, da ihr das Angebot zum Kauf der Wolldecken und des Heizkissens auf einer Werbefahrt gemacht wurde und der Kaufpreis CHF 100 übersteigt (OR 40e, 40b lit. c und 40a I lit. b).

B] Nein, Herr Bieri kann den gültig zustande gekommenen Kaufvertrag wegen Erklärungsirrtums anfechten. Er hat gemäss OR 24 I Ziff. 3 eine Leistung von erheblich grösserem Umfange versprochen, als es sein Wille war. Hat Herr Bieri seinen Irrtum jedoch der eigenen Fahrlässigkeit zuzuschreiben, ist er gemäss OR 26 I zu Schadenersatz verpflichtet.

80 Seite 146

A] Das OR kennt folgende vier Möglichkeiten, um einen Vertrag wieder aufzulösen:

- Aufhebungsvertrag: Marianne Schild kann versuchen, mit den Reiseveranstaltern einen Aufhebungsvertrag abzuschliessen (OR 115). Die Reiseveranstalter sind jedoch nicht verpflichtet, auf Marianne Schilds Angebot einzugehen. Aus Kulanz kommt ihr möglicherweise eines der Reiseunternehmen entgegen.
- Kündigung: Das Gesetz sieht ein Kündigungsrecht nur bei Dauerschuldverhältnissen wie Miet- und Arbeitsvertrag vor. Da der Pauschalreisevertrag kein Dauerschuldverhältnis ist, kann Marianne Schild den Vertrag nicht kündigen.
- Rücktrittsrecht: Der Rücktritt von einem Vertrag ist nur zulässig, wenn die Vertragsparteien ein Rücktrittsrecht vereinbaren oder das Gesetz ein solches vorsieht. Die AGB seriöser Reiseveranstalter sehen ein Rücktrittsrecht gegen eine Gebühr vor. Je kurzfristiger die Reise vor Antritt abgesagt wird, desto höher ist die Rücktrittsgebühr. Marianne Schild könnte also vermutlich zurücktreten.
- Anfechtung wegen Mängeln des Vertragsabschlusses: Das Gesetz nennt folgende vier Anfechtungsgründe: wesentlicher Irrtum, absichtliche Täuschung, Furchterregung und Übervorteilung (OR 23 ff., 28, 29 f. und 21). Marianne Schild kann sich weder auf einen wesentlichen Irrtum berufen noch wurde sie absichtlich getäuscht, bedroht oder übervorteilt.

B] Erster Schritt: Ist der Vertrag gültig zustande gekommen? Der Fragende prüft die vier Voraussetzungen für das gültige Zustandekommen eines Vertrags:

- Einigung über den Vertragsinhalt (OR 1 ff.)
- Handlungsfähigkeit der Parteien (ZGB 13 ff.)
- Richtige Form der Verträge (OR 11 ff.)
- Zulässiger Inhalt eines Vertrags (OR 19 f.)

Fehlt eine der Voraussetzungen, ist der Vertrag nicht zustande gekommen.

Zweiter Schritt: Kann man den gültig zustande gekommenen Vertrag wieder auflösen? Der Fragende prüft die vier Möglichkeiten:

- Aufhebung des Vertrags durch Übereinkunft (OR 115)
- Kündigung (nur wenn vereinbart oder gesetzlich vorgesehen)

- Rücktrittsrecht (nur wenn vereinbart oder gesetzlich vorgesehen)
- Anfechtung des Vertrags wegen Mängeln (OR 21, 23 ff. und 28 f.)

Liegt einer der vier Ausnahmefälle vor, kann der Vertrag wegen Mängeln bei Vertragsabschluss aufgelöst werden.

---

81 Seite 166

Das Einzelunternehmen ist im OR nicht wie die übrigen Unternehmensformen unter einem eigenen Titel geregelt. Die wenigen Regeln, die das Einzelunternehmen betreffen, finden sich unter verschiedenen Titeln wie das Handelsregister (OR 931), die Geschäftsfirmen (OR 945 f.), die kaufmännische Buchführung (OR 957) sowie in der Handelsregisterverordnung (HRegV 37 ff.).

---

82 Seite 166

A] Für die Gründung einer Kollektivgesellschaft genügt ein formfreier Vertrag unter den Gesellschaftern. Doch ist ein schriftlicher Gesellschaftsvertrag im Interesse aller Beteiligten empfehlenswert. Werden von den Gesellschaftern Grundstücke in die Gesellschaft eingebracht, muss der Gesellschaftsvertrag öffentlich beurkundet werden. Der Handelsregistereintrag ist gesetzlich vorgeschrieben, die wirtschaftlich tätige Kollektivgesellschaft entsteht aber auch ohne den HR-Eintrag (OR 552 f.).

B] Für die Gründung einer AG sind folgende Schritte erforderlich:

1. Statuten aufstellen (OR 626 ff.).
2. Aktien zeichnen und im statutarisch vorgesehenen Umfang liberieren (OR 632, 634a, 683).
3. Öffentliche Gründungsurkunde durch Notar (OR 629).
4. Handelsregistereintrag (OR 643).

C] Für die Gründung einer GmbH sind folgende Schritte erforderlich:

1. Statuten aufstellen (OR 776 ff.).
2. Stammanteile zeichnen und liberieren (OR 774).
3. Öffentliche Gründungsurkunde durch Notar (OR 777).
4. Handelsregistereintrag (OR 778 ff.).

---

83 Seite 166

A] Nein, bei der Schulklasse handelt es sich nicht um eine Gesellschaft, denn es fehlt am vertraglichen Zusammenschluss. Die Schüler schliessen sich nicht zusammen, um gemeinsam die Prüfung zu bestehen. Jeder von ihnen hat zwar dieses Ziel, aber jeder für sich; ein Rechtsverhältnis besteht nicht zwischen ihnen.

B] Ja, es liegt ein Gesellschaftsverhältnis vor. Auch wenn das Konkubinatspaar (vermutlich) keinen schriftlichen Vertrag aufgesetzt hat, kann man annehmen, dass Monika Streiff und Oskar Schönenberger stillschweigend abgemacht haben, ihren Unterhalt gemeinsam zu bestreiten. Darin besteht der gemeinsame Zweck, zu dem jeder seinen Teil beisteuern muss, sei es mit Geld (Miete, Essen usw.) und / oder mit Arbeit (Waschen, Bügeln, Kochen usw.).

C] Nein, es handelt sich nicht um eine Gesellschaft, sondern um einen «gewöhnlichen» Darlehensvertrag. Die Tatsache, dass der Zins für das Darlehen vom Unternehmensgewinn abhängig ist, spricht allein noch nicht für ein Gesellschaftsverhältnis.

---

84 Seite 166

Ja, der Vermieter kann Speck einklagen, da dieser solidarisch und unbeschränkt haftet.

---

85 Seite 166

Wenn der VR seine Aufsichtspflicht nicht sorgfältig ausgeübt hat, können die Aktionäre die Verantwortlichkeitsklage einleiten und Schadenersatz verlangen. Sie könnten auch direkt gegen den fehlbaren Direktor vorgehen.

---

86 Seite 173

Martha Maler ist zwar bevollmächtigt, gibt sich aber nicht als Stellvertreterin zu erkennen. Da es dem Haushaltsgeschäft nicht darauf ankommt, mit wem es den Vertrag abschliesst, kommt der Vertrag somit zwischen dem Haushaltsgeschäft und Martha Maler zustande.

87 Seite 173	Ja, das Unternehmen ist an die abgegebene Schuldanerkennung gebunden, denn der gutgläubige Kunde darf sich auf den Handelsregistereintrag verlassen. Ist dort keine Beschränkung vorgesehen, kann dem Kunden die interne Regelung nicht entgegengehalten werden.
88 Seite 173	A] Ja, denn die Prokura muss zwar ins Handelsregister eingetragen werden, die Unterschrift der Prokuristin Gerda Keller ist aber auch ohne Eintrag gültig (OR 458 II). B] Ja, die im Handesregister eingetragenen Vollmachten sind gültig, bis sie wieder gelöscht werden (OR 933 II).

89 Seite 181

Richtig	Falsch	
☒	☐	1. Die Arbeitgeberin darf unter Umständen die Bekanntgabe jener Personaldaten des Arbeitnehmers verweigern, die Bezüge zu einem oder mehreren anderen Arbeitnehmern aufweisen.
☐	☒	2. Falls neben der offiziellen Personalakte noch ein separates Personaldossier mit den handschriftlichen Aufzeichnungen der Vorgesetzten über die Arbeitsleistung und die Persönlichkeit des Arbeitnehmers geführt wurde, reicht es, dem Arbeitnehmer vom Inhalt der offiziellen Personalakte Kenntnis zu geben.
☐	☒	3. Da der Arbeitnehmer in seiner schriftlichen Bitte den Grund des Auskunftsinteresses nicht einmal andeutungsweise erwähnt hat, kann ihm die Arbeitgeberin die Auskunft verweigern bzw. ihn zur Angabe eines Grunds auffordern.
☐	☒	4. Falls der Arbeitsvertrag eine Klausel enthält, dass der Arbeitnehmer nach Beendigung des Arbeitsverhältnisses keinen Einblick mehr in seine Personalakte nehmen kann, darf das Auskunftsbegehren unter Hinweis auf die entsprechende Arbeitsvertragsklausel abgelehnt werden.

Erläuterungen:

- Aussage 1 entspricht DSG 9 I lit. b und DSG 8 f.
- Aussage 2 ist falsch, vgl. DSG 8 II.
- Aussage 3 ist falsch, vgl. DSG 8 I.
- Aussage 4 ist falsch, vgl. DSG 8 VI.

90 Seite 181

Richtig	Falsch	
☐	☒	1. Das Datenschutzgesetz unterscheidet zwischen nicht schützenswerten, schützenswerten und besonders schützenswerten Personendaten.
☒	☐	2. Jede Person kann vom Inhaber einer Datensammlung Auskunft darüber verlangen, ob Daten über sie bearbeitet werden. Verweigert der Inhaber der Datensammlung die Auskunft, muss er angeben, aus welchem Grund er die Auskunft verweigert.
☐	☒	3. Das Datenschutzgesetz gilt nicht für Privatpersonen, die Personendaten bearbeiten.
☐	☒	4. Beziehen sich Angaben auf eine Person, werden deren Name, Geburtsdatum und Adresse aber nicht erwähnt, handelt es sich nicht um Personendaten im Sinne des Datenschutzgesetzes.

Erläuterungen:

- Aussage 1 ist falsch, vgl. DSG 3 lit. a und c und DSG 4 V.
- Aussage 2 ist richtig, vgl. DSG 8 I und DSG 9 IV und V.
- Aussage 3 ist falsch, vgl. DSG 2 I lit. a.
- Aussage 4 ist falsch, vgl. DSG 3 lit. a.

91 Seite 181	Das Vorgehen des Arbeitgebers widerspricht dem Datenschutzgesetz. Das DSG sowie darauf Bezug nehmende Gerichtsentscheide untersagen Referenzauskünfte ohne Zustimmung des Arbeitnehmers (DSG 12 II lit. c, DSG 3 lit. e). Bei Daten bezüglich Herrn Brunners Gesundheit handelt es sich überdies um besonders schützenswerte Personendaten. Bei der Bearbeitung solcher Daten muss Herr Brunner seine Einwilligung ausdrücklich geben (DSG 4 V, 3 lit. c).

92 Seite 186

A] Die Sitzgarnitur aus Kunstleder wird mit «echt Leder» bezeichnet.

Lauter	Unlauter	Begründung
☐	☒	Diese Werbung ist unlauter, weil die Werbeaussage objektiv unrichtig ist.

B] Die erfolgreichste und innovativste Methode, um Englisch zu lernen.

Lauter	Unlauter	Begründung
☐	☒	Diese Werbung ist irreführend, wenn es vergleichbare Methoden gibt und nicht klar ist, an welchen Kriterien sich der Erfolg gemessen wird.

C] Eine Firma wirbt mit: «Unser Waschmittel Whitedreams ist das billigste Weisswaschmittel» und zeigt dabei eine Tabelle mit fünf gleichartigen Waschmitteln.

Lauter	Unlauter	Begründung
☒	☐	Vergleiche sind nicht unlauter, wenn sie objektiv wahr und richtig sind.

93 Seite 186

Die Grundlagen des Lauterkeitsrechts sind im **UWG** geregelt. Wer nach dem Gesetz unklare Angaben macht, verstösst gegen das Verbot der **Irreführung,** wer dagegen unrichtige Angaben macht, begeht eine **Täuschung.** Wer Waren wiederholt unter dem Einstandspreis verkauft, macht ein sogenanntes **Preisdumping.**

94 Seite 186

Mit dem gewählten Werbeslogan schuf Denner eine gedankliche Verbindung zu den Nespresso-Kapseln, sodass bei dieser Reklame eine unlautere Anlehnung gemäss Art. 3 lit. e UWG als auch eine schmarotzerische Rufausbeutung gemäss Art. 2 UWG vorlag.

95 Seite 187

Die «Insider's Best» schaffen bewusst eine Verwechslungsgefahr mit der «Real Band of Insiders». Sie wollen sie so an ihren Erfolg anhängen. Das ist unlauterer Wettbewerb.

Stichwortverzeichnis

A

Absicht	111
Absichtliche Täuschung	145
Adäquater Kausalzusammenhang	110
Aktie	32, 50
Aktiengesellschaft (AG)	151, 156
Aktienkapital	156
Aktienspekulation	51
Allgemeine Geschäftsbedingungen	118
Anfechtung	143
Angebot	18, 42
Angebotsinflation	78
Angebotsüberschuss	21
Antizyklische Konjunkturpolitik	83
Antrag	116
Arbeit	11, 32, 67, 77
Arbeitslosenquote	56, 74
Arbeitslosigkeit	56, 61, 74, 98
Arbeitsmärkte	32
Arbeitsmarkt-Ungleichgewicht	57
Aufhebungsvertrag	141
Auskunftsrecht	178
Ausschluss	164
Ausservertragliche Haftung	109
Austritt	164
Automatische Konjunkturstabilisatoren	84

B

Banken	32, 68, 82
Barzahlung	128
Bearbeiten von Daten	177
Bedürfnisse	10, 26
Besonders schützenswerte Daten	176
BIP	64
Boden	12
Bodenmärkte	32
Bodenrente	32
Börsenkrach, -crash	74
Bringschuld	130
Bruttoinlandprodukt / BIP	61, 67, 83

D

Datenschutz	177
Datenschutzgesetz	177
Datenschutzrichtlinien	178
Deflation	77, 80
Depression	73
Devisen	93
Devisenmärkte	93, 95
Direkte Stellvertretung	168
Direktor	172

E

Effizienz	15
Eidgenössische Datenschutz- und Öffentlichkeitsbeauftragte (EDÖB)	180
Eigentumsrechte	33
Einfache Gesellschaft	151
Einfache Schriftlichkeit	122
Einsichtsrecht	178
Einzelunternehmen	153
Erfüllungsreihenfolge	128
Erklärungsirrtum	143
Erwerbslose	56
Europäische Zentralbank (EZB), Euro	97
Expansive Konjunkturpolitik	83
Exporte, Ausfuhren	33, 74
Externe Kosten, negative externe Effekte	67

F

Fahrlässigkeit	111
Faktormärkte	31, 79
Fälligkeit	129, 131
Firma	153, 156, 162
Firmenrecht	150, 153
Fixgeschäft	130, 133
Fixkosten	26
Forderung	104
Form eines Vertrags	122
Freie Güter	13
Furchterregung	145

G

Gattungssachen	127
Gefährdungshaftung	113
Geld	30, 79, 84, 93, 96
Geldpolitik	98
Geldschuld	128
Geldwertstörungen	58
Generalversammlung	157
Generalvollmachten	170
Genossenschaft	151
Gesamtkosten	26
Gesamtnachfrage nach inländischen Gütern	73, 77, 83, 98
Geschäftsbedingung	185
Geschäftsführer (Regelung Stellvertretung)	172
Geschäftsführung	162
Gesellschaft mit beschränkter Haftung (GmbH)	151, 162
Gesellschafterversammlung	162
Gesellschaftsvertrag	152, 154
Gewinn = Profit	34, 74, 96
Gewöhnliche Stellvertretung	167
Gläubiger	104
Gläubigerverzug	135
Gleichgewicht	27
Gleichgewichtspreis	21
Grenzkosten	26
Grunderbericht	157
Grundlagenirrtum	144
Gütermärkte	30

H

Handelsregister	150
Handelsregistereintrag	154
Handelsreisendenvertrag	170
Handlungsfähigkeit	119

Handlungsunfähig	120
Handlungsvollmacht	171
Haushalte	31, 58, 74, 81
Haustürgeschäft	142
Hochkonjunktur	73, 76, 98
Höchstpreis	42
Holschuld	130

I

Immobilienspekulation	50
Importe, Einfuhren	33, 74, 93
Indirekte Stellvertretung	168
Inflation, Teuerung, Geldentwertung	58, 77, 83
Inflationsbereinigung	59
Inflationsrate	58, 78
Institutionelle Arbeitslosigkeit	77
Internalisierung externer Kosten	46, 67
Internationaler Kapitalverkehr	95
Investitionen	12, 60, 74, 81, 84, 86, 95

J

Juristische Person	152, 156

K

Kapital	12, 32
Kapitalgesellschaft	151, 152
Kapitalgüter, Investitionsgüter	12
Kapitalmärkte	32
Kapitalverkehr	95
Kaufkraftparität / KKP	95
Kaufmännische Stellvertretung	150, 153, 167, 170
Kaufmännisches Unternehmen	150
Kausalhaftungen	111
Kausalzusammenhang	110
Knappheit	13
Kollektivgesellschaft	151, 153
Kommanditgesellschaft	151
Konjunkturelle Arbeitslosigkeit	83
Konjunkturpolitik (antizyklische, restriktive, expansive)	98
Konjunkturschwankungen	66, 73, 83
Konkurs	150, 153
Konsumentenpreisindex	58
Konsumentenrente	22
Konsumgüter	10, 11, 30
Konsumkreditgeschäft	143
Konsumwünsche	10, 26
Kontrolle	162
Körperschaft	151, 152
Kosten	26

L

Landesindex der Konsumentenpreise	58
Lauterkeitskommission	185
Lauterkeitsrecht	182
Lenkungsabgaben	46
Lieferschein	128
Lockvogelangebot	184
Lohn	31, 32, 79
Lohn-Preis-Spirale oder Preis-Lohn-Spirale	88
Lorenzkurve	63

M

Mahngeschäft	132
Markt	40, 93
Marktgleichgewicht	21, 26, 44
Marktkonforme Massnahmen	45
Marktwirtschaft, Marktsystem	30
Maximumprinzip	15
Milde Kausalhaftung	111
Mindestpreis	42
Minimumprinzip	15
Monopol	96
Motivirrtum	144

N

Nachfrage	18, 40, 42
Nachfrageinflation	77
Nachfrageüberschuss	21
Nationale Buchhaltung	61
Nettonationaleinkommen	62
Nichterfüllung	130
Nichtigkeit	123, 124
Nichtmarktkonforme Massnahmen	43
Nominales BIP	64
Nominalzins	60
Notenbank, Zentralbank	59, 85, 97
Nutzungsreglemente	178

O

Obligation	32, 104
Öffentliche Beurkundung	122
Offerte	116
Ökonomisches Prinzip	15
Opportunitätskosten	14
Optimumprinzip	15
Organ	152, 157, 162

P

Personelle Einkommensverteilung	63
Personendaten	176
Personengesellschaft	151, 152
Preis	18, 40
Preisdumping	184
Preiselastizität der Nachfrage	23, 42, 45
Preiselastizität des Angebots	25, 42, 45, 50
Preisindex	58
Preis-Lohn-Spirale oder Lohn-Preis-Spirale	79
Prinzipal-Agent-Problem	35
Produktionsfaktoren, Ressourcen	11, 31
Produktionspotenzial	74, 77, 83
Produktivität	15
Produzentenrente	22
Progressive Steuern	84
Prokura	171

Q

Qualifizierte Schriftlichkeit	122
Quantitative Lockerung	86
Quittung	128

R

Rahmenbedingung	76
Reales BIP	64

Rechtsgemeinschaft	151, 152
Referenzauskünfte	178
Registrierte Arbeitslose	56
Ressourcen, Produktionsfaktoren	11, 31
Restriktive Konjunkturpolitik	83
Revisionsstelle	157
Rezession	73, 83, 98
Rücktritt	134, 141

S

Sacheinlagegründung	157
Schaden	110
Schadenersatz	105
Scharfe Kausalhaftung	113
Schlechterfüllung	131
Schuld	104
Schuldner	104
Schuldnerverzug	131
Schwarzmarkt	42
Sozialversicherung	60, 84
Sparen	32, 74, 84, 86
Spekulationsblasen	49, 74, 82, 95
Spezialvollmacht	169, 172
Speziessachen	127
Stagflation	88
Statuten	152
Steuern	43, 82, 83
Strukturelle Arbeitslosigkeit	77
Subvention	45
Sucharbeitslosigkeit, friktionelle Arbeitslosigkeit	77

T

Täuschung	184
Tod	164

U

Übervorteilung	145
Überwachungsreglement	179
Umweltgüter, -ressourcen	12, 33
Umweltgüter, Umweltressourcen	67
Unerlaubte Handlung	105
Ungerechtfertigte Bereicherung	106
Unlauterer Wettbewerb	182
Unmöglicher Vertragsinhalt	124
Unsittlicher Vertragsinhalt	124
Unternehmertätigkeit	11, 34
Urteilsfähigkeit	111, 120

V

Variable Kosten	26
Verbände	82
Verein	151
Verfalltagsgeschäft	132
Vergleichende Werbung	183
Verjährung	136
Verrechnung	137
Verschuldenshaftung	109, 111
Vertrag	105
Vertragliche Haftung	113
Verwaltungsrat	157
Verwechslungsgefahr	183
Verzug	132

Volkswirtschaft	14, 30
Volkswirtschaftliche Gesamtrechnung	61
Volkswirtschaftslehre	14
Volljährigkeit	120
Vollmacht	168

W

Wahlrechte	133
Währung	93
Wechselkurs (frei floatend, gelenkt, fest)	93
Wettbewerbsrecht	182
Widerrechtlicher Vertragsinhalt	124
Widerrechtlichkeit	110
Widerruf	119
Wirtschaftlichkeit	15
Wirtschaftskreislauf	31, 61, 81
Wirtschaftswachstum	66
Wissen	11
Wohlstand	11, 66

Z

Zentralbank, Notenbank	59, 85, 98
Zins	60, 96, 98
Zinsen	32, 86
Zugabe	184
Zug-um-Zug-Regel	128
Zweck	151

Bildungsmedien für jeden Anspruch
compendio.ch/hwd

Höheres Wirtschaftsdiplom (HWD)

Das Ende dieses Buchs ist vielleicht der Anfang vom nächsten. Denn dieses Lehrmittel ist eines von rund 300 im Verlagsprogramm von Compendio Bildungsmedien. Darunter finden Sie zahlreiche Titel zur Vorbereitung auf die Prüfungen zum Höheren Wirtschaftsdiplom (HWD). Zum Beispiel:

Betriebswirtschaftslehre I + II für das Höhere Wirtschaftsdiplom HWD
Projektmanagement für das Höhere Wirtschaftsdiplom HWD
Marketing für das Höhere Wirtschaftsdiplom HWD
Personalmanagement für das Höhere Wirtschaftsdiplom HWD
Rechnungswesen für das Höhere Wirtschaftsdiplom HWD

«Höheres Wirtschaftsdiplom (HWD)» bei Compendio heisst: übersichtlicher Aufbau und lernfreundliche Sprache, Repetitionsfragen und Antworten, Beispiele und Zusammenfassungen.

Eine detaillierte Beschreibung der einzelnen Lehrmittel mit Inhaltsverzeichnis, Preis und bibliografischen Angaben finden Sie auf unserer Website: compendio.ch/hwd

Nützliches Zusatzmaterial

Von unserer Website herunterladen:
Professionell aufbereitete Folien

Für den Unterricht, die firmeninterne Schulung oder die Präsentation – auf unserer Website können Sie professionell aufbereitete Folien mit den wichtigsten Grafiken und Illustrationen aus den Büchern herunterladen.
Bitte respektieren Sie die Rechte des Urhebers, indem Sie Compendio als Quelle nennen.

Immer und überall einsetzen:
E-Books

E-Books bieten maximalen Lesekomfort, Geräteunabhängigkeit und die Möglichkeit, Notizen und Markierungen einzufügen. Die E-Version des Lehrmittels lässt sich einfach auf dem Tablet mitnehmen und erlaubt, die Inhalte flexibel zu erarbeiten, zu vertiefen und zu repetieren.

Alle Lehrmittel können Sie via Internet sowie per E-Mail, Post oder Telefon direkt bei uns bestellen:
Compendio Bildungsmedien AG, Neunbrunnenstrasse 50, 8050 Zürich
E-Mail: bestellungen@compendio.ch, Telefon 044 368 21 11, www.compendio.ch

Bildungsmedien für jeden Anspruch
compendio.ch/verlagsdienstleistungen

Bildungsmedien nach Mass
Kapitel für Kapitel zum massgeschneiderten Lehrmittel

Was der Schneider für die Kleider, das tun wir für Ihr Lehrmittel. Wir passen es auf Ihre Bedürfnisse an. Denn alle Kapitel aus unseren Lehrmitteln können Sie auch zu einem individuellen Bildungsmedium nach Mass kombinieren. Selbst über Themen- und Fächergrenzen hinweg. Bildungsmedien nach Mass enthalten genau das, was Sie für Ihren Unterricht, das Coaching oder die betriebsinterne Schulungsmassnahme brauchen. Ob als Zusammenzug ausgewählter Kapitel oder in geänderter Reihenfolge; ob ergänzt mit Kapiteln aus anderen Compendio-Lehrmitteln oder mit personalisiertem Cover und individuell verfasstem Klappentext, ein massgeschneidertes Lehrmittel kann ganz unterschiedliche Ausprägungsformen haben. Und bezahlbar ist es auch.

Kurz und bündig:
Was spricht für ein massgeschneidertes Lehrmittel von Compendio?

- Sie wählen einen Bildungspartner mit langjähriger Erfahrung in der Erstellung von Bildungsmedien
- Sie entwickeln Ihr Lehrmittel passgenau auf Ihre Bildungsveranstaltung hin
- Sie können den Umschlag im Erscheinungsbild Ihrer Schule oder Ihres Unternehmens drucken lassen
- Sie bestimmen die Form Ihres Bildungsmediums (Ordner, broschiertes Buch, Ringheftung oder E-Book)
- Sie gehen kein Risiko ein: Erst durch die Erteilung des «Gut zum Druck» verpflichten Sie sich

Auf der Website www.compendio.ch/nachmass finden Sie ergänzende Informationen. Dort haben Sie auch die Möglichkeit, die gewünschten Kapitel für Ihr Bildungsmedium direkt auszuwählen, zusammenzustellen und eine unverbindliche Offerte anzufordern. Gerne können Sie uns aber auch ein E-Mail mit Ihrer Anfrage senden. Wir werden uns so schnell wie möglich mit Ihnen in Verbindung setzen.

Modulare Dienstleistungen
Von Rohtext, Skizzen und genialen Ideen zu professionellen Lehrmitteln

Sie haben eigenes Material, das Sie gerne didaktisch aufbereiten möchten? Unsere Spezialisten unterstützen Sie mit viel Freude und Engagement bei sämtlichen Schritten bis zur Gestaltung Ihrer gedruckten Schulungsunterlagen und E-Materialien. Selbst die umfassende Entwicklung von ganzen Lernarrangements ist möglich. Sie bestimmen, welche modularen Dienstleistungen Sie beanspruchen möchten, wir setzen Ihre Vorstellungen in professionelle Lehrmittel um.

Mit den folgenden Leistungen können wir Sie unterstützen:

- Konzept und Entwicklung
- Redaktion und Fachlektorat
- Korrektorat und Übersetzung
- Grafik, Satz, Layout und Produktion

Der direkte Weg zu Ihrem Bildungsprojekt: Sie möchten mehr über unsere Verlagsdienstleistungen erfahren? Gerne erläutern wir Ihnen in einem persönlichen Gespräch die Möglichkeiten. Wir freuen uns über Ihre Kontaktnahme.

Compendio Bildungsmedien AG, Neunbrunnenstrasse 50, 8050 Zürich
E-Mail: postfach@compendio.ch, Telefon 044 368 21 11, www.compendio.ch